STEPHAN ORTH

Couchsurfing in Saudi-Arabien

STEPHAN ORTH

COUCHSURFING IN SAUDI-ARABIEN

Meine Reise durch ein Land zwischen Mittelalter und Zukunft

Mit 60 farbigen Abbildungen,
47 Schwarz-Weiß-Abbildungen und einer Karte

MALIK

Mehr über unsere Autorinnen, Autoren und Bücher:
www.malik.de

Von Stephan Orth liegen im Malik Verlag vor:

Opas Eisberg
Couchsurfing im Iran
Couchsurfing in Russland
Couchsurfing in China

Vielen Dank an Dr. Bettina Gräf und Juli Singer, M. A., vom Institut für den Nahen und Mittleren Osten der Ludwig-Maximilians-Universität München für das Korrekturlesen der arabischen Transkription.

Die Transkription der arabischen Orte orientiert sich an den Konventionen des deutschsprachigen Gebrauchs.

Zum Schutz der Personen wurde die Mehrzahl der Namen im Text geändert.

FSC
www.fsc.org
MIX
Papier aus verantwortungsvollen Quellen
FSC® C083411

ISBN 978-3-89029-570-1

Bildteilfotos: Stephan Orth; mit Ausnahme der Fotos auf S. 1, 2, 3, 4, 5, 6, 8, 9, 11 unten, 22, 23, 24, 25, 27, 28, 29, 31: Christoph Jorda
Innenteilfotos: Stephan Orth; mit Ausnahme der Fotos auf S. 26, 86, 179, 194, 200, 205, 209, 213, 216, 221: Christoph Jorda
Fotos auf der U3: Christoph Jorda
Karte: Birgit Kohlhaas, München
Illustration Kamelkasten: Designed by freepik.com
Satz: Tobias Wantzen, Bremen
Gesetzt aus der Scala und der Wizzta
Litho: Lorenz & Zeller, Inning am Ammersee
Druck und Bindung: CPI Books GmbH, Leck
Printed in the EU

Mein Königreich wird nur überleben, wenn es ein
schwer zugängliches Land bleibt, wo Ausländer,
wenn sie ihre Pflicht erfüllt haben,
kein anderes Ziel haben, als unverzüglich auszureisen.

König Abd al-Aziz ibn Saud, circa 1930

Saudi, offene Herzen, offene Türen

Slogan eines Tourismusevents in Riad, 2019

Inhalt

Masken

Bevor Aziz die Fahrertür öffnet, zieht er sich eine Maske über Nase und Bart. Sie ähnelt einer dieser Schutzmasken für Chirurgen, ist aber aus schwarzem Kunststoff. »Ich will nicht erkannt werden auf Fotos oder Videos. Da wird JEDER filmen. Und meine Eltern wissen nicht, dass ich hier bin«, sagt er, die Worte klingen dumpf hinter dem Stoff vor seinem Mund.

»Machen wir denn etwas Verbotenes?«, frage ich.

»Eigentlich nicht. Aber es gibt nicht nur staatliche Gesetze – es gibt auch Familiengesetze.«

Er setzt eine sibirisch anmutende Fellmütze mit Ohrenschützern auf, Dezemberabende sind überraschend kühl hier. Dann steigen wir aus seinem Auto. Der Parkplatz sieht aus wie die Ausstellungsfläche eines SUV-Gebrauchtwagenhändlers, ein kilometerlanger Zaun sperrt das Veranstaltungsgelände ab.

Der nächstgelegene Eingang ist mit »Platinum tickets only« markiert. Wir haben keine Platintickets, die kosteten 4000 Riyal, knapp tausend Euro, aber wir stellen uns trotzdem an. Hundert Meter weiter ist die Schlange für Normalticket-Besitzer zehnmal so lang. »Wird schon klappen«, verspricht Aziz, die Falten neben seinen Augen deuten an, dass er dabei unter seiner Maske lächelt. In Serpentinen zwischen Absperrketten arbeiten wir uns zur Sicherheitskontrolle vor. Vor allem Männer warten hier, aber eine Gruppe von vier Frauen wird vorgelassen, sie dürfen zuerst rein.

Dann sind wir dran. Der Securitymann blickt wenig begeistert auf die Handytickets, die Aziz ihm hinhält. Sie diskutieren auf Arabisch, hinter uns werden die Leute ungeduldig. Aziz deutet auf das Ticket, dann auf mich. Der Wachmann berät sich mit einem Kollegen. Dann winkt er uns tatsächlich durch. Metalldetektorschleuse, Taschenkontrolle, abtasten, geschafft.

»Ich habe ihm gesagt, ich habe einen ausländischen Gast, und ich würde mein Gesicht verlieren, wenn er nicht reinkäme. Wir müssen doch jetzt gastfreundlich sein«, erklärt Aziz.

Ich fühle mich ein bisschen instrumentalisiert, aber wenn es um die Party des Jahrhunderts geht, ist jedes Mittel recht, um nicht am Türsteher zu scheitern.

Wir passieren einen Torbogen aus gleißend lilafarbenem Licht und blicken auf das Zeitportal. So hat der Festival-Kreativdirektor John Rash den 27 Meter hohen karoförmigen LCD-Bildschirm auf der Bühne getauft, direkt über den DJ-Pulten. »Das Portal nimmt dich mit aus der Vergangenheit in die Zukunft«, so beschrieb er das Konzept in einem Interview. Und das ist die Idee der ganzen Veranstaltung, die in rekordverdächtigem Eiltempo organisiert wurde. Zwei Monate dauerte der Aufbau, erst vor einem Monat wurde das Festival offiziell angekündigt.

»MDL Beast« (sprich: »Middle Beast«) heißt das größte Musikevent in der Geschichte des Landes. Kurz vorher haben sie extra noch einmal die Preise heruntergesetzt. Für umgerechnet fünfzehn Euro waren Tagestickets zu haben, kein schlechter Preis, um einige der berühmtesten DJs der Welt zu sehen. David Guetta, Tiësto, Steve Aoki, Martin Garrix.

Wir folgen einem immer dichter werdenden Menschenstrom in Richtung Hauptbühne. Männer in Jeans, Lederjacke und Baseballkappe, aber auch viele im traditionellen *Thaub*-Gewand mit rot-weißem *Ghutra*-Kopftuch.

Aziz ist nicht der einzige Besucher ohne Gesicht. Ich sehe Menschen in Clownsmasken, in Alienmasken, in Monstermasken mit fluoreszierenden Kreuzen als Augen. Sonnenbrillen, über denen in Neonlicht das Wort »Cool« leuchtet. Gasmasken in Weltkriegsoptik, OP-Masken, Bandanas über Mund und Nase.

Und natürlich Niqabs. Die klassischen schwarzen Gesichtsschleier der Frauen lassen nur Augen und Wimpern frei und sind mit Bändern hinten am schwarzen Kopfteil der Abaya befestigt. »Ninjas« nennen sie hier die traditionell gekleideten Damen, weniger wohlwollende Betrachter vergleichen sie mit Fledermäusen oder Gespenstern. Was für eine Ironie, dass ausgerechnet in diesem Woodstock-Moment, in dieser Nacht ungewohnter Freiheit, so viele Männer ihr Gesicht verbergen, sich also dem anpassen, was für Frauen in der Öffentlichkeit seit Jahrzehnten Alltag ist.

Einige Frauen allerdings tragen auch Jeans, Kapuzenpulli und offene Haare. Das ist nun erlaubt, wenn auch nicht besonders verbreitet. Erst vor ein paar Monaten wurde die Abaya-Pflicht abgeschafft. »Willkommen in Saudi-Arabien«, sagt eine Besucherin im Vorbeigehen zu mir und streift mit der Hand meine Schulter.

Vom Himmel segelt eine weiße Zauberfee herab, eine ausländische blonde Akrobatin auf einem Trapez, das an einem Heißluftballon befestigt ist. Im hautengen Latexoutfit dreht sie Pirouetten, lässt sich immer wieder so weit herab, dass sie noch etwa drei Meter über den Köpfen der Menschenmenge verharrt, bevor sie erneut emporschnellt. »Haltet sie fest, bevor sie wegfliegt«, ruft ein übermütiger junger Typ, während er mit seiner Handykamera filmt.

Je näher wir der Hauptbühne mit ihrem Zeitportal kommen, desto lauter wird die Musik, desto stärker drücken die Bässe auf den Solarplexus. Vor Kurzem war Musik in der Öffentlichkeit noch verboten, galt als unislamisch. Musik, die göttlichste Kunst von allen, da muss man erstmal draufkommen. 25 Jahre lang gab es in Riad kein einziges Livekonzert. Und jetzt feiern hier mehr als 100 000 Menschen.

Das neue Saudi-Arabien will Spaß, Unterhaltung, Action. Und zwar nicht in kleinen, gemächlichen Schritten, sondern im Stil eines Snarewirbels aus dem Drumcomputer, der taktweise sein Tempo verdoppelt. Viertel, Achtel, Sechzehntel, Filter auf, winzige Pause und BROMPF. Manche DJs brüllen dazu ein »one two three four« ins Mikro, damit wirklich jeder mitkriegt, dass es jetzt abgeht. Und einige bauen noch eine Verdopplung mehr ein, am Ende spielt die Snare Zweiunddreißigstel, dann sind keine einzelnen Anschläge mehr zu hören, nur ein einzelner Ton, ein Klangbrei, überlautes Rauschen. Wer zu schnell beschleunigt, fährt das Ding vor die Wand. Auch in Saudi-Arabien folgt nach einem zu forschen Schritt vorwärts häufig ein großer Schritt zurück.

»I don't need no sleep 'cause I'm already dreaming«, singt eine Stimme vom Band, gesteuert von dem Niederländer Martin Garrix, einem winzigen Männlein am DJ-Pult der gigantischen Bühne. Einem winzigen Männlein mit ungefähr so vielen YouTube-Views, wie Menschen auf der Erde leben. Auf dem Bildschirmkaro ist ab und zu sein wippender Kopf zu sehen, zwischen rhythmischen

Animationsfilmschnipseln und hektischen Laser-Lichtstrahlen. Auch mir kommt das gerade wie ein unwirklicher Traum vor. Bin ich vielleicht in Wahrheit irgendwo auf dem Land in Brandenburg oder Belgien, und der neueste Electro-Modetrend sind golf-arabisch inspirierte Outfits?

Schulter an Schulter wendet sich das Publikum in Richtung des DJs, als wäre er der Imam in einer Moschee. Viele imitieren sein Wippen mit Kopf und Oberkörper, oder sie gucken von den Vorderleuten ab, Tanzbewegungen verbreiten sich in der Menschenmasse. Für viele ist es das erste Electro-Festival in ihrem Leben. Die Leute filmen wie verrückt.

Die hundertfache Vervielfältigung des Bühnengeschehens auf den Handys, die hundertfache Vervielfältigung der Tanzmoves in der Masse, deren Arme und Hinterköpfe dann wiederum hundertfach digital zu sehen sein werden. Das MDL Beast geht viral, in WhatsApp-Gruppen und Twitter-Posts, auf Snapchat und Instagram.

Ein paar Influencer wurden extra aus dem Ausland eingeladen, für angeblich sechsstellige Dollarbeträge, um diesen Woodstock-Moment in der Welt zu verbreiten. Doch auch einheimische Partybesucher leisten ihren Teil. Auf YouTube kursieren Videos, in denen fröhliche junge Männer ihrer Regierung danken, dass sie nun so viel Spaß haben dürfen. Wie viele Deutsche bedanken sich bei Angela Merkel nach einem Besuch von Rock am Ring oder der Fusion? Monarchien ticken halt ein bisschen anders.

Als weiterer Beleg für eine gewisse Unkenntnis der Szene-Konventionen zieht direkt vor uns eine Polonaise vorbei. Nur Männer, mehr als neunzig Prozent der Festivalbesucher sind Männer. Die meisten Frauen sitzen auf einer Tribüne am Nordrand des Geländes. Die Macht der Gewohnheit. Großveranstaltungen ohne Geschlechtertrennung, nein, Großveranstaltungen, bei denen überhaupt Frauen dabei sein dürfen, sind noch neu.

Zwei Vollverschleierte tanzen wie schwarze Derwische direkt unter der Tribüne, mit Breakdance-inspirierter Lässigkeit und perfekt einstudierten Bewegungen. Links und rechts von ihnen stehen je zwei Männer und mustern argwöhnisch die Umgebung.

Gerne würde ich berichten, dass die Leute sich komplett gehen lassen und sich Bahn bricht, was jahrzehntelang unterdrückt

wurde. Dass vor der Beast-Bühne hier und jetzt eine neue Gesellschaft geboren wird: Three days of Peace & Music, Liberté Egalité Fraternité, wir sind das Volk und weg mit dem Muff von tausend Jahren, ein Arabischer Frühling im Dezember.

Aber dafür fühlt sich das Ganze zu diszipliniert an, eher vorsichtiges Tasten als Ausrasten. Hier wird nicht gegen das Königshaus demonstriert, sondern dank der königlichen Gnade gefeiert, im ständigen Bewusstsein, dass es rote Linien gibt, die man keinesfalls überschreiten sollte. Doch wo genau die sich gerade befinden, weiß keiner so genau.

Ordner in gelben Signalwesten beobachten aufmerksam das Treiben auf dem Gelände. Wer zu nah an Absperrgeländern entlangläuft und den Fluchtweg versperrt, wird ermahnt. Keiner dreht durch, auch wenn ich vereinzelt in glasige Augen blicke, wie sie nur verbotene Substanzen hervorrufen können. Vier-, fünfmal rieche ich Alkoholfahnen oder süßlichen Haschischdunst. Doch da ist noch etwas anderes in vielen Gesichtern, und es scheint nichts mit Drogen zu tun zu haben, sondern allein mit der ungewohnten Situation: ein fassungsloses Staunen, eine Art sichtbare Verzauberung, wie man sie eigentlich nur aus Cartoons kennt, halb offene Münder und zeitlupenhaft wandernde Blicke. Wer braucht Schlaf, wenn man bereits träumt? Die Musik, die tanzenden Leiber, die ungewohnt freizügige Damenmode, die Menschenmassen. Wie kann es sein, dass plötzlich erlaubt ist, was noch vor zwei Jahren undenkbar war? Wie passt das zu einem Land, dessen Imame einen Islam predigen, der kaum weniger strikt ist als bei den Taliban oder dem IS? In welche Zukunft wird dieses Zukunftsportal führen?

Aziz geht auf dem Handy das Programm für den Abend durch.

»Wer ist Tiësto?«, fragt er.

»Einer der bekanntesten DJs Europas«, antworte ich.

»Ach so«, sagt er.

»Und wer ist Rabeh Saqer?«, frage ich und deute zur Bühne, wo gerade ein dauergrinsender älterer Herr mit Hornbrille, in Anzug, weißen Sneakers und schwarzen Lederhandschuhen auftritt, sein Name leuchtet im Zeitportal in rotierenden Buchstaben.

»Den kennst du nicht? Einer der bekanntesten Sänger Saudi-Arabiens«, sagt Aziz.

Auch wenn er heute zu einem Electro-Remix eines DJs namens R3hab performt, passt er mit seinem virtuos leiernden arabischen Schnulzenpop stilistisch etwa so gut wie die Feuerwehrblaskapelle aufs Wacken Open Air. Aber die Menge feiert Saqer mehr als alle anderen Künstler, singt jedes Wort mit bei Songs wie »Ala Kefak« (»Wie du willst«) oder »Khalas« (»Genug«). Er wird bejubelt wie ein lange verschollener Sohn, der endlich heimgekommen ist. Jahrelang musste man nach Dubai oder Istanbul reisen, um eine seiner Liveshows zu erleben. Saqer, der freundliche Nerd von nebenan mit seinen etwas fahrigen Tanzbewegungen und der großen Stimme, stiehlt den internationalen Stars die Show.

Vergleichbare Gefühlsausbrüche kann Tiësto nicht auslösen, der als Nächster auf die Bühne kommt. Auch weil lyrische Brillanz nicht zu seinen Stärken zählt. »Bring that ass back like a boom boom boom boom« ist noch eine der stärkeren Textzeilen. Aber dafür ist Tiësto laut, er hat Pyroeffekte dabei, unfassbare Bässe und brachial knarzende Synthesizer. Die Breaks und Drops kommen mit klinischer Präzision, die Maskierten tanzen, die Unmaskierten tanzen auch, das Zeitportal leuchtet neonfarben. Und mit jedem Takt, in jedem ungläubigen Blick der Zuschauer, schwingt die Hoffnung mit, dass dies ein Anfang ist und nicht nur ein Traum, dem ein böses Erwachen folgt.

Viertelsnare, Achtel, Sechzehntel, one two three four ...

Dschidda
جدّة

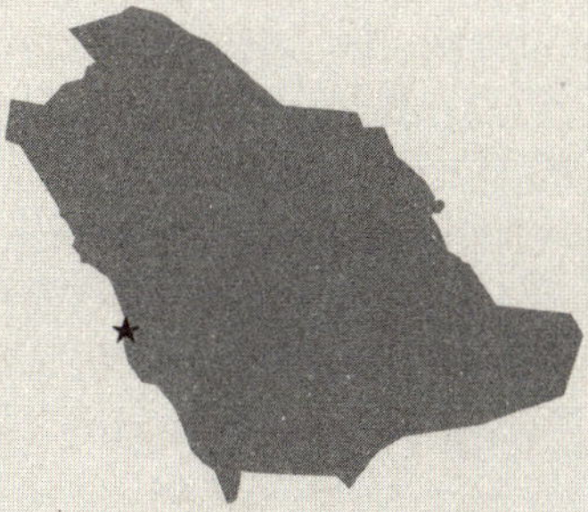

Einwohner: 3976000
Region: Mekka

Ein Spitzenvisum

... BROMPF.

Die einzige Möglichkeit individuellen Ausdrucks im Arbeitsalltag eines Flughafen-Grenzbeamten ist der Moment, in dem er den Einreisestempel anbringt. Er kann ihn sanft in den Pass tupfen, kraftvoll festdrücken, federnd aufklopfen, lässig fallen lassen oder mit Gewalt einhämmern. Für mich gehört es zu den kleinen Freuden des Unterwegsseins, in diesem Augenblick genau hinzuschauen. Ich male mir dann aus, was diese kleine persönliche Geste über den Angestellten und sein Temperament aussagen könnte, dieser winzige Ausbruch in einem von Protokollen, Hierarchie und Regeln geprägten Arbeitsleben. Mein Gegenüber an Schalter 3, nördliches Terminal, Flughafen Dschidda, wäre demnach lieber Scharfrichter als Grenzbeamter geworden. Er schmettert den Stempel in meinen Pass, als wollte er eine Hornisse töten.

Wortlos reicht er das malträtierte Reisedokument durch die Öffnung der Panzerglasscheibe, eine teure Schweizer Armbanduhr blitzt unter dem Ärmel des weißen Thaubs hervor. Aus irgendeinem Grund bin ich erleichtert über seine Unfreundlichkeit. Die Tatsache, dass jetzt Touristen kommen, ist für ihn kein Grund, plötzlich entgegen seiner Natur einen auf »Welcome, friend« zu machen. Sein Stimmungstief könnte aber auch mit dem Zeitpunkt zu tun haben, es ist zwei Uhr nachts.

Der King Abdulaziz International Airport ist größer als der Chiemsee, auf Landkarten nimmt er nahezu das gesamte nördliche Drittel der Stadt ein. Ein Mekka für Mekkabesucher, einer der drei Terminals ist ausschließlich für die Millionen Hadsch-Pilger reserviert, die jedes Jahr kommen. Nur 75 Kilometer sind es von hier bis zur heiligen Stadt.

Die Schiebetür neben dem Schalter öffnet sich, und ich gehe weiter in die Halle mit den Gepäckbändern. Bodenfliesen aus Marmorimitat, Wegweiser zur Flughafenmoschee, Neonlicht. Auf den Toilettensymbolen verfügt nur der Mann über Nase und Kinn, bei der Frau ist das Gesicht bis auf die Augen verschleiert.

»How can we help you?«, fragt die Anzeige auf einem LCD-Bildschirm, zusammen mit dem Vorschlag, für Tourismustipps die Nummer 930 zu wählen, 24 Stunden erreichbar für »Ziele, Aktivitäten und allgemeine Anfragen«. Danach ist Werbung für die Rallye Dakar zu sehen, mit Zeitlupenvideos von sponsorbunten Geländewagen in der Wüste, die an einer Schotterpistenkante vom Boden abheben und weich landen. Das berühmte Offroad-Rennen findet in diesem Winter zum ersten Mal in Saudi-Arabien statt.

Das war einfach. Fünf Minuten anstehen, eine Minute lang Fingerabdrücke abgeben und erklären, was in meinem Pass Vor- und was Nachname ist, und schon bin ich drin. Jahrzehntelang war es ungefähr so aussichtsreich, ein Touristenvisum für den Mond, die Jacht von Roman Abramowitsch oder den Hauptsitz der CIA zu bekommen wie für Saudi-Arabien. Arbeitsvisa oder Pilgervisa, das schon. Aber für Urlauber und Individualreisende? Unmöglich. Man hätte mich gleich am Einreiseschalter nach Hause geschickt. Bislang wirkte im Vergleich zu Saudi-Arabien selbst Nordkorea wie ein Robinson Club, weil man dort immerhin Gruppentouren mit Aufpassern buchen konnte.

Das soll sich ändern. Seit Oktober 2019 sind Vergnügungsreisende plötzlich von höchster Stelle erwünscht. König Salman und Kronprinz Mohammed bin Salman wissen, dass ihr Öl nicht ewig sprudeln wird, und hoffen nun auf neue Einnahmequellen. Nicht, dass Ausländer ungewöhnlich wären in Saudi-Arabien. Etwa ein Drittel der 34 Millionen Einwohner ist anderswo geboren, und in Mekka trifft sich die ganze muslimische Welt.

Doch nun geht es um eine andere Spezies, um Besucher, die weder dem Ruf der Muezzine noch dem Ruf des Geldes folgen, sondern einfach eine gute Zeit haben wollen. Es ist ein gewagtes Experiment, spontan fällt mir kein Land ein, das ich weniger mit »Spaß« verbinde als Saudi-Arabien. Eher denke ich an irrsinnigen Reichtum, Foltermorde im Konsulat, Öl-Pipelines, vollverschleierte Frauen, Scharia-Brutalität und Waffengeschäfte. Und an das Buch eines deutschen Rettungssanitäters, der in Riad arbeitete und beschreibt, wie ihm eine Familie eine geköpfte Leiche im Wohnzimmer als Haushaltsunfall verkaufen wollte. Vielleicht denke ich auch noch an Kamele und Wüsten und Lawrence von Arabien. Aber ganz sicher nicht an Urlaub.

Vor zwei Monaten habe ich am Rechner in Hamburg das Visum beantragt, das dauerte zehn Minuten. Onlineformular ausfüllen, Reiseversicherung abschließen, Porträtfoto hochladen und Gebühr überweisen, 463,44 Saudi-Riyal, 110 Euro*. Gratis dazu bekam ich Informationen zu Themen wie Alkohol (verboten), Drogenhandel (Kopf ab), Respekt für Religion und Tradition (notwendig), Kleidungsvorschriften (konservativ) und Strafen (hoch). Wer beim Auf-die-Straße-Spucken erwischt wird, muss demnach 500 Riyal zahlen. Musik abspielen zur Gebetszeit: 1000 Riyal. Unerlaubtes Fotografieren von »Menschen, Unfällen, Verbrechen oder anderen Vorfällen« (was wohl »andere Vorfälle« sind?): 1000 Riyal. »Unzüchtiges Verhalten einer sexuellen Natur«: 3000 Riyal pro beteiligte Person. Im Wiederholungsfall verdoppelt sich der Betrag, was beim dritten Mal passiert, stand dort nicht, vielleicht möchte man es nicht wissen.

Während ich noch las, kam nach zwei Minuten per E-Mail das Visum im PDF-Format. Gültig für ein Jahr, unbegrenzt viele Einreisen, bis zu neunzig Tage Reisedauer insgesamt. Ein sensatio-

* Die Euro-Beträge entsprechen dem Umrechnungskurs während der Reise (1 Euro = 4,20 Riyal im Januar 2020).

nelles, ein Spitzenvisum. Kurz fragte ich mich, ob die das so einfach machen, weil sich seit der Khashoggi-Sache sowieso keiner mehr in ein saudi-arabisches Konsulat traut, aber ich verwarf den Gedanken schnell wieder. Fakt ist: Eines der bislang verschlossensten Länder der Erde öffnet seine Türen nicht nur einen Spalt, sondern sperrangelweit.

Türen sind in Saudi-Arabien häufig prachtvolle Metallkonstruktionen, voller Ornamente und Schnörkel, aber auch absolut blickdicht. Wie wichtig den Menschen ihre Privatsphäre ist, verraten meterhohe Mauern, Schutzwälle, die Großfamilienhäuser von der Außenwelt trennen.

Elf Wochen möchte ich unterwegs sein und herausfinden, was sich dahinter verbirgt. Dafür mache ich zunächst einen Umweg ins Virtuelle. Zur Website couchsurfing.com, auf der Menschen aus der ganzen Welt kostenlose Unterkünfte für Reisende anbieten. Seit mehr als fünfzehn Jahren lade ich damit Gäste zu mir ein. Und ich nutze Couchsurfing auf fast jeder eigenen Reise, weil ich das Unkommerzielle daran mag: Anders als ein Pauschaltourist habe ich es mit Leuten zu tun, die nicht dafür bezahlt werden, freundlich zu mir zu sein. Sie zeigen mir ihren Alltag, keine folkloristische Inszenierung. Sie erinnern mich an die Schönheit des Banalen und an die Tatsache, dass ich Menschen generell erfrischender finde als Sehenswürdigkeiten. Und daran, dass es bessere Arten gibt, mit unterschiedlichen Ansichten umzugehen, als: lol war klar was für ein Lauch.

Natürlich werde ich mithilfe einer solchen Onlineplattform keinen Querschnitt der Gesellschaft kennenlernen, sondern eher die Jüngeren, die Englischsprechenden, die Weltinteressierten. Aber ich hoffe dennoch, von ihnen viel über ihr Land zu erfahren.

Ich will bei Einheimischen wohnen, mit ihnen den Alltag verbringen und alles ausprobieren, was sie mir vorschlagen. Egal, ob ich das selber für eine gute Idee halte. Mitten rein ins Leben, rein ins Private, Türschwellen als *Last Frontier.* Abgesehen von je fünfzig Seiten in einem Lonely Planet und einem Dumont Reise-Handbuch über die Arabische Halbinsel gibt es keine aktuellen Reiseführer, also hoffe ich auf die Ausflugstipps der wahren Landeskenner: Menschen, die hier seit Jahrzehnten leben. Wie ticken die Saudis, wie gehen sie mit der plötzlichen Öffnung ihres Landes um, nachdem sie so lange isoliert waren?

Statt also eine Liste von Touristenattraktionen zum Abhaken vorzubereiten, habe ich mir vor dem Abflug Hunderte Onlineprofile von Couchsurfing-Mitgliedern in Saudi-Arabien angeschaut und Dutzende von ihnen angeschrieben. Nur etwa jeder Fünfte schickte eine Antwort. In Dschidda wurde ich enttäuscht, ich fand niemanden, der mir eine Unterkunft anbot, deshalb werde ich die erste Nacht im Hotel verbringen.

Mir fällt kein Land auf der Welt ein, das ich aus der Ferne als unterschiedlicher wahrnehme als mein eigenes. Oder präziser: Mir fällt kein Land ein, in dem so viele Konzepte Mangelware sind, die ich gut finde. Demokratie, Meinungsfreiheit, Gleichberechtigung von Mann und Frau zum Beispiel. Außerdem mag ich Länder, die militärisch abrüsten, auf erneuerbare Energien setzen, über eine unabhängige Justiz verfügen und Straftätern nicht die Köpfe abhacken. Ich mag Länder mit Kneipen, ich spreche gern mit Frauen und halte Religionen für überschätzt. Saudi-Arabien ist so etwas wie mein persönliches Anti-Utopia. Werde ich trotzdem eine Verbindung spüren zu den Menschen, werden wir gemeinsame Ebenen finden?

Der letzte Punkt meiner To-do-Liste ist einigermaßen trivial: Ich möchte am Ende der Reise auch gerne wieder nach Hause, und zwar zu einem von mir selbst gewählten Zeitpunkt. Klingt selbstverständlich, aber ein Blick auf das Pressefreiheitsranking von Reporter ohne Grenzen lässt Schlimmes ahnen: Platz 170 von 180 Ländern. Das Königreich will Touristen, keine Journalisten.

Kleine Kamelkunde

Bei einem Kamel-Schönheitswettbewerb in Riad gab es im Januar 2018 einen Betrugsskandal: Ehrgeizige Besitzer hatten insgesamt zwölf Tieren Botox gespritzt, damit sie besonders attraktive Lippen haben. Sie wurden disqualifiziert.

Am Gepäckband mische ich mich unter Glücksritter, Länderstempelsammler, Anthropologinnen, Islamwissenschaftler, Wüstenwanderer, Hasardeure, Scheichvasallen, Erbschleicherinnen, Gaukler, Sterndeuter, Menschenrechtsaktivistinnen, Weihrauchhändler, Hotelinvestoren und Reisebloggerinnen. Nein, Quatsch, ganz anders. In Wahrheit bin ich wahrscheinlich der einzige Europäer im Raum und sehe hauptsächlich drei Outfitvarianten. Erstens den Saudi-Einheitslook für Männer, weiße oder dunkelgraue Thaub-Kittelgewänder, dazu das Ghutra-Tuch auf dem Kopf, das von dem Agal, einem doppelten Ring aus schwarzem Stoff, an seinem Platz gehalten wird.

Zweitens den Saudi-Einheitslook für Damen, schwarze Abaya und schwarzes Niqab-Gesichtslätzchen, nur die Augen sind zu sehen. Und drittens: Männer in Sandalen und zwei weißen Frotteedecken, die Badetüchern ähneln, einem größeren um die Hüfte und einem kleineren um den Oberkörper. Das ist die Uniform männlicher Mekka-Pilger im *Ihram,* dem Weihezustand. Alle sollen gleich sein auf dem Weg zum heiligsten Ort der Muslime, egal ob Prinz oder Bettler, egal aus welchem Land sie kommen. Und alle müssen sich mit den Tücken des Oberkörper-Handtuchs auseinandersetzen. Es verrutscht bei jeder ausufernden Armbewegung und muss dann wieder neu über die Schulter geworfen werden.

Als Hosenträger mit nacktem Kopf gehöre ich zu einer überschaubaren Minderheit, zusammen mit einer Handvoll dunkelhäutiger junger Männer und ein paar kleinen Jungen, die um einen Gepäckwagen herumtoben.

Auch ein Blick auf die gemächlich kreisenden Gepäckstücke offenbart mein Anderssein. Ich sehe Rollkoffer in Schwarz und Silber, in Sicherheitsfolie erstickte Kartons, einen zusammengeklappten Kinderwagen, aber nur einen Reiserucksack. Hoffentlich hat der nicht die Aufmerksamkeit der Sicherheitsbeamten erregt. Wäre blöd, wenn sie darin das verbotene Geschenk für die Weihnachtsfeier entdeckt haben, zu der mich der schwule Philippiner eingeladen hat.

Genau genommen ist die Bezeichnung als »eines der verschlossensten Länder« nicht korrekt. Alles eine Frage der Perspektive. Mehr als 1,8 Milliarden Menschen hoffen darauf, einmal im Leben nach Saudi-Arabien zu pilgern, und auch vor der aktuellen Öffnung durften jährlich ein paar Millionen von ihnen rein. Nur weil ich kein Muslim bin, war das Land aus meiner Sicht eben total verschlossen.

Und doch ist etwas dran: Mit dem Pilgervisum durfte man bis vor wenigen Jahren nur nach Dschidda, Mekka und Medina und gegebenenfalls auf die Highways, die aus dem eigenen Heimatland direkt dorthin führen. Der Rest ist tatsächlich Neuland für Besucher, ein Sechser im Lotto für entdeckungshungrige Reisende.

An einem Geldautomaten der AlJazira-Bank – sie hat nichts mit dem gleichnamigen Fernsehsender aus Katar zu tun, auf den die Saudis nicht gut zu sprechen sind – hebe ich 2000 Riyal ab. Dann kaufe ich eine SIM-Karte von Mobily, internationale Vorwahl +966, meine Grundausstattung steht.

Ich gebe den Hotelnamen in der Taxi-App Careem ein: Burj Al Balad, das klingt fast wie Burj Al Arab, das Sieben-Sterne-Wahrzeichen von Dubai, ist aber für 52 Euro pro Nacht um das Dreißigfache günstiger.

Beim Spießrutenlauf durch die Männer, die »Taxi, Taxi« rufen, werde ich ein bisschen nostalgisch. Was habe ich diese Verhandlungen immer gehasst, gerade am ersten Tag in einem neuen Land, wenn man müde ist vom langen Flug und nur noch ins Bett will. Jetzt berechnet mir die App automatisch einen fairen Preis, und ich manövriere mit ausgestrecktem Handy durch die Taxifahrermeute zum per GPS auf zwei Meter genau angegebenen Abholpunkt, anstatt mit fünf Fahrern zu verhandeln und dabei zehn verschiedene Preise genannt zu bekommen. Irgendwie ist das zu einfach. Früher bedeuteten neue Touristenströme ein paar goldene Jahre für die Taxifahrer. Heute sind Uber, Careem und Konsorten schon vorher da.

Es geht nicht nur um Schlafplätze auf der Couchsurfing-Seite, auch Treffen für Stadttouren oder Kneipenbesuche (haha) lassen sich arrangieren, und einige Mitglieder organisieren Events, die sie dann dort bewerben. So wie Nickis Weihnachtscamp außerhalb von Dschidda, nein, sein Dezembercamp, Festsaisoncamp, Happy-Holidays-Camp. Er vermeidet es sorgfältig, das Wort »Weihnachten« zu erwähnen.

Brot und Spiele verspricht der Organisator. Ein Barbecue und Snacks für alle Teilnehmer sowie Wettkämpfe mit Namen wie Holzbrettspringen, Wasserhut und Doppelhose, die bei mir kein Bild vor Augen entstehen lassen. Ganz unten steht die Bitte, ein Wichtelgeschenk mitzubringen. Ich habe extra eins in Deutschland gekauft, das in Saudi-Arabien eine echte Rarität sein dürfte, mich aber nun ein bisschen nervös macht.

Mein Uber-Fahrer hält, ein weißer Honda Civic.

»Salam alaikum!«

»Wa alaikum as-salam!«

Ich steige ein, werfe mein Gepäck auf den Rücksitz und prüfe schnell, ob das verbotene Geschenk noch im Rucksack ist. Eingewickelt in ein paar Kleidungsstücke ertaste ich die Verpackung, oben schmal zulaufend, etwa dreißig Zentimeter hoch. Wunderbar, es wurde nicht konfisziert.

»Friend! Sit in front!«, sagt der Fahrer, der sich als Mohammed vorstellt, und fährt rechts ran. Ich steige um und setze mich neben ihn, eine lockenköpfige rundliche Frohnatur in einem simplen beigefarbenen Rockgewand, das um die Knöchel etwas kürzer ist als der traditionelle Thaub und den Träger als besonders religiösen Menschen ausweist. Dazu trägt er Ledersandalen, ich schätze ihn auf Anfang zwanzig. Er wirkt so euphorisch, dass ich ihn zunächst für betrunken halte. Da er aber keine Fahne hat, rede ich mir ein, dass seine geweiteten Pupillen von gottesfrommer Verzückung zeugen und nicht von verbotenen Tabletten.

»Country?«, fragt er.

»Almania«, sage ich.

»Ah, Aramco?« Er hält mich für einen Angestellten der staatlichen Ölfirma Saudi Aramco.

»No. Tourist.«

»What?«

»Tourist. Holiday.«

Er versteht nicht, was ich meine, also schalte ich Google Translate an. Die Spracheingabe-Funktion ist verblüffend gut, man muss keine Wörter mehr eintippen.

»Ah, ein Tourist. Willkommen in Dschidda!«, übersetzt die Computerstimme.

Dschidda, da lege ich mich fest, ist der schönste Städtename der Welt. Zumindest, wenn er von einem Araber ausgesprochen wird. Die Zungenspitze macht zwei Sprünge den Gaumen hinab, ein Geräusch wie zwei Wassertropfen, die an einem windstillen Tag ins Rote Meer fallen. Mit dem Zischlaut am Anfang könnte man wilde Pferde zähmen, über die sanfte Schwerelosigkeit des »dd« und des kaum hörbar gehauchten »a« Gedichte schreiben. Sorry, Montevideo, Luanda, Mumbai, Addis Abeba, Carcassonne, Valladolid und Rishikesh. Alles ganz hübsch, aber keine Chance gegen Dschidda.

»Welche Länder magst du am liebsten?«, fragt der Fahrer.

»Nepal, Grönland, Iran«, antworte ich.

»Du warst im Iran und bist noch am Leben?«

»Ja. Die Menschen dort sind ganz wunderbar, auch wenn die Regierung eine Katastrophe ist.«

Er wirkt verdutzt und spricht einen Satz auf Arabisch, in dem mehrmals »Allah« vorkommt. Vermutlich, um den Schock meiner Worte abzumildern.

»Bist du Muslim, Christ oder Jude?«, fragt er dann, als gäbe es nur diese drei Möglichkeiten.

»Ich bin christlich getauft.«

»Willst du zum Islam konvertieren oder nicht?«

Ich muss lachen, weil er so schnell zum Thema kommt.

»Habe ich bislang nicht vor.«

Wir fahren auf der Medina Road, vier Spuren pro Richtung, durch eine schlummernde Stadt. An beiden Seiten stehen hummusfarbene Wohnhäuser, nein, Wohnbunker mit flachen Dächern und verhangenen Fenstern, die keinen Einblick zulassen, umgeben von massiven Mauern. Immer wieder unterbrechen Brachflächen das Stadtbild, ein paar Hektar Leere, nur Bauschutt und Sand. Als würden Wüste und Zivilisation noch einen Kampf ausfechten in diesem Land, das zu 95 Prozent aus Wüste besteht. Wie anders

sind da deutsche Innenstädte, in denen man kaum einen Quadratmeter findet, der keine Funktion erfüllt. In Saudi-Arabien haben die Städte Löcher.

Leuchtreklamen werben für einen Supermarkt der Kette Danube, in einem Land ohne Fluss ein genialer Name: Hier bekommen Sie, wonach Sie sich sehnen. Ansonsten: McDonald's, Minarette, Miele, ein Arabian-Oud-Parfümshop und ein Fast-Food-Laden namens Chuck E. Cheese's.

Die meisten Restaurants haben zwei separate Eingänge, an einem steht »Singles«, an dem anderen »Family«. Beides ist irreführend, denn als Single gelten Männer, egal ob sie mit null oder vier Frauen verheiratet sind, während »Family« sämtliche Konstellationen umfasst, bei denen mindestens eine Frau in der Gruppe ist, also theoretisch auch drei nicht verwandte Freundinnen. Offiziell wurde die Vorschrift, diese Bereiche zu trennen, vor ein paar Tagen abgeschafft, aber viele Anbieter haben noch nicht umdisponiert. Vielleicht haben sie auch Angst, durch die Neuerung Kunden zu verlieren.

»Der Islam ist schön und wahr, du musst viel darüber lesen. Ich kenne den ganzen Koran«, übersetzt mein Handy den nächsten Satz des Fahrers. Er braucht mehrere Versuche, um ihn so deutlich auszusprechen, dass die Software die Worte erkennt. »Ich bin Student der Islamwissenschaften an der Umm-al-Qura-Universität in Mekka.«

»Ich würde gerne deine Stadt besuchen, aber als Nicht-Muslim ist das leider verboten.«

»Wenn Gott will, wirst du gehen und dann ein Muslim sein«, sagt er, dann bremst er und hält neben einer Moschee. Will er mich gleich da abliefern zur Fortsetzung meiner Bekehrung? Nein, das Hotel liegt direkt gegenüber, ich hätte es fast übersehen, weil ich das Gebäude für eine leer stehende Ruine hielt. Mohammed verabschiedet sich: »War doch schön, dass du dich nach vorne gesetzt hast. Ma'as salama – Friede sei mit dir.«

Durch eine schief in der Angel hängende Glastür gelange ich zur schmuddeligen Rezeption des Burj Al Balad. Der tiefenentspannte Rezeptionist braucht eine Ewigkeit, um meine Buchung im System zu finden, ich habe also Zeit, das Interieur zu begutachten. Hinter dem Mann hängen neben einer Wanduhr Bilder des Herrscherduos, Vater und Sohn. Links König Salman, seit 2015 an der Macht. Man erkennt ihn an seinem dreiteiligen Bart: ein schwarzer Balken unter der Nase, ein Punkt unter der Unterlippe, ein zweiter schwarzer Balken wie eine Spiegelung am Kinn. Mit Salman endet eine bemerkenswerte Ära: Wie alle Könige seit 1953, sechs an der Zahl, ist er ein Sohn von Staatsgründer Abd al-Aziz ibn Saud. Von einem Bruder oder Halbbruder wanderte die Macht zum nächsten, alte Männer als Herrscher eines erzkonservativen Landes.

Dabei ist Saudi-Arabiens Bevölkerung sehr jung – fast zwei Drittel der Menschen sind heute unter dreißig. Und viele begrüßen es, dass nun endlich die nächste Generation dran ist. Thronfolger Mohammed bin Salman, genannt MBS, ist auf dem zweiten Foto zu sehen. Sein Blick ist so ernst, wie es seine Position verlangt, enthält aber auch eine Spur von Überheblichkeit. Es läuft halt gerade bestens für ihn im Intrigenspiel der Machtpolitik. Mit 34 Jahren ist er schon De-facto-Herrscher, wenn nichts dazwischenkommt, könnte er jahrzehntelang regieren. Unter dem Namen »Vision 2030« kündigte er eine radikale Modernisierung an, die Saudi-Arabien aus dem Mittelalter in die Zukunft befördern soll. Wobei hier »Mittelalter« ein bisschen irreführend ist, denn das war die Zeit, in der die arabische Welt genau die prägende globale Rolle spielte, die MBS sich für sein Land wünscht. Außer-

dem schiebt der bequeme Verweis aufs Mittelalter manche Dinge weiter weg, als sie in Wahrheit sind: Erst 1953 trat die Europäische Menschenrechtskonvention in Kraft, seit 1977 dürfen Frauen in Westdeutschland ohne Erlaubnis des Ehemanns arbeiten, im selben Jahr wurde in Frankreich zum letzten Mal mit der Guillotine getötet.

Aber zurück zu den Saudi-Regenten. Keiner der beiden blickt in die Kamera, niemals auf offiziellen Bildnissen, immer mindestens einen halben Meter am Betrachter vorbei. Vermutlich, um eine gewisse Unnahbarkeit und Überlegenheit zur Schau zu stellen. Bei mir löst es eine andere Assoziation aus, nämlich die Frage, ob einem Herrscher zu trauen ist, der dem Volk nicht direkt in die Augen schaut.

Der Hotelangestellte entscheidet nach Lektüre sämtlicher Seiten meines Reisepasses und einem dreifachen Abgleich mit dem Namen in der Onlinebuchung, mir den Schlüssel auszuhändigen. Ein antiker Aufzug bringt mich zu einem Zimmer mit antiken blumenbestickten Ohrensesseln und einer antiken Küchenzeile.

Ein trapezförmiges Ensemble aus zwei überbelichteten Karibikfotos an der Wand und zwei Kakerlaken auf dem Boden erzeugt Fernweh, aber nur kurz, weil bald alles von der stechenden Pein einer Federkernmatratze aus dem Fakirbedarf überlagert wird. Es riecht nach Staubmilben, billigem Mangoduft-Reinigungsmittel und Ein-Stern-Bewertungen auf booking.com.

Ein paar davon lese ich mir durch, sobald ich eine Liegeposition am rechten Rand der Matratze gefunden habe, die ohne Selbstverletzung aushaltbar ist. Klar, ein kluger Reisender würde erst lesen und dann buchen, aber wäre ich ein kluger Reisender, dann wäre ich jetzt vermutlich gerade dort, wo die Karibikfotos entstanden sind. Unter desaströsen Kommentaren mit den Schwerpunktthemen Insekten (zu viele) und Sauberkeit (zu wenig) staune ich über eine rührende Antwort-Emsigkeit des Hotelpersonals, die ich aufgrund der sonstigen Lässigkeit im Service nicht erwartet hätte. »I would like to express my sincere apologies for the problems that you faced during your stay«, beginnt Dutzende Male das Feedback aufs Feedback.

Damit wir uns nicht falsch verstehen: Ich brauche nicht viel Komfort, und ich würde nach einigen Reisen in tropische Länder der gemeinen Küchenschabe ein eher friedliches bis flüchtendes Naturell attestieren, ohne maliziöse Motivation, mich mit ihren Milzbrand-, Hepatitis- oder Tuberkuloseerregern zu behelligen. Gegen die Tiere habe ich nichts, da bin ich Buddhist. Ich mag es nur nicht, wenn das Preis-Leistungs-Verhältnis nicht stimmt.

Weihnachten in der Wüste

»Allahu akbar – allahu akbar!« Um 5:31 Uhr weckt mich ein virtuos vorgetragener *Adhan* von der Moschee gegenüber. »Das Gebet ist besser als Schlaf« heißt es im sechsten Vers des morgendlichen Muezzinrufes, eine Ansicht, die ich nicht teile. Erfahrene Nahostreisende gucken vor Hotelbuchungen immer auf einem Stadtplan nach, wie weit die nächste Moschee weg ist. Unerfahrene Nahostreisende schlafen kürzer. Ich nicke wieder ein, bis ein paar Stunden später mein Wecker klingelt.

Treffpunkt für die Weihnachtsfeiergruppe ist um dreizehn Uhr die Al-Yasmin-Shoppingmall, eine einstöckige Gebäudeschachtel mit sandfarbenen Wänden. Ich fahre mit dem Taxi eine Stunde früher hin, um mir noch einen Snack zu gönnen, einen Kaffee zu trinken, ein bisschen anzukommen. In den Malls findet ein wesentlicher Teil des saudischen Soziallebens statt, habe ich gelesen, weil es sonst an Entertainment fehlt. Also rein ins Getümmel.

Von wegen. Außer mir befinden sich exakt zwei weitere Menschen im Eingangsbereich. Ein Putzmann, der mit steifem Oberkörper und erhobenem Kinn seinem Wischmopp folgt, wie eine Marionette, bei der nur die Beine beweglich sind. Und ein uniformierter Aufpasser an der Rezeption.

Neben der Tür stehen die Öffnungszeiten: 23:30 Uhr bis 10 Uhr an Wochentagen, 23:30 Uhr bis 14 Uhr freitags, freitags ist Wochenende. Für mich sieht es aus, als wären die Zeitspannen rückwärts geschrieben, weil man im Arabischen von rechts nach links liest. Demnach müsste geöffnet sein. Ach nein, Mist, Gebetspause. Eine saudi-arabische Spezialität: Fünfmal am Tag müssen alle Geschäfte und Restaurants für zwanzig bis vierzig Minuten die Arbeit unterbrechen, weil es Zeit für Allah ist. Diese Unterbrechungen sind auf keinem Öffnungszeitenschild eingetragen, weil sie täglich variieren und von Sonnenauf- und Sonnenuntergang abhängig sind. Und weil sowieso jeder darüber Bescheid weiß.

Ich bin in einer Geistermall gelandet. Alles zu, Zara, Massimo Dutti, Birkenstock, aber auch mir unbekannte Läden wie Bomb Cosmetics, Joymiss oder Pandora, die Parfums, Mode und Schmuck verkaufen. Mit »Families Only«-Schildern weisen sie darauf hin, dass nur Frauen und Kinder oder Männer in Frauenbegleitung Zutritt haben. In einem Unterwäschegeschäft sind lebensgroße Fotos von Damen in Nachthemden zu sehen. Ihre Köpfe sind bis zur Unkenntlichkeit verpixelt. Ein Stand bietet teuer aussehende Uhren mit Fantasienamen an, die bekannten Marken nachempfunden sind.

Es ist Mitte Dezember, doch nichts deutet auf das baldige Weihnachtsfest hin, kein Lametta, keine Tannenzweige, nicht einmal rote Wollpullis finde ich in den Schaufenstern. Kein Wunder, öffentliche Weihnachtsfeiern und sogar Weihnachtsbäume sind verboten, weil damit Propaganda für eine unerwünschte Religion gemacht würde. Im ganzen Land gibt es 94 000 Moscheen, aber keine einzige Kirche.

Nichts ist trostloser als eine leere Shoppingmall, also gehe ich raus in die grelle Sonne. Auf der anderen Straßenseite befindet sich laut Google Maps eine Filiale von Bon Café, 200 Meter Luftlinie entfernt. Doch die sechsspurige Straße ist unüberwindbar, dichter Verkehr und nirgends Zebrastreifen, nirgends eine Ampel. Saudi-Arabien ist Autofahrerland, Spaziergänge sind nicht vorgesehen. Doch auch Fahren ist nicht ohne Tücken: Als ich das Bon Café bei Uber eingebe, wird ein Riesenumweg angezeigt, neun Minuten Fahrt, knapp sieben Kilometer Strecke, so geht Straßen überqueren auf Arabisch. Dann eben keinen Kaffee.

Alles ist kompliziert am ersten Morgen in einem neuen Land. Hier muss ich anscheinend meinen Zeitbegriff neu justieren. Nicht wegen der zwei Stunden Unterschied zu Hamburg oder weil wir uns laut arabischem Kalender im Jahr 1441 befinden. Sondern in Bezug auf Tagesabläufe, Öffnungszeiten und Entfernungen.

Auf dem Parkplatz vor der Mall hält ein Reisebus. Ein kleiner Kerl mit kurz geschorenen Haaren, rotem Lippenstift und Rouge im Gesicht steigt aus. Er trägt einen weißen Pulli mit Tigermotiv und enge schwarze Shorts. »Hallo, ich bin Nicki*«, begrüßt er mich. In der Hand hält er ein Klemmbrett mit einer Liste der Campteilnehmer.

»Du hast die Gebühr schon überwiesen, oder?«

Ich bejahe, und er macht ein Häkchen hinter meinem Namen.

»Sag mal – sind Shorts nicht verboten?«, frage ich.

Er lacht und macht eine wegwerfende Handbewegung. »Ja, das kostet 5000 Riyal Strafe. Aber nur, wenn ich erwischt werde.« Wir befinden uns auf einem öffentlichen Parkplatz, mehr und mehr Autos fahren vor, weil die Gebetszeit vorbei ist. Erstaunlich, wie unbesorgt er wirkt. Vor allem, weil mir das Make-up in seinem Gesicht in Anbetracht der hiesigen Gesetzeslage noch gewagter erscheint als die Beinmode.

Weitere Teilnehmer treffen ein, wir suchen uns Plätze im Bus. Gegenüber von mir sitzt Faisal, ein junger Arzt, Fachgebiet Onkologie. Weißes Gewand, krause schwarze Haare.

»Ich mag Deutschland, weil ihr es geschafft habt, von null zu dem zu werden, was ihr jetzt seid«, sagt er, als ich ihm mein Herkunftsland verrate. »Wäre toll, wenn Saudi-Arabien das auch schafft. Kennst du Mercedes?«

»Klar.«

Er hat die Angewohnheit, sich bei etwa jedem dritten Satz nachdenklich über das Kinn zu streichen, als würde er ein kompliziertes Röntgenbild betrachten. Das wirkt ein bisschen weise und zugleich ein bisschen überheblich, obwohl er nicht besonders gut Englisch spricht.

* Dieser und viele weitere Namen von Personen in diesem Buch wurden geändert, um die Menschen zu schützen.

»Ich will nach Deutschland reisen, zum Beispiel nach Zürich«, sagt er.

»Das ist in der Schweiz. Aber nicht weit weg.«

»Ich habe gehört, München und Stuttgart sind gut. Und Villingen-Schwenningen, da gibt es die besten plastischen Chirurgen der Welt. Kennst du Hitler?«

Seine plötzlichen Themenwechsel sind ein bisschen irritierend.

Ich nicke.

»Magst du ihn?« Ein leicht verschlagener Ton, mir kommt es vor, als suchte er einen Verbündeten mit einer kontroversen Meinung.

»Nein«, sage ich, »Hitler war für den Tod von Millionen Menschen verantwortlich.«

»Er war wie ein Wolf.«

»Ein was?«

»Hier sagt man, er war ein Wolf. Die Saudis bewundern starke Anführer. Wie ist Angelina Merkel?«

»Angela. Ganz gut. Viel besser als Hitler.«

»Ach so. Mir fällt zu Deutschland immer als Erstes Hitler, Mercedes und BMW ein. Und dass die Deutschen wie Maschinen sind.«

»Warum wie Maschinen?«

»Weil sie so hart arbeiten.«

Nachdem das geklärt ist, lehnt er sich zurück und blickt aus dem Fenster. Der Bus verlässt die Stadt auf der Bundesstraße 4050 in Richtung Nordosten, bald sind wir umgeben von einer kargen Steinwüste mit vereinzelten Sträuchern. Der Sandstreifen neben dem Highway ist für zehn weitere Meter von Reifenabdrücken planiert, als wären vier Spuren pro Richtung immer noch nicht genug Platz fürs Familienfahrzeug. Wir passieren schwarz-weiße Beduinenzelte, Stapel aus Hunderten unverbauten Ölleitungsrohren und ein »Pilgrim Grouping Center«, eine kleine Zeltstadt speziell für Mekka-Pilger. Momentan scheint niemand dort zu sein. Mehr als zwei Millionen Menschen kommen jährlich allein zum Hadsch, sieben Millionen weitere über das ganze Jahr verteilt für die »kleine Pilgerfahrt« Umrah. Schon Jahrhunderte bevor Mohammed in Mekka geboren wurde, war die Stadt ein Wallfahrtsort. Man verehrte dort den altarabischen Gott Hubal und den »schwarzen Stein«, der Teil der Kaaba ist und unter Muslimen als Reliquie aus dem Paradies von Adam und Eva gilt. Im Jahr 632 ging der Prophet siebenmal um die Kaaba, küsste den schwarzen Stein, predigte vom Berg Arafat und steinigte in Mina symbolisch den Teufel. Diese Rituale werden bis heute bei jeder Pilgerfahrt nachgeahmt.

Unser Camp liegt nur fünfzig Kilometer von Mekka entfernt. Ob vorher schon mal jemand so nah an der heiligsten Stadt der Muslime Weihnachten gefeiert hat? Kurz vor der Ankunft hangelt sich Nicki zwischen den Kopflehnen nach vorne. Mit einem Karaokemikrofon mit eingebauter Lautsprecherbox hält er eine kleine Ansprache. Die letzten Silben seiner Sätze sind immer doppelt zu hören, weil der Hall eingeschaltet ist. »Ein Abend mit Spielen, Spaß und Musik steht uns bevor-vor! Willkommen auf der Al-Harbi-Farm-Farm!«

Und schon betritt eine internationale Gruppe das Festgelände, etwa dreißig Gäste, nur eine Handvoll Einheimische und viele Ausländer: Mehrere Philippiner, Ägypter, Amerikaner, Pakistaner und Südafrikaner und je einer aus Bangladesch, Indonesien, Irak, Indien und Deutschland. Ich bin der einzige Tourist, die anderen arbeiten hier, als Krankenpfleger, Import-Export-Händler, Uni-Mitarbeiter oder Lehrer.

Die Party-Location befindet sich hinter einem Zaun aus Palmenholz. Auf einem Rasen sind zwischen Dattelpalmen rote Teppiche ausgelegt. Daneben steht ein geräumiges Zelt, in dem etwa zwanzig Menschen im Kreis sitzen können. Die einzigen Möbelstücke aus der Familie der Tischartigen sind ein Carrom-Tisch, ein Kickertisch und eine Tischtennisplatte. Ein paar Meter weiter befinden sich Gatter mit Pferden, Pfauen und Fasanen. Wir werden Weihnachten neben einem Stall feiern, das passt. Drei Weise aus dem Morgenland finden wir sicher auch noch.

Jeder erhält einen Aufkleber mit seinem Namen. Wo kommst du her? Und du? *Nice to meet you.* Kennenlernen bei Cola und Sprite aus einer Plastikwanne voller Eiswürfel. Einige der Frauen trugen im Bus noch Kopftuch, nun scheint Verschleierung nicht mehr nötig zu sein, wir sind ja unter uns.

»In der Stadt trage ich draußen immer Abaya und Niqab«, erzählt Amina aus Südafrika. »Als ich neu war im Land, habe ich den Gesichtsschleier weggelassen. Aber ich wurde so oft angestarrt und angesprochen, dass ich ihn nach ein paar Monaten aus Bequemlichkeit doch angezogen habe. Um meine Ruhe zu haben.« Sie ist Mitte vierzig, hat kurze, blondierte Haare und trägt ein regenbogenfarbiges Batik-T-Shirt. Mit ihrer Statur, ihrem Stimmvolumen und ihrer Fähigkeit, selbst in einem plumpen Sitzsack fläzend Autorität auszustrahlen, könnte ich sie mir gut als Operndiva vorstellen. Tatsächlich arbeitet sie als Lehrerin an einer Mädchenschule, wo eine gewisse Bühnenpräsenz auch von Vorteil ist. Seit zehn Jahren lebt sie in Dschidda.

»Manchmal ist es hier sehr praktisch, eine Frau zu sein: Zum Beispiel darf ich am Bankschalter an den Männern vorbei vorgehen. Und die Abaya ist super, weil ich nicht überlegen muss, was ich draußen anziehe.«

Ich frage, warum sie sich für ein Leben in Saudi-Arabien entschieden hat.

»Die meisten kommen wegen des Geldes, aber mir ging es hauptsächlich um Sicherheit. In Johannesburg hatte ich Angst vor Überfällen und Einbrechern, hier nicht.«

»Ich glaube, viele Deutsche hätten mehr Angst, nach Saudi-Arabien als nach Südafrika zu reisen.«

»Die kann ich gerne mal zu einer Stadttour durch Johannesburg mitnehmen.«

»Was denkst du über den Wandel, der hier gerade stattfindet?«

»Der ist überfällig. Aber: Das Land könnte damit die Essenz dessen verlieren, was seine Sonderstellung in der muslimischen Welt ausmacht. Viele halten es für richtig, in der Heimat der heiligen Stätten Mekka und Medina einen besonders strikten Islam zu predigen. Es ist extrem spannend, was passieren wird.«

Wir werden unterbrochen, weil Zeremonienmeister Nicki mit seinem Karaokemikro den Beginn der Spiele ausruft. Wir bilden zwei Mannschaften, und die Sitzparty verwandelt sich in einen Kindergeburtstag.

Los geht es mit dem, was Nicki als Holzbrettspringen bezeichnet. Fünf Personen pro Team müssen sich auf zwei Holzplanken mit Fußschlaufen stellen, die wie Skier nebeneinanderliegen. Nur wenn die Gruppe es schafft, die Beine möglichst synchron anzuheben, kommt sie gut vorwärts. In einem der Teams werde ich ganz nach vorne beordert, und dank teutonischer Führungseffizienz und eines schnell eingeübten »one – two – right / one – two – left«-Brüllrhythmus gewinnen wir unser Rennen mit einigem Vorsprung, während die Konkurrenz flucht und stolpert.

»Deutsche Maschine«, sagt Faisal anerkennend.

Das nächste Spiel ist ein Wettlauf mit zwei Latzhosen, die seitlich zusammengenäht wurden. Wie siamesische Zwillinge müssen wir versuchen, damit so schnell wie möglich vorwärtszukommen. Als Finale steht ein Staffellauf auf dem Programm: Mit Helmen, auf denen Plastikbecher befestigt sind, müssen Viererteams Wasser transportieren. Von einem vollen Eimer auf der einen Seite des Rasens über drei Stationen zu einem leeren Eimer auf der anderen Seite. Weitergegeben wird das kostbare Nass, indem einer niederkniet und der andere durch Kopfsenken versucht, seine Last mit möglichst wenig Streuverlust loszuwerden. Mir fällt auf, dass es in allen drei Spielen darum geht, aus erschwerten Bedingungen das Beste zu machen.

Dann gibt es Fleischspieße vom Grill, Hummus und Fladenbrot. Nicht schlecht, auch wenn die südafrikanischen Gäste anmerken, man habe hier wohl keine Ahnung von einem vernünftigen Barbecue.

Gegen Mitternacht folgt endlich das, worauf alle warten. Gold, Weihrauch und Myrrhe, nein, so ähnlich: Wichteln. Jeder legt sein Geschenk in die Mitte, und Nicki schreibt Zahlen darauf. Wir sitzen im Kreis auf dem Teppich, ziehen Zettel mit Nummern, dann ruft Nicki die Gewinner mit seinem Karaokemikro auf. »Achtzehn-zehn!« – »Zwölf-ölf!« – »Zwanzig-anzig!« Um sich das Geschenk zu verdienen, muss jeder eine Frage beantworten, die Nicki aus einem Stapel Karten eines »Wahrheit oder Pflicht«-Spiels zieht.

Die besten Frage-Antwort-Kombinationen:

Sex oder Schokolade? »Schokolade«, sagt ein schüchterner Ägypter namens Karim.

Was war dein schlechtestes Date? »Sie drohte mit der Polizei«, sagt Hamid, ein Architekt. Auf die Nachfrage, was der Grund dafür war, antwortet er nur: »Ach, nichts.«

Wie kannst du am besten relaxen? »Mit Sex«, verrät die rundliche Amerikanerin Jennifer. Faisal lacht laut, und sie guckt ihn an und ergänzt: »Und mit dir wäre das sicher ganz besonders entspannend.« Faisals Blick ist eine Millionen Riyal wert, er wirkt ernsthaft verwirrt, scheint nicht zu wissen, wie er das jetzt einordnen soll. Das kam im Medizinstudium nicht vor und im saudi-arabischen Alltag bislang wahrscheinlich auch nicht.

Ich muss beantworten, wie für mich das ideale Date aussieht (die Fragen sind ein wenig monothematisch), sage irgendwas über eine längere gemeinsame Reise und bekomme dafür Nummer »fünf-ünf«, ein Teegläserset.

Und mein eigenes Mitbringsel? Das wird als vorletztes gezogen, Nummer 13, eine philippinische Krankenschwester namens Kathlyn ist die Glückliche. »Ist das Champagner?«, fragt sie zunächst, als sie die Verpackung sieht. »Nein, aber wahrscheinlich auch verboten«, antworte ich. Und dann zieht sie einen Miniatur-Weihnachtsmann aus der Verpackung, gefährliche Christentumspropaganda aus 250 Gramm Vollmilchschokolade. Kathlyn reagiert unaufgeregt, in ihrem Heimatland gibt es die Dinger ja auch. »Danke, das schenke ich meiner Tochter, die liebt Süßes«, sagt sie nur.

Als Nicki später in kleiner Runde selbstgebrannten Himbeerschnaps in Plastikbecher ministriert, frage ich ihn, wie das hier läuft mit den ganzen Verboten und Gesetzen.

»Viele Ausländer wohnen in geschlossenen Compound-Siedlungen – dort ist das Leben fast genauso wie in westlichen Ländern. Manche produzieren ihren eigenen Alkohol oder importieren was über die Botschaften«, sagt er. »Das wird geduldet, schließlich ist man auf die Arbeitskraft der Ausländer angewiesen. Man sollte sich nur nicht erwischen lassen und muss wissen, wo die Grenzen liegen, die man nicht überschreiten sollte. Dieses Camp musste ich offiziell anmelden – hätte ich dabei was von Weihnachten geschrieben, wäre es nicht erlaubt worden.«

Ein paar Gäste laufen vorbei, sie wollen einen Spaziergang aufs Feld machen, zum Sternegucken. »Geht nicht zu weit weg, wir haben nur das Areal hier gebucht«, sagt Nicki ein wenig ungehalten. Ich spüre, dass er ihnen den Ausflug am liebsten verbieten würde. Auf der Al-Harbi-Weihnachtsfeier und in den abgeriegelten Ausländer-Wohnvierteln gilt das Paradox restriktiver Gesellschaften: Am freiesten ist man dort, wo man von Mauern oder Zäunen umgeben ist.

So ein Land scheint nicht zu Nicki zu passen, wie er da sitzt in seinen Shorts, mit Rouge im Gesicht und perfekt gezupften Augenbrauen.

»Warum Saudi-Arabien? Warum gehst du nicht nach Berlin, Bangkok oder Manila?«, frage ich ihn. Aus seinem Couchsurfing-Profil weiß ich, dass er Hotelmanagement studiert hat. Sein Englisch ist perfekt, er könnte überall arbeiten.

»Als Teenager hatte ich Probleme mit Drogen und Alkohol. Meine Eltern schickten mich nach Singapur, damit ich Disziplin lerne. Sie wussten nicht, dass es dort eine fantastische Clubszene gibt. Auch für Schwule, obwohl Homosexualität offiziell verboten ist. Als ich wieder zu viel feierte, musste ich nach Saudi-Arabien.«

»Hier steht auf Homosexualität die Todesstrafe.«

»Das Gesetz wird fast nie vollstreckt. Laut Koran müssen dafür vier Zeugen den verbotenen Akt beobachten. Das lässt sich in der Praxis gut vermeiden.«

Wie zur passenden Untermalung seiner Worte tanzen auf dem Teppich hinter uns zwei Philippino-Männer Salsa zu Ricky Martin. Ein paar Meter weiter, in der Sitzsackrunde, werden schlecht gestimmte Gitarren ausgepackt und Hits von Robbie Williams und Britney Spears intoniert. Babylonisches Klanggemisch statt »Stille Nacht«, wie um zu zeigen: Mit der Ruhe ist es jetzt erstmal vorbei. Keiner der Saudis singt mit, sie sitzen stumm dabei. Noch vor wenigen Monaten waren nur Koranrezitationen, ein bisschen Getrommel und die melodischen Gebetsrufe der Muezzine okay.

Um 5:30 Uhr weckt mich ein solcher, aus der Gebetsapp eines Handys kommend, das nicht weit von meinem Schlafsack im Riesenzelt liegt. Nicki hat eine frühe Rückfahrt gebucht, weil einige Feiergäste pünktlich bei der Arbeit sein müssen. Schon um sieben Uhr bringt der Bus dreißig müde Menschen zurück in die Stadt.

Kleine Kamelkunde

Kamele fungieren als Wirte verschiedener Coronaviren, sie kriegen davon lediglich eine leichte Erkältung. Die meisten dieser Erkrankungen sind für Menschen ungefährlich, eine Ausnahme war MERS, das Middle Eastern Respiratory Syndrome. Nachdem der zugehörige Erreger 2012 zum ersten Mal in Saudi-Arabien entdeckt wurde, starben Hunderte Menschen.

Inshallah Airlines

Ich bin ein bisschen im Partystress. Aziz aus Riad, einer der Couchsurfer, die ich angeschrieben hatte, meldete sich vor zwei Tagen mit der Information, ein Electro-Festival finde in Riad statt, genauer gesagt das größte Electro-Festival aller Zeiten, das »MDL Beast«, er könne mir ein Ticket organisieren. Ich sagte natürlich zu und buchte ein Flugticket für zwölf Uhr.

An der Al-Yasmin-Mall verabschiede ich mich von den Weihnachtspartyleuten, bestelle digital ein Taxi zu meinem Hotel und lasse meinen Rucksack an der Rezeption, um ein bisschen in Al-Balad spazieren zu gehen.

So heißt das Altstadtviertel von Dschidda. Es besteht aus vier- und fünfstöckigen Reihenhäusern mit bunt bemalten Erkern aus Holz, *Roshan* genannt, halb Fenster und halb Balkon. Wie undurchsichtige Zierkäfige lehnen sie sich über Gassen, die teils so eng sind, dass sich gegenüberwohnende Nachbarn von Erker zu Erker unterhalten können. Ursprünglich waren sie aber dafür gedacht, für bessere Luftzirkulation zu sorgen und Frauen zu ermöglichen, durch die Holzgitter nach draußen zu blicken, ohne selber gesehen zu werden. Über die Jahrhunderte haben salziger Meereswind, Taubenscheiße, Schwerkraft, Weißfäule und gelegentlich heftige Regengüsse dafür gesorgt, dass manche Erker Verformungen entwickelt haben, über die Statiker Diplomarbeiten schreiben könnten. In manche haben die Bewohner rechteckige Öffnungen gefräst, um Platz für die Außengeräte der Klimaanlagen zu schaffen. Wie metallene Roboterparasiten aus der Zukunft ragen sie aus dem Holz – Modernisierung als hässlicher Gewaltakt. Die meisten Häuser umgibt jedoch eine ganz zauberhafte Aura ästhetischer Kaputtheit. Früher wohnten hier reiche Kaufleute, heute arme Migranten aus Bangladesch und Pakistan. Und herrenlose Katzen, Tausende Katzen mit schwarz-weißem Fell und hungrigen Augen.

Als Al-Balad 2014 zum UNESCO-Weltkulturerbe ernannt wurde, durchwehte ein erster Hauch von Gentrifizierung das Vier-

tel. Antiquitätenshops, Kunstgalerien und Hipster-Cafés siedelten sich an. Und es wird fleißig renoviert, auch dank Zuschüssen aus dem Königshaus. In fünf oder zehn Jahren ist vermutlich alles wieder bestens in Schuss, die Migranten und Katzen wohnen woanders, und Al-Balad ist um einigen Charme ärmer, aber bereit für den Massentourismus.

Vorbei an Fußball spielenden Kindern, pickenden Tauben und zuletzt einer schier endlosen Reihe von Goldschmuckgeschäften geht es zurück zur Hauptstraße. Vom Hotel aus ordere ich ein Taxi zum Flughafen.

Dschidda verfügt – außer über den schönsten Stadtnamen – noch über drei weitere Superlative: erstens die höchste Wasserfontäne der Welt, 312 Meter. Zweitens das höchste geplante Gebäude der Welt, tausend Meter. Eigentlich sollte der »Jeddah Tower« bereits 2018 Himmel und Erde verbinden, doch dann sorgte Ärger mit der Baufirma für Verzögerungen. Bis heute wirkt die Baustelle im Nordwesten der Stadt relativ mickrig. Der dritte Superlativ ist die vermutlich größte Entfernung zwischen zwei Terminals desselben Flughafens, fünfzehn Straßenkilometer, 25 Minuten Fahrt bei starkem Verkehr. Weil die Straße in Form einer geöffneten Tackerklammer außen um das Flughafenareal verläuft, sollten Transitpassagiere viel Zeit mitbringen.

Arabische Ineffizienz, wäre das nicht direkter gegangen?, denkt der maschinenköpfige Deutsche in mir. Bis ich die Geschichte des Flughafens google: Er war in den Siebzigerjahren der bis dato größte Bauauftrag für eine Firma namens Hochtief aus Essen. Einen »Koloss unter den Weltflughäfen« nannte der *Spiegel* das Bauwerk in seiner Ausgabe vom 5. Juni 1978. Ich habe reichlich Zeit, das nachzuschlagen, weil ich den Taxifahrer zunächst zum falschen Terminal schicke.

Im Nachhinein hätte die Zeit selbst für eine Flughafenumrundung gereicht, denn der Flug mit Flyadeal wurde laut Anzeigetafel annulliert. Schlechter Deal. Das Terminal hat gelbliche Wände und graue Säulen, Lichtkonzept und Geruch lassen an eine Mehrzweck-Sporthalle aus den Siebzigern denken.

Im ersten Stock drängen sich Dutzende verhinderte Passagiere um den Schalter der Fluglinie, auch ein Flug nach Dammam wurde gestrichen. Ob heute überhaupt noch was fliegt mit Flyadeal? Ein junger Mann in rotem Adidaspulli macht seinem Ärger besonders laut Luft. So laut, dass ihn bald zwei Beamte in sandfarbenen Flughafenpolizei-Uniformen zur Seite nehmen. Er ist augenblicklich still.

Am Schalter erfahre ich, dass ich statt des Fluges um zwölf einen um 16:20 Uhr nehmen könne.

»Eine frühere Möglichkeit gibt es nicht?«

»Nein«, sagt der Angestellte.

»Wird der Flug um 16:20 Uhr pünktlich sein?«

»Inshallah«, lautet die Antwort.

Das passt mir gar nicht, ich wollte erst zu meinem Gastgeber, und um achtzehn Uhr bin ich mit Aziz im Zentrum von Riad verabredet, um zur Party des Jahrhunderts zu fahren. Die Flugzeit nach Riad beträgt knapp neunzig Minuten, dann zum Gepäckband und über dreißig Minuten Taxifahrt – das wird nichts.

In der Weihnachtsfeier-WhatsApp-Gruppe – in Saudi-Arabien gibt es für alles immer eine WhatsApp-Gruppe – beglückwünscht man sich derweil zum gelungenen Event. Auch ich schreibe wahrheitsgemäß, wie toll ich es fand. Nicki erkundigt sich nach meinem Befinden, woraufhin ich eine gewisse Müdigkeit, eine ansonsten recht positive Stimmung und das Flugzeugproblem erwähne.

»Kann jemand am Flughafen helfen?«, fragt daraufhin Nicki in die Runde. Das ist nett gemeint, kommt mir aber ein wenig übermotiviert vor. Entweder ich nehme den späteren Flug, oder ich buche was anderes, viel helfen kann man mir da nicht. Warum die ganze Gruppe damit behelligen?

Auf der Anzeigetafel entdecke ich einen Flyadeal-Flug nach Riad, der schon um 15:10 Uhr startet. Anscheinend hat mich der Angestellte angelogen, als ich um einen früheren Ersatzflug bat.

Also wieder hoch zum Schalter. Nun stehen doppelt so viele Menschen davor, es müssen über fünfzig sein. Ich mache ein Foto von dem Andrang. Keine gute Idee. Ein uniformierter Sicherheitsmann stellt sich mir in den Weg. Er verlangt meinen Pass und winkt mir, ihm zu folgen, die Treppe in die Haupthalle hinunter zum Polizeibüro. Schwere Holzmöbel, Herrscherporträts an der Wand, hohe Glasfenster an zwei Seiten. Jeder kann von draußen reinschauen, wer gerade verhört wird, das immerhin beruhigt. Hinter einem Schreibtisch sitzt ein ranghöherer Polizist, auf dem Sessel neben mir der Adidastyp, der ganz handzahm geworden ist. Der Polizist dreht sich zu mir: »Show me camera!« Bevor ich antworten kann, redet er schon weiter mit dem anderen Delinquenten und scheint mich vergessen zu haben. Zwei Minuten später: »Camera! Delete!« Ich lösche die beiden Bilder der Schalterstampede, während er misstrauisch auf mein Display blickt.

»Go!«, sagt der Mann, und ich habe mein erstes Treffen mit der Staatsgewalt überstanden.

In der Zwischenzeit hat mir der König von Saudi-Arabien eine WhatsApp-Nachricht geschickt.

»Halo my friend«, lautet der Text, gefolgt von: »What happen about you in the airport?«

Ich kenne die Nummer nicht, aber das Profilbild zeigt Salman ibn Abd al-Aziz al-Saud, den Herrscher des Landes mit seiner unverkennbaren Dreifach-Bartkombo.

Mir fällt keine dem höfischen Protokoll angemessene Formulierung ein, mit der ich fragen könnte, woher er mich kennt und wie er an meine Nummer kommt, also antworte ich direkt auf die Frage: Mein Flieger sei um vier Stunden verspätet.

»Oh«, schreibt der König, und: »Hast du ein neues Ticket bekommen?«

»Nein«, schreibe ich.

»Weißt du, welche Nummer du anrufen kannst?«

»Nein. Am Schalter sagte man mir, ich könne den Flug nicht umbuchen.«

»Okay, ich komme vorbei. Ich werde dir helfen.«

Wenn der Polizist in seiner Bürokaschemme wüsste, was ich für Freunde habe. *Wasta* nennt man das hier, frei übersetzt »die richtigen Leute kennen«. Wasta erleichtert das Leben im Vetternwirtschaftsparadies Saudi-Arabien, Nepotismus wird von höchster Stelle vorgelebt und eifrig in alle Lebensbereiche übertragen. Ein guter Draht zu Menschen mit Macht löst viele Probleme. Ein Anruf bei der richtigen Person kann helfen, Ärger mit dem Gesetz abzuwenden oder bei einem Geschäft begünstigt zu werden. »Korruption läuft in Saudi-Arabien nicht mit Geld, sondern über Kontakte«, hat mir ein saudischer Freund gesagt. So gesehen bin ich gut im Rennen. Wenige Tage nach Ankunft bereits königliche Hilfe zu bekommen, das dürfte Wasta-Weltrekord sein.

»Bin unterwegs«, schreibt mein royaler Retter. Zum Beweis schickt er eine mit schiefem Horizont fotografierte Straßenimpression, aufgenommen durch eine Windschutzscheibe.

Ich setze mich auf einen der weinroten Ledersitze in der Lobby. Wenn der spätere Flug pünktlich ist, könnte ich es schaffen, mit nur geringer Verspätung in der Innenstadt anzukommen. Da aber heute schon mehrere Flyadeal-Maschinen ausgefallen sind und mir die »Inshallah«-Komponente in der Krisenkommunikation nicht gefällt, überlege ich, einen anderen Flug zu buchen.

»Inshallah« heißt übersetzt »so Gott will«, kann aber, wie ich von vorherigen Nahostreisen weiß, sowohl »wahrscheinlich«, »vielleicht«, »hoffentlich«, »schau mer mal« als auch »nein« bedeuten. Es ist eines der wenigen Worte, dessen konkrete Bedeutung sich immer erst zu einem zukünftigen Zeitpunkt aus der Rückschau ergibt.

Für pragmatisch denkende Menschen ist »Inshallah« eine Katastrophe, dieses Hohelied auf die Beliebigkeit, diese Hymne auf die Unzuverlässigkeit, ein »Willkür schöner Götterfunken« der islamischen Welt. Andererseits ist es ein verdammt ehrliches Wort, ein Anerkennen der Tatsache, kein Hellseher zu sein. »Wir treffen uns morgen um 9:30 Uhr am Bahnhof« enthält die Anmaßung, das Universum werde schon mitspielen bei den trivialen Plänen der Erdenbürger. »Wir treffen uns morgen um 9:30 Uhr am Bahnhof inshallah« dagegen bleibt selbst dann eine korrekte Aussage, wenn sich beide nie oder zwei Stunden später oder am Rathaus statt am Bahnhof treffen.

Erfreulicherweise wurde dieses versatile Wunderwort kürzlich in den Duden aufgenommen, es ist also auch für die Deutschen noch nicht zu spät zu realisieren, dass sie nicht über alles im Leben selber bestimmen.

Der König von WhatsApp kommt durch die Drehtür, sein weißes Thaub-Gewand weht im Tatendrang fester Schritte. Statt eines Zepters oder einer grüßenden Hand streckt er mir sein Handy entgegen. »Komm, wir machen ein Selfie! Lächeln!«, sagt der Mann, es ist Faisal, der Arzt aus dem Weihnachtscamp. Er blickt aufs Display. »Nein, noch mal, du musst was mit dem Daumen machen.« Also noch eins, Daumen hoch, Selfie fertig. Er vertieft sich gleich wieder in sein Display, postet das Bild um neunzig Grad verdreht in der Weihnachtscamp-WhatsApp-Gruppe mit dem Hinweis: »Am here don't worry«. Den Text gibt er vorher bei Google Translate auf Arabisch ein, um keinen Schreibfehler zu machen.

»So«, sagt er dann und kratzt sich weise am Kinn. »Was ist das Problem?« Er klingt jetzt nicht nach König, sondern nach seinem tatsächlichen Job. Anamnese.

»Nichts Weltbewegendes. Mein Flug hat vier Stunden Verspätung, vielleicht wird er auch ganz ausfallen, und ich will heute noch zum Musikfestival in Riad.«

»Verstehe.«

Er denkt kurz nach, scheint dann einen Einfall zu haben.

»Gib mir dein Ticket.«

Er geht damit zur Information, stellt eine Frage, kommt siegesstrahlend zurück.

»Der Schalter von Flyadeal ist einen Stock höher«, verkündet Meisterdetektiv Faisal.

»Da war ich gerade«, sage ich, doch er stapft schon voraus zur Rolltreppe.

In der Schlange drängelt sich Faisal vor mit der Selbstverständlichkeit von jemandem, der es gewohnt ist, nirgends warten zu müssen. Er spricht mit dem Angestellten, dann kommt er zu mir: »Dein Flug hat Verspätung und geht um 16:20 Uhr statt um zwölf«, verkündet er. »Trinken wir einen Kaffee?«

»Ich würde lieber herausfinden, ob es eine frühere Verbindung gibt.«

»Folge mir.«

Ich spüre, wie er es genießt, der Strippenzieher zu sein, von dem hier alles abhängt. Faisal geht zum Check-in-Schalter und redet mit dem Flyadeal-Mitarbeiter.

Ergebnis: »Er kann dein Ticket nicht auf den Flug um 15:10 Uhr umbuchen, weil der schon mit dem Boarding fertig ist.«

Es ist Viertel nach eins, kein Inlandflug der Welt beendet so früh das Boarding. Die scheinen hier Passagiere einfach aus Bequemlichkeit anzulügen.

»Das ist eine Bullshit-Fluggesellschaft«, schimpft Faisal. »Ich empfehle dir, nicht mit Flyadeal zu fliegen. Saudia ist viel besser.«

Während er spricht, knetet er mein Ticket in der Hand, als wäre das Stück Papier schuld an der Misere.

Wir gehen zurück zur Rolltreppe, der Saudia-Schalter befindet sich gleich gegenüber des Flyadeal-Schalters. Laut Ticketcomputer ist noch ein Platz für den Sechzehn-Uhr-Flug frei. Für 325 Riyal, 89 Euro. Leider kommt eine Fehlermeldung, wenn man auf »bezahlen« klickt. Der Schalterbeamte verlangt 380 Riyal fürs gleiche Ticket, verspricht aber immerhin, der Flug werde pünktlich starten. Nach kurzem Überlegen sage ich zu.

»Die Angestellten bei Saudia sind viel netter«, sagt Menschenkenner Faisal.

Gegenüber bei Flyadeal frage ich, ob ich stornieren kann.

»Tickets sind nicht erstattbar, wenn die Verspätung weniger als sechs Stunden beträgt. Steht in den Allgemeinen Geschäftsbedingungen«, sagt der Angestellte.

Faisal schaltet sich ein: »Das ist ein deutscher Tourist, es wäre ratsam, ihn besser zu behandeln.«

Hilft nichts, keine Erstattung.

»Ich möchte dir empfehlen, immer die Buchungsbedingungen zu lesen, bevor du einen Flug buchst«, sagt Flugprofi Faisal.

Ein chinesischer Tourist, der außer Atem wirkt, fragt uns, ob wir unser Ticket ändern konnten. »Wollen wir ein Selfie zusammen machen?«, schlägt Faisal vor, anstatt zu antworten. Bevor ich etwas sagen kann, sucht ein verstörter Chinese das Weite. Social-Media-König Faisal macht nun ein Video, das zunächst unsere Köpfe zeigt und dann auf seine Hand mit dem neuen Ticket schwenkt. Das Ergebnis geht gleich in die WhatsApp-Gruppe, begleitet von dem Satz: »It is very pleased because the company changed and the plane became faster.«

Digitale Glückwünsche trudeln ein: »You did it Faisal«, schreibt Amina, »Bravo«, schreibt Nicki, »You are so smart Faisal«, schreibt Kathlyn.

Der Einzige, der sich von der allgemeinen Euphorie nicht anstecken lässt, bin ich. Immerhin habe ich gerade fast hundert Euro bezahlt, um zwanzig Minuten früher zu fliegen.

Beim gemeinsamen Kaffee knipst Faisal trotzdem ein Siegerbild von mir, mit Kaffeebecher in der Hand. »Mehr lächeln«, verlangt der Spitzenfotograf. Ich sehe aus wie ein Hamster, der gleich den Becher anknabbert vor lauter gezwungenem Lächeln.

»Ich freue mich sehr, dass alles ein gutes Ende gefunden hat«, sagt er, sichtlich stolz auf sich selbst, und ich bedanke mich artig für die wertvolle Hilfe. »Vielleicht sehen wir uns ja, wenn ich nächstes Mal in Dschidda bin!« »Inshallah!«, antwortet er und schreitet mit wehendem Thaub davon.

Im Flieger müssen einige Passagiere vor dem Start noch Plätze tauschen. Es soll kein Mann neben einer ihm unbekannten Frau sitzen, das Computersystem scheint aber nicht in der Lage zu sein, das schon bei der Buchung zu berücksichtigen. Ich habe Sitz 10 e, auf 10 d sitzt eine Frau in voller Verschleierung. Guccitasche, Sportschuhe, Schwärze. Eine Flugbegleiterin führt sie zu einem anderen Platz, damit alles seine Ordnung hat.

Als endlich alle sitzen und die Sicherheitseinführung überstanden ist, kommt eine Durchsage: »Meine Damen und Herren, der Text, den Sie jetzt hören werden, ist das, was Prophet Mohammed, Friede sei mit ihm, vor einer Reise gebetet hat.« Auf den Bildschirmen laufen englische Untertitel, dazu ist zunächst die Erde aus dem All zu sehen, dann fährt die Kamera immer näher ran und rast durch die Wolken, vermutlich soll das die Gottesperspektive auf die Schöpfung symbolisieren. Für mich sieht es aus wie ein Flugzeug, das immer weiter an Höhe verliert.

Ein übermotivierter Prediger rezitiert das Gebet mit einer gutturalen, durch starken Hall in ihrer Intensität verstärkten Stimme: »Ehre sei dem, der dieses Transportmittel in unseren Dienst gestellt hat, wir selbst wären dazu nicht in der Lage gewesen. Der Weg zu unserem Herrn ist unsere letzte Bestimmung.« Ich habe weder Flugangst, noch bin ich durch übermäßigen Konsum amerikanischer Kinofilme darauf konditioniert, Gebete auf Arabisch automatisch als Vorboten von Unheil zu interpretieren. Aber diese Sätze klingen mir doch ein bisschen zu sehr nach »Keine Ahnung, warum die Kiste fliegt, werden schon irgendwie ankommen inshallah, aber wenn nicht, ist auch okay«.

Außerdem habe ich wie jeder Mensch über dreißig irgendwo in einer Erinnerungssynapse ein Trauma namens »11. September 2001« im Kopf, und das geht da auch nicht mehr weg. Von den neunzehn Terroristen in den Flugzeugen kamen fünfzehn aus Saudi-Arabien, genau wie ein Teil der nötigen Finanzen und der Planer der Angriffe selbst, Osama bin Laden. Osama bin Laden aus Riad, aufgewachsen in Dschidda, im Stadtviertel Al-Ammariyah, gar nicht weit weg von Al-Balad. Wohl kein Besucher aus der westlichen Welt kann nach Saudi-Arabien reisen, ohne zwischendurch an den Anschlag in New York zu denken. Bei mir ist es jetzt so weit, als zum Gebet die Turbinen ihre Drehzahl hochfahren, »O Allah, erleichtere uns die Reise und lass uns die Strecke schnell zurücklegen«, das ist filmreifes Timing, der Flieger beschleunigt, die Stimme wird lauter und eindringlicher, und wir heben genau in dem Moment ab, als der letzte Satz verklungen ist. Auf den Bildschirmen bewegt sich die Kamera nun rückwärts, aus den Wolken zurück ins All, bald ist wieder die Erdkugel in der Totalen zu sehen. Dann wird der Bildschirm schwarz, und der echte Flieger durchbricht die Wolkendecke.

Meine Nervosität erweist sich als unberechtigt. Allah lässt uns die Strecke schnell zurücklegen, zehn Minuten früher als geplant landen wir in Riad.

Kleine Kamelkunde

Absolut wüstentauglich: Kamele können ihre Körpertemperatur zwischen etwa 34 und 42 Grad Celsius regulieren, wodurch sie weniger schwitzen und weniger Wasser verbrauchen. Sie haben verschließbare Nasenlöcher und sechs Augenlider – an jedem Auge eins oben, eins unten und ein drittes, das durchsichtig ist und vor Sandstürmen schützt.

Riad

الرياض

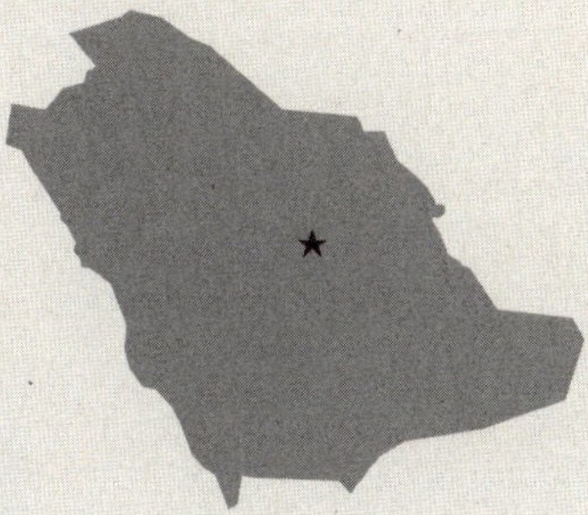

Einwohner: 7676654
Region: Riad

Flirten mit Snapchat

Als ich das Handy wieder einschalte, erscheinen zwei Nachrichten auf dem Display. Mohammed, mein Couchsurfing-Gastgeber in Riad, schreibt zwischen blumigen Entschuldigungsfloskeln, es sei leider etwas dazwischengekommen, familiäre Gründe, ich könne leider doch nicht bei ihm unterkommen. Er verspricht, Freunde zu fragen, ob es nicht bei ihnen möglich sei. Und Aziz, der Partymensch, schickt mir eine Adresse in der König-Fahd-Straße, wo wir uns treffen können. Ich bestelle ein Careem-Taxi dorthin.

Riad ist ein ausufernder Moloch mit siebeneinhalb Millionen Einwohnern und unzähligen rasterartig angeordneten Wohnvierteln aus dreistöckigen Einfamilienbunkern. Ein Netz von Highways zieht sich hindurch, vorbei an Shoppingarealen, Firmengebäuden und Brachlandflächen. Ähnlich wie in Dschidda hat die Wüste auch den Kampf um Riad noch nicht aufgegeben.

Das Taxi fährt an den prunkvollen Eingangsportalen der Princess Nourah University vorbei, der größten Uni weltweit nur für Frauen. Der Campus ist so riesig, dass zwischen den Fakultäten eine eigene Metro mit 11,4 Schienenkilometern eingerichtet wurde.

Preisfrage: Wo gibt es mehr Unis, die nach einer Frau benannt sind, in Saudi-Arabien oder Deutschland? Richtige Antwort: Saudi-Arabien. In Deutschland sind es zu diesem Zeitpunkt exakt null.

Am Straßenrand parkt ein Lastwagen des Lebensmittelkonzerns Nadec. Das Werbebild zeigt Orangensaftflaschen, die an einem Metallgerüst aufgehängt sind, das wohl an eine Kinderschaukel erinnern soll. Für mich sieht es aus wie eine Hinrichtungsszene.

Ein paar Kilometer weiter stehen die Glastürme des noch unfertigen King Abdullah Financial District und die Hochhäuser, die immer als Erstes bei einer Google-Bildersuche zu Riad erscheinen: das von einer Pyramidenspitze gekrönte Al Faisaliyah Center (267 Meter), der flaschenöffnerförmige Kingdom-Centre-Turm (302 Meter) und die schmucklose Glas- und Stahlbetonröhre Burj Rafal (308 Meter).

Nicht weit davon treffe ich Aziz (1,69 Meter), der seinen Toyota Land Cruiser am Straßenrand geparkt hat. Er arbeitet als Grafikdesigner, trägt Jeans und Stoffjacke und hat den gleichen perfekt gestutzten Vollbart wie Kronprinz Mohammed bin Salman. Eine saudi-arabische Flagge liegt wie ein Schal um seinen Hals, er trägt permanent einen weißen AirPod im rechten Ohr. Nationalstolz und Fortschrittsbegeisterung als Accessoires, ein klares Statement in einer Gesellschaft, in der kleinste Modedetails viel über einen Menschen verraten. In seinem Onlineprofil zeigt Aziz Fotos vom Basecamp des Mount Everest, von einem Stadionbesuch bei Manchester United und vom Gipfel des Kilimandscharo. Und er listet 44 Länder auf, die er bereits besucht hat, von Aserbaidschan bis Zimbabwe – eine eindrucksvolle Bilanz für seine 29 Lebensjahre, von denen er die ersten sieben auf einer Dattelpalmenfarm verbracht hat, weit weg von Riad.

»Saudi-Arabien verändert sich, viele haben jetzt Hobbys«, sagt er. »Obwohl es für manches noch nicht einmal arabische Wörter gibt. ›Hiking‹ zum Beispiel ist so exotisch, dass wir da einfach das englische Wort verwenden.«

»Was für Hobbys sind jetzt populär?«

»Konzerte, Autorennen, die ganzen Events – und natürlich Kamelrennen und Wüstencamping.«

Seine größte Leidenschaft heißt Al-Hilal, das ist der erfolgreichste Fußballverein aus Riad. Vor einem Monat reiste Aziz extra nach Japan, um den Sieg im Finale der asiatischen Champions League mitzuerleben.

Er gibt Gas, wir fahren nach Nordwesten, wo vierzig Kilometer außerhalb der Stadt das Festival stattfindet. »Das wird riesig, so etwas gab es noch nicht in Saudi-Arabien. 100 000 Leute werden erwartet.« Der Stau, der sich auf der vierspurigen König-Fahd-Straße bildet, scheint ihm recht zu geben. Die letzten zehn Kilometer geht es nur noch im Schritttempo voran.

»Stimmt es, dass man in Deutschland auf Autobahnen so schnell fahren darf, wie man will?«, fragt Aziz.

»Ja, auf manchen Abschnitten schon«, sage ich.

»Genial«, findet er. »Darum ist Reisen so spannend. Weil man solche verrückten Sachen mitkriegt. Es ist viel interessanter, ausländische Freunde zu haben als nur Saudi-Freunde. Und ich habe auf Reisen gelernt, mit Mädchen zu sprechen, da hört man mal eine ganz andere Perspektive. Jetzt habe ich einige gute Freundinnen, und ich denke gar nicht an Sex, wenn ich mit ihnen rede.«

»Gratuliere. Und wie kommt man hier mit Frauen ins Gespräch?«

»Am besten online. Instagram, Foursquare, Tinder. Der beste Trick ist, bei Snapchat deinen Kaffeebecher zu posten.«

»Was soll das bringen?«

»Du stellst dein Profil auf ›öffentlich‹ und schaltest die Ortsbestimmung ein. Dann können Leute in der Umgebung das Becherfoto und deine Location sehen. Und du baust deinen Snapcode ein, damit sie dich gleich adden können. Einmal habe ich so eine kennengelernt.«

»Und, was ist daraus geworden?«

»Wir schreiben uns immer noch, haben uns aber nie getroffen.«

Snapchat ist eine App mit der Besonderheit, dass sich Fotos, Texte und Videos dort kurz nach dem Ansehen von selbst löschen. In Westeuropa sind die meisten User im Teenageralter, wer über 25 ist, verwendet Snapchat allenfalls ironisch. In Saudi-Arabien dagegen ist die Plattform ein Massenphänomen auch bei Älteren. 16,85 Millionen Saudis nutzen Snapchat, also jeder zweite Einwohner – nirgendwo sonst ist die Zahl pro Kopf so hoch. In einem Land, in dem unbedachte Worte zu drakonischen Strafen führen können, ist die Vergänglichkeit der Inhalte durchaus praktisch. Nicht nur für politische Aussagen, auch für verbotene Gespräche mit Angehörigen des anderen Geschlechts.

Die digitale Revolution durchbricht gesellschaftliche Schranken, doch weiterhin werden die meisten Ehen von den Eltern arrangiert. Zum Kennenlernen besucht der Mann den potenziellen Schwiegervater, und die Kandidatin kommt nur einmal kurz ins Wohnzimmer und serviert Tee. In ganz traditionellen Settings wird manchmal gar die jüngere Schwester vorgestellt, mit dem Hinweis: »So ähnlich, nur zwölf Jahre älter.« Ein beliebter Umweg, um etwas über die Attraktivität einer Frau zu erfahren, ist bis heute der analytische Blick darauf, wie gut ihre männlichen Geschwister aussehen.

»Saudi-arabische Frauen sind allerdings nicht ganz einfach«, warnt mich Aziz.

»Warum?«

»Jetzt wollen sie mehr Freiheiten, emanzipierter sein, sich nicht alles sagen lassen. Aber gleichzeitig wollen sie die Vorteile von früher behalten: dass der Mann ihnen weiterhin alles bezahlt. Das ist unsere Tradition, der Mann ist der alleinige Versorger.«

»Aber hast du auf deinen vielen Reisen nicht gemerkt, welche Vorzüge das Leben in liberaleren Gesellschaften hat?«

»Schon, aber ich weiß auch, dass es den Frauen hier nicht so schlecht geht, wie die Europäer denken. Viele haben ein sorgenfreies Leben, werden überall hingefahren und verbringen ihre ganze Freizeit mit Shopping.«

»Klingt furchtbar langweilig.«

»Vielleicht ist es das. Viele Männer hier würden lieber eine Ausländerin heiraten als eine Saudi-Araberin. Das ist aber nicht erwünscht, es gibt viele Hürden.«

»Zum Beispiel?«

»Man muss beweisen können, es mehrfach versucht zu haben, bei einer Einheimischen zu landen. Und man muss mindestens 33 Jahre alt sein. Vielen Regierungsmitarbeitern oder Militärs ist es komplett verboten. So, wir sind da.«

Wir halten an einem riesigen Parkplatz, Aziz zieht seine Gesichtsmaske an, und dann feiern wir mit Martin Garrix, Rabeh Saqer und Tiësto bis drei Uhr morgens.

Die Textzeile »I don't need no sleep 'cause I'm already dreaming« trifft auf mich leider nicht zu. Selten habe ich mich so auf ein Bett gefreut wie nach dem Festival, man kommt ja zu gar nichts vor lauter Partys hier. Aziz hat keinen Schlafplatz für mich, weil er im Haus seiner Großfamilie spontan keinen Besuch mitbringen kann. Gegen vier Uhr setzt er mich am Almuhaidb Nadwaa Aparthotel ab, schon wieder ein Hotel, so war das eigentlich nicht geplant. Immerhin wirkt es erheblich besser in Schuss als das in Dschidda und ist nicht mal teurer.

Der Rezeptionist gibt mir eine Schlüsselkarte mit der Nummer ٣٠٦, doch die Zimmertüren sind mit arabischen Ziffern bezeichnet. Also »unseren« arabischen Ziffern. Ein unschöner Piepston und ein rotes Lämpchen verweigern mir den Zutritt. Ich versuche es dreimal, viermal. Die Klinke bleibt im Leerlauf. Von drinnen höre ich eine Stimme, und endlich realisiere ich, dass ٣٠٦ nicht 307, sondern 306 bedeutet. Ich haste zum Nebenzimmer und beschließe, in meiner Arabisch-App noch einmal das Kapitel »Zahlen« zu wiederholen.

Koran-TV

Als ich aufwache, ist es schon Mittag. Auf dem Handy sehe ich zwei Nachrichten: Die eine ist von einem Ägypter namens Yassin, der mir eine Couch anbietet. Die zweite ist von meinem verhinderten Gastgeber Mohammed, der fragt, ob sich sein Freund Yassin gemeldet habe, und vorschlägt, als Entschädigung für seine Absage abends in den Stadtteil Diriyya zu fahren. »Das ist der beste Ort in Riad. Bring Freunde mit, ich organisiere Freikarten. Heute um achtzehn Uhr.«

Zufällig wohnt Yassin ganz in der Nähe des Hotels, in einer halben Stunde könne er mich abholen, schreibt er. Ich packe und gehe zur Rezeption, wo ich einen Kaffee bestelle. Ein Foto meiner Hand mit Becher poste ich bei Snapchat. Niemand reagiert.

Auf einem Flachbildfernseher in der Lobby läuft Quran TV, ein Sender, der 24 Stunden am Tag, sieben Tage die Woche Livebilder aus Mekka zeigt. Aus der Minarettperspektive filmt die Kamera den berühmten Innenhof der größten Moschee der Welt, al-Masdschid-al-Haram. Ein Strom von Pilgern schlurft gegen den Uhrzeigersinn um die Kaaba, wie ein homogener Organismus aus Hunderten von Köpfen und weiß verhüllten Körpern. Das Individuum verschwindet in der Menge, Tausende Bewegungen werden zu einer einzigen. Wie bei DJ Tiësto gestern und zugleich ganz anders. Modische Extravaganzen bringen minimale Abwechslung: Zwei Frauen tragen grüne Baseballcaps über dem Kopftuch, ein Mann im weißen Frotteedress hat einen knallroten Rucksack dabei. Was da wohl drin ist, warum braucht man für die siebenmalige Umkreisung einen Rucksack? Gelegentlich fliegen Raben durchs Bild, ist eben alles live.

Es hat etwas Beruhigendes, diese Bewegung zu beobachten, akustisch begleitet von den Rezitationen eines Qari, eines Korangelehrten, der sich jahrelang mit Artikulation, Sprechtempo und den korrekten Pausen beschäftigt hat. Zehn verschiedenen Schulen kann er dabei folgen, zehn Lesarten, wie der Koran zu rezitieren ist. Wer mehrere oder gar alle beherrscht, verschafft sich allerhöchsten Respekt unter den Gläubigen. Manche Qaris werden gefeiert wie Operntenöre in der westlichen Welt, zum Beispiel der Ägypter Abdul-Basit Abd us-Samad oder Mishari Raschid Al-Afasy aus Kuwait, der während seiner Vorträge schon mal in Tränen ausbricht vor Rührung über die heiligen Sätze. Das Wort *Al-Qur'an* selbst bedeutet »Vortrag«, der Koran ist stärker auf Rezitation und Sprachklang ausgelegt als Bibel oder Thora.

Plötzlich stockt der Pilgerstrom auf dem Bildschirm, weil eine Putzkolonne in grünen Overalls einen rechteckigen Bereich mit Absperrband markiert, um anschließend mit drei Wischmopps und einem Reinigungsfahrzeug den heiligen Boden zu polieren. Die Rotation der Pilger verlangsamt sich, erst hinter dem Hindernis finden sie zum vorherigen Tempo zurück.

Draußen hält ein silberner Hyundai Elantra, ein groß gewachsener Typ in Lederjacke, Jeans und Sneakers steigt aus.

»*Ahlan wa sahlan* – willkommen in Riad!«, sagt Yassin.

Wir steigen ein und fahren in Richtung Norden. »Gerade habe ich viel Zeit für Gäste, weil meine Frau mit meiner Tochter in Kairo ist. Sie macht dort eine Fortbildung zum Fitnesscoach.«

Yassin ist 32, er erinnert mich mit seinem Dreitagebart, seiner ansteckenden Heiterkeit und seinen vollen Augenbrauen an eine fröhlichere Version von Ilkay Gündoğan. Er schaltet den MP3-Player an. Sofort erkenne ich die Synthesizer-Melodie: »Animals« von Martin Garrix.

»Warst du gestern auch auf dem Festival?«, frage ich.

»Ja. Wahnsinn, was für ein Event, so viele Leute. Aber ich wurde von einer Frau belästigt.«

»Wie das?«

»Sie tanzte mich von hinten an. Ich machte einen Schritt vorwärts, sie folgte mir einfach. Eine wunderschöne Frau. Sie kommt sieben Jahre zu spät, ich bin verheiratet. Aber ich musste echt aufpassen, nicht auf irgendwelche Ideen zu kommen, darum nervte das.«

Ich versuche, in seinem Gesicht eine Spur von Koketterie abzulesen, doch er wirkt ernst. Die Situation scheint ihn tatsächlich irritiert zu haben.

Ein paar Tage später werde ich erfahren, dass das MDL Beast noch ein Nachspiel hatte. 98 Festnahmen, davon 38 wegen sexueller Belästigung, sechzig wegen »ungehöriger Kleidung«. Mehr Details werden nicht bekannt gegeben, aber vermutlich wird es erst mal kein ähnliches Großevent mehr geben. Einige Frauen schreiben in den nächsten Tagen auf Twitter, es habe ein Ausmaß an Belästigung gegeben, das nicht zu ertragen gewesen sei.

Beim Fahren tippt Yassin ständig auf seinem Handy, obwohl das verboten ist. »Kostet 500 Riyal Strafe, 120 Euro«, erzählt er fröhlich und versteckt das Gerät unter der Mittelkonsole. Er deutet auf eine Reihe von Kameras über der Straße: »Die können dank künstlicher Intelligenz feststellen, ob man ohne Gurt fährt oder ein Handy in der Hand hält. Dann kriegst du innerhalb von fünf Sekunden eine SMS mit dem Hinweis auf die Strafe.« Chinesische Verhältnisse in Saudi-Arabien. Yassin kennt sich mit so was aus, er arbeitet als IT-Experte für eine Mobilfunkfirma.

Noch bis 2018 galt hauptsächlich das Recht des Stärkeren auf den Straßen. Doch nun verhängt die Polizei saftige Strafen: 150 Riyal für Kurzparken mit laufendem Motor, 300 Riyal für Spurwechsel ohne Blinken, 3000 Riyal für das Überfahren einer roten Ampel. Richtig teuer wird es für Anhänger des einstigen Volkssports *Tafheet,* auch *Drifting* genannt. Wer bei irrwitzigen Schleudermanövern oder beim artistischen Fahren auf zwei Seitenrädern erwischt wird, muss 20 000 Riyal zahlen.

Im Stadtteil Al Munsiyah erreichen wir eine Ansammlung gleichförmiger Häuserkästen, die von einer sandfarbenen Mauer umgeben sind. An einer Schranke wartet ein Pförtner.

»Das ist mein Compound, gib mir mal deinen Ausweis, ich muss dich als Gast registrieren«, sagt Yassin. In der Chemie bedeutet »Compound« so viel wie »Verbindung« oder »Kombination«, in der Alltagssprache wird der Begriff auch für Gefängnishöfe und Tiergehege verwendet. Und für die Ausländer-Wohnsiedlungen in Saudi-Arabien.

»Die Compounds sind isoliert vom Rest der Stadt, Saudis dürfen nicht rein, nur registrierte Ausländer«, erklärt Yassin. »Man versucht, unsere Umgebung von zu Hause zu simulieren – in einem Käfig.«

Ein golden schimmernder Käfig ist das immerhin: Die Ausländer folgen dem Geld, sie verdienen erheblich besser als zu Hause, ohne Einkommenssteuer zahlen zu müssen. Als der König vor zwei Jahren eine allgemeine Mehrwertsteuer von fünf Prozent einführte und außerdem fünfzig Prozent auf zuckerhaltige Getränke und hundert Prozent auf Tabakprodukte aufschlug, war das ein historischer Bruch mit einer jahrzehntelangen Gönnermonarchie.

Mein Pass und Visum scheinen in Ordnung zu sein, ich bin nun zugelassen im Del Mar Compound. Interessanter Name, das nächste Meer liegt 400 Kilometer weit weg. Der Schlagbaum öffnet sich, wir fahren in eine betongraue Tiefgarage mit hohen Decken und dicken Säulen.

Eine Glastür führt zu einem breiten Flur mit Abzweigungen zu Fitnessraum, Kindergarten und Massagestudio. Wir nehmen einen Aufzug in den zweiten Stock, Yassins Tür hat die Nummer 22. Durch eine Diele voller Jacken und Schuhe gelangen wir ins Wohnzimmer.

Yassin deutet auf eine beigefarbene Eckcouch, dort werde ich schlafen. Sie befindet sich neben einem Fenster, das nicht nach draußen führt, sondern zu einem Belüftungsschacht. Ein Hinweis auf die Extremtemperaturen, die hier im Sommer Alltag sind.

Kleine Kamelkunde

Wer eine Reise nach Saudi-Arabien mit einem lukrativen Geschäft verbinden will, kann auf der Website kamelrechner.eu herausfinden, wie viele Kamele die eigene Freundin oder der eigene Freund wert ist. Benötigt werden nur ein paar Eckdaten über Alter, Statur und Augenfarbe. Der Autor wäre demnach für 72 Kamele zu haben.

Nächster Programmpunkt: behutsame Annäherung an die Eigenheiten lokaler Badezimmer. Toiletten sind nie in Richtung Mekka ausgerichtet, und wer es ganz korrekt landestypisch machen will, der betritt das Örtchen mit dem linken Fuß zuerst und verlässt es mit rechts (die Moschee dagegen betritt man immer mit dem rechten Fuß).

Vorsichtig experimentiere ich mit einer Gerätschaft, die mit dem Begriff »Arschdusche« am besten beschrieben ist. »Every Saudi has a private jet«, scherzt man hier. Mit der Kombination von Wasser und linker Hand sollten Nahost-Reisende ihren Frieden machen, aus medizinischer Sicht ist das sowieso empfehlenswerter als Papier. Kaum zu fassen, dass ein bisschen Schamgefühl die ganze westliche Welt auf den Holzweg bringen konnte, im wörtlichen Sinn: Mehr als drei Millionen Bäume werden in Deutschland jedes Jahr für die Klopapierproduktion gefällt.

Yassin zeigt mir das Gelände mit seinen hautfarbenen Reihenhäusern. Der Compound ist mit 32 Villen und 28 Apartments vergleichsweise klein, verfügt aber über einen Außenpool, ein Frühstückscafé und einen Spielplatz mit knallbunten Rutschen und grünem Kunstrasen. Wir sehen keine anderen Bewohner. »Die meisten sind bis nachmittags im Büro«, erklärt Yassin. Er schlägt vor, ins Fitnessstudio zu gehen und eine Runde zu trainieren.

Wir ziehen Sportsachen an und betreten zwei Stockwerke tiefer einen schmucklosen Raum mit Spiegeln an der Wand, es riecht nach Schweiß und Gummi. Auf den Laufbändern sind Fußabdrücke, an mehreren Kraftmaschinen fehlen die Gewichtsfeststellbömsel.

Die Sensation jedoch ist: Männer und Frauen trainieren gemeinsam, die meisten Damen in Leggings und T-Shirts, nur eine von fünf trägt ein Kopftuch. Was auf mich wie die normalste Sache der Welt wirkt, wäre außerhalb des Compounds undenkbar.

Als ich gerade erst warm werde, ist Yassin schon mit seinem Programm fertig. »Araber sind schnell mit dem Erreichten zufrieden, werden schon nach kleinen Erfolgen selbstgefällig«, lautet seine kritische Selbstanalyse. »Vielleicht kriegen wir deshalb nichts auf die Reihe und sind nur Konsumenten.«

Dabei wirkt er selber abseits von Beinpresse und Langhantel hoch motiviert, in seinem Leben etwas zu erreichen. Yassin macht ständig irgendwelche Onlinekurse, er will weiterkommen, »aus jeder Lebensphase das Beste rausholen«. Gerade lernt er Filmschnitt und Bildbearbeitung auf der Tutorial-Website Udemy, er will Influencer werden, außerdem hat er sich für einen IT-Job in Japan beworben. »Vielleicht ist es Zeit für etwas Neues«, sagt er. »Obwohl es sich seit zwei Jahren viel besser aushalten lässt in Riad. Früher hatten nur die Reichen ein gutes Leben, und der Rest langweilte sich zu Tode.«

Der Langeweile haben König und Kronprinz den Kampf angesagt. Sie gründeten die »General Entertainment Authority«, eine Art Ministerium für Freizeit mit einem Budget von 57 Milliarden Euro für die nächsten zehn Jahre. Allein in den vergangenen vier Wochen organisierte die GEA Livekonzerte von BTS, French Montana und Jason Derulo, ein Formula-E-Autorennen, eine Wrestlingshow, einen Schwergewichtsboxkampf, internationale Fußballspiele (Brasilien gegen Argentinien und Lazio Rom gegen Juventus Turin), das MDL Beast Festival sowie Auftritte des Cirque du Soleil, eine Theateraufführung von »The Wizard of Oz«, Kostümparaden, Feuerwerk und Zaubershows.

Doch ein paar der eingeladenen Künstler machten Probleme: Die Sängerin Nicki Minaj sagte kurzfristig einen Auftritt in Dschidda ab, weil wütende Fans sie darauf aufmerksam machten, wie Saudi-Arabien zu Themen wie Frauenrechte, Homosexualität oder Meinungsfreiheit steht. Und der Rapper und Cannabis-Aktivist Lil Wayne bekam offenbar Ärger mit der Justiz – nach seiner

Rückkehr kündigte er an, nie wieder nach Saudi-Arabien zu reisen, ohne den konkreten Grund zu nennen. Da saudische Regierungsmitarbeiter daraufhin via Twitter auf die strengen Anti-Drogengesetze hinwiesen, geht man davon aus, dass er mit Marihuana erwischt wurde und froh sein kann, ohne Stockschläge und Gefängnis aus dem Land entkommen zu sein.

Das Königshaus setzt nicht aus väterlicher Liebe zu den vielen jungen Menschen auf Unterhaltung, sondern vor allem aus wirtschaftlichem Kalkül. Wäre doch lukrativ, das Thema Spaß nicht weiterhin Dubai, Abu Dhabi und Bahrain zu überlassen, Nachbarländern, die jährlich Hunderttausende vergnügungshungrige Saudis anlocken. Und der gerade entstehenden Tourismusbranche hilft es natürlich auch.

Wie das Ergebnis aussehen kann, erleben wir abends in Diriyya im Nordwesten der Stadt. Ein Vergnügungspark mit Riesenrad, Snackbuden, einem Parcours für Drohnenrennen und einer Oldtimer-Ausstellung wurde hier aufgebaut (die längsten Schlangen bilden sich vor Starbucks). »Be part of history«, steht an den Absperrgittern. Durch einen Dattelhain mit Lichtgirlanden gelangen wir zum historischen Teil des Stadtviertels, der Lehmbausiedlung At-Turaif.

Mohammed begrüßt uns, ein jugendlich wirkender Typ mit Undercut-Frisur, schmalem Gesicht und breitem Schnurrbart. Er hat noch ein paar Freunde mitgebracht, Yassin kennt alle, sie gehören zur Couchsurfing-WhatsApp-Gruppe in Riad und treffen sich regelmäßig.

Mohammed verteilt Freikarten, und wir gehen über einen Holzsteg zu einer Tribüne mit Blick auf die verschachtelten Altstadtruinen, die sich an einen Hügel klammern.

Scheinwerfer strahlen die Lehmfassaden in Pink, Grün und Blau an, pompöse Streicherklänge dröhnen aus unsichtbaren Lautsprechern. Und dann werden Hauswände zu Leinwänden. Mit immensem Aufwand haben Multimediakünstler die Geschichte des Ortes in eine zehnminütige Show verwandelt, mit Filmsequenzen, die exakt auf die Größen der antiken Lehmbauten abgestimmt sind.

Wir sehen einen Mann in Beduinengewändern: Muhammad ibn Saud, der Mitte des 18. Jahrhunderts zum Emir von Diriyya wurde, einer Siedlung, in der Angehörige verschiedener Stämme sesshaft geworden waren. Eine tiefe Stimme aus dem Off erzählt vom Beginn der ersten al-Saud-Herrschaft, vom Treffen mit dem Islamgelehrten Muhammad ibn Abd al-Wahhab. Wir sehen einen Handschlag, riesige Pranken, drei Meter hoch in der Projektion. Al-Saud und al-Wahhab schlossen einen faustischen Pakt. Ersterer wollte Arabien erobern, Letzterer die Menschen von einem erzkonservativen Islam überzeugen: dem Wahhabismus, einer »reinen« Lehre, die buchstabengetreu dem Koran und den Hadithen folgt (Hadithe sind zusätzliche Überlieferungen von Worten und Taten des Propheten). Im Team profitierten beide: Der Eroberer erhielt göttliche Legitimation für seine Feldzüge, der Geistliche sammelte unter den Besiegten neue Anhänger. Diriyya machten sie zu ihrem Hauptquartier. Bis heute besteht die Partnerschaft zwischen den al-Sauds und den Wahhabiten.

Noch zweimal wurde ihre Herrschaft unterbrochen, von Eroberern, die Angehörige oder Verbündete des Osmanischen Reiches waren. Bis ein ehrgeiziger junger Kämpfer namens Abd al-Aziz ibn Saud 1902 Riad eroberte und dreißig Jahre später das bis heute bestehende Königreich ausrief. All das zeigt diese eindrucksvolle Open-Air-Kinoshow auf den Wänden, die erst im Schlussapplaus wieder in ihrer natürlichen Pracht zu sehen sind.

Wir machen eine Tour durch die Altstadt, besichtigen Ruinen einer Burg und einer Moschee. Auf einer Straße werden wir fast von trommelnden und singenden Schaustellern in altmodischen Beduinengewändern überrannt. In jedem Gebäude befinden sich weitere Kostümierte, »insgesamt über 150«, verrät Mohammed, der für die Tourismusbehörde arbeitet. Wir treffen eine vollverschleierte Teppichknüpferin, bärtige Beduinen am Feuer, einen Kalligrafiekünstler, der die Namen der Besucher auf Pergament schreibt. Ein Falkner verteilt Lederhandschuhe und drapiert darauf für Erinnerungsfotos lebende Falken mit Fußketten, die ihre Unterjochung mit wachsamen Augen und schicksalsergebener Lethargie ertragen. Im Stall nebenan streicheln wir schnaubende Araberhengste, die so wertvoll sind, dass jedem Tier ein sudanesischer Stallknecht zugeordnet ist, der die Zügel hält. Zum Finale führen in einem kleinen Amphitheater etwa dreißig Männer den

Ardah-Schwerttanz auf. Schulter an Schulter wippen sie im Halbkreis, schwenken im Sechsachteltakt Klingen und Trommeln über ihren Köpfen und wiederholen mit kräftigen Baritonstimmen eine getragene Versmelodie, ein schamanistisch anmutendes Kriegslied der Beduinen.

Nach drei Stunden Freilichtmuseum-Dauerfeuer bin ich beeindruckt und so reizüberflutet, dass ich nur noch ins Bett will. Ein bisschen Langeweile täte auch mal gut.

Spaß und Exekutionen

Das Fort Masmak hat vier Wachtürme, dicke Lehmziegelwände und zwei hölzerne Türen: eine große, 3,65 Meter hoch und 2,65 Meter breit, und eine kleinere, die sich im rechten Türflügel befindet. Durch sie konnte maximal eine Person gleichzeitig hereinspazieren, in geduckter Haltung und nur dann, wenn die Festungsbewohner das auch wollten. Dachten zumindest die Festungsbewohner.

Doch am 14. Januar 1902 eroberte ein Trupp von gerade mal zehn Männern das stolze Fort im Handstreich. Ihr Anführer: Abd al-Aziz ibn Saud, ein bärtiger Hüne aus der einstigen Herrscherfamilie, die elf Jahre zuvor von der Familie al-Raschid vertrieben worden war. Für die Saudis ist er ein Volksheld, ein beinahe mythologischer Landesvater, der stärker verehrt wird als George Washington in den USA.

In den folgenden Jahrzehnten zog er erobernd, mordend, brandschatzend, unterwerfend, schwertkämpfend, Pferde reitend, Wüsten trotzend, Durst ertragend, Gott lobend, Erlösung versprechend, Wahhabismus propagierend, Beduinentöchter heiratend, Kinder zeugend, Schutz versprechend und Loyalität fordernd über die Arabische Halbinsel, bis er 1932 das bis heute bestehende Königreich ausrief, das einzige weltweit, das nach seiner Herrscherfamilie benannt ist.

Zweiundzwanzig Ehefrauen soll König Abd al-Aziz gehabt haben, und da sind die Kurzehen, die er als Teil der Eroberungsstrategie mit Angehörigen mächtiger Clans einging, noch nicht mitgerechnet. Als Vater von 45 Söhnen und Dutzenden Töchtern (niemand scheint ihre genaue Zahl zu kennen) sorgte er auch abseits der Landnahmen für Bevölkerungswachstum. Der englischsprachige Wikipedia-Eintrag »Nachfahren von Ibn-Saud« umfasst dreizehn Bildschirmseiten und listet eine beachtliche Zahl von Königen, Ministern, Provinzgouverneuren und Bürgermeistern auf.

Die Masmak-Festung wurde aufwendig restauriert und sieht im Gegensatz zu Diriyya aus wie neu. Mit ihren glatt verputzten Wände wirkt sie wie eine übergroße Sandburg, allerdings erheblich stabiler. In der eingangs erwähnten Holztür direkt rechts neben der kleineren Innentür zeigt mir Yassin einen Metallsplitter, der von einem Speer von Abd al-Aziz höchstselbst stammen soll.

Wir betreten einen Innenhof mit einem Brunnen. In die Mauern sind dreieckige Löcher eingelassen, um die Luftzirkulation zu verbessern. Yassin filmt jeden Schritt mit einer chinesischen Handkamera. Fotos macht er auch, für seine Instagram-Follower, mehr als 10 000 hat er schon.

Ein Museumsraum zeigt historische Fotos von Staatsgästen wie George W. Bush und Jacques Chirac. Und eine Reihe lebensgroßer Aufnahmen der bisherigen Könige, in edle Beduinenmäntel aus Lammfell gehüllt: Abd al-Aziz ibn Saud (Blick: lässig-überlegen), Saud ibn Abd al-Aziz Al Saud (kurzsichtig-bebrillt, anscheinend vom Fotografen überrascht), Faisal ibn Abd al-Aziz Al Saud (freundlich bis fromm), Chalid ibn Abd al-Aziz Al Saud (nachdenklich bis grimmig), Fahad ibn Abd al-Aziz Al Saud (treuherzig-zurückhaltend), Abdullah ibn Abd al-Aziz Al Saud (gütig-entspannt), Salman ibn Abd al-Aziz Al Saud (seriös-nachdenklich). Nur Letzterer und sein Kronprinzensohn Mohammed bin Salman daneben sind in Farbe abgebildet, die Vorgänger in Schwarz-Weiß. Für flüchtige Betrachter könnte es so aussehen, als wäre das immer wieder der gleiche Typ, eine Art Königs-Daumenkino, mit kleinen Variationen von Bartmode und Kopfbedeckungen. Ist eben alles eine Familie.

Saudi-Arabien ist die letzte absolute Monarchie der Welt, die global eine Rolle spielt. Die Machtkonzentration an der Spitze ist enorm: Der König ernennt die Religionsführer, die Richter, die 150 Mitglieder eines bedeutungslosen Parlaments. Seine Verwandten kontrollieren die Nachrichtenmedien.

Die Fotos an der Wand sind Inszenierungen, Momentaufnahmen, die nur eine Facette der jeweiligen Person zeigen, man sollte da nicht zu viel hineininterpretieren. Am Gesicht von Mohammed bin Salman, MBS, könnte man trotzdem seine halbe Lebensgeschichte erzählen. Sein Blick strahlt eine Autorität und Siegesgewissheit aus, die allen Vorgängern fehlt, abgesehen vielleicht von Staatsgründer Abd al-Aziz. Das an Hybris grenzende Selbstbewusstsein von einem, der nie im Leben Widerspruch erfahren hat, der es gewohnt ist, Anweisungen zu geben. Dazu eine Kälte mit einem Zug ins Spöttische. Anders gesagt: Würde in einer Folge von »Game of Thrones« eine Kamerafahrt über diese Fotogalerie gehen, wäre jedem Zuschauer sofort klar, dass MBS derjenige ist, der in den nächsten Staffeln für Intrigen, Mord und Machtkämpfe zuständig sein wird.

MBS, Jahrgang 1985, ist der mächtigste Millennial der Welt. Mit 29 wurde er Verteidigungsminister, mit 31 Kronprinz, mit Mitte dreißig dirigiert er die Politik eines der reichsten Länder der Erde. Der alternde König Salman, Jahrgang 1935, wird von ihm immer mehr zum milde lächelnden Statisten degradiert.

MBS füllt seine Rolle mit Draufgängertum, Gnadenlosigkeit und einem Schuss Größenwahn aus, was ihm glühende Verehrer und erbitterte Feinde beschert.

Einerseits steht er dabei für eine Modernisierung des Landes, wie sie noch kein Saudi-Herrscher vor ihm gewagt hat. Im Zuge seiner »Vision 2030« erlaubte er Frauen, Auto zu fahren und ohne männlichen Vormund ins Ausland zu reisen, lockerte die strengen Regeln der Geschlechtertrennung, legalisierte Livekonzerte und brachte ein Bauprojekt namens Neom auf den Weg, das nichts weniger als die spektakulärste Stadt der Zukunft werden soll, mit Flugtaxis, Energie aus Wasserstoff und einem künstlichen Mond.

Andererseits könnte man viele Episoden seines politischen Wirkens mit dem Satz »Wo der hinlangt, wächst kein Gras mehr«

zusammenfassen, würden wir nicht von einem Wüstenland sprechen, wo auch vorher kaum Gras wuchs.

MBS war gerade mal zwei Monate Verteidigungsminister, als er beschloss, in den jemenitischen Bürgerkrieg einzugreifen. Mit eigenem Militär gegen die Huthi-Rebellen, die soeben die Hauptstadt Sana'a erobert und den Machthaber Abed Rabbo Mansur Hadi gezwungen hatten, das Land zu verlassen. MBS hoffte, die Milizen in wenigen Wochen zurückdrängen zu können, doch die erwiesen sich, unter anderem dank iranischer Unterstützung, als wehrhafter als gedacht. Die Folge war laut Worten von UNO-Generalsekretär António Guterres »die schlimmste humanitäre Krise der Welt«. Leider kriegt die Welt davon kaum etwas mit, weil keine Journalisten ins Land dürfen. Nicht die fehlende Relevanz sorgt dafür, dass man so wenig vom Jemen erfährt, sondern der fehlende Zugang. Geschätzt 100 000 Kriegstote, eine jahrelange Cholera-Epidemie, dazu sollen laut der Hilfsorganisation Save the Children mindestens 85 000 Kinder verhungert sein. 85 000. Verhungert. In einem Land, das durch eine 1300 Kilometer lange Grenze mit dem reichen Saudi-Arabien verbunden ist.

Zwei Jahre später veranlasste MBS im Rahmen einer »Antikorruptionskampagne«, 200 Menschen im Luxushotel Ritz-Carlton in Riad einzusperren. Mehrere Minister und einige Prinzen waren darunter. Vermutlich ging es weniger um den hehren Kampf gegen Bestechungsskandale als darum, die Macht des Königshauses zu festigen. Kurz darauf ließ MBS mehrere Aktivistinnen einsperren und foltern, die dafür gekämpft hatten, Führerscheine für Frauen zu legalisieren. Damit keiner auf die Idee kommt, ihre Proteste hätten zu der Gesetzesänderung geführt.

Dann natürlich, am 2. Oktober 2018, der Fall Jamal Khashoggi (korrekte Aussprache: Chaschoudschi). Der bekannte Journalist ging zu einem Termin im saudi-arabischen Konsulat in Istanbul und wurde danach nie wieder gesehen. Türkische Tonaufnahmen aus dem verwanzten Gebäude belegen, dass er ermordet wurde. Zu den höchst unappetitlichen Details des Vorgangs gehören eine Knochensäge sowie der Satz »Ist es möglich, den Rumpf in eine Tasche zu packen?«, geäußert von einem der Täter, die extra aus Riad eingeflogen waren. Mehrere der Männer kamen aus dem direkten Umfeld von MBS, zwei hatten als Bodyguard für ihn gearbeitet. Viel deutet darauf hin, dass der Kronprinz an der Entscheidung über den Mord beteiligt war oder ihn sogar persönlich angeordnet hat. Schockierend ist nicht nur die Grausamkeit der Tat, sondern auch ihre dilettantische Ausführung. Ein Mitarbeiter, der dem Ermordeten nicht sonderlich ähnlich sah, spazierte gar in Khashoggis Kleidung aus dem Gebäude, als »Beweis« für die Überwachungskameras.

Sagen wir es mal so: Wladimir Putin wäre nie so blöd, im Exil lebende Regimegegner ausgerechnet in einem russischen Konsulat hinrichten zu lassen. Doch offenbar hatte MBS unterschätzt, wie nachhaltig dieses Verbrechen sein Image als Modernisierer schädigen würde. »Was regen sich alle so auf darüber?«, soll er in einem Telefongespräch mit dem US-Diplomatendarsteller Jared Kushner gefragt haben.

Direkt gegenüber dem Fort Masmak besuchen wir den Deera-Platz. Gastarbeiter in blauen Overalls bauen gerade hölzerne Verkaufsstände und Sitzbänke vom Winterfestival Riyadh Season ab. In den letzten Wochen war hier jeden Abend Volksfest – mit Snackbuden, Musik und Laserprojektionen historischer Motive auf den Hausfassaden. Unterhaltung für die ganze Familie.

Der Platz misst etwa dreißig mal dreißig Meter und ist umgeben von Palmen und Gastronomie. Burgergrill, Schawarma-Restaurant, ein Café namens Coffee Roasters und ein Friseurgeschäft, dessen Werbeschild mit zwei Bartmessern eher martialisch als einladend wirkt.

Speziell dann, wenn man etwas mehr über diesen Ort weiß. »Chop Chop Square« lautet sein Spitzname, weil hier die öffentlichen Hinrichtungen stattfinden. Am heiligen Freitag kurz nach neun Uhr morgens, Termine werden ein paar Tage vorher bekannt gegeben. Der Delinquent muss in Richtung Mekka auf die Knie gehen, bevor der Scharfrichter ihm mit einem einzelnen Schwerthieb den Kopf vom Körper trennt.

Yassin deutet schweigend auf ein Metallgitter im grauen Steinboden, das als Abfluss für das Blut der Straftäter dient. Es ist der meistfotografierte Gullideckel Saudi-Arabiens.

Im Norden des Platzes steht das Büro der »Saudi-Kommission für die Förderung von Tugend und die Prävention von Sünde«, besser bekannt als *Mutawa* oder Religionspolizei. Ein dreistöckiger Sandsteinbau mit quadratischen Holzfenstern, die an Schießscharten erinnern, mit Blick über den gesamten Platz. Logenplätze für die Exekutionen.

»Vor ein paar Jahren war die *Mutawa* echt nervig. Wenn du zur Gebetszeit auf der Straße warst, wurdest du ermahnt, sofort in die Moschee zu gehen. Aber inzwischen sind sie entmachtet, die haben nichts mehr zu sagen«, berichtet Yassin. Über Jahrzehnte verbreitete die Religionspolizei Angst und Stockschläge unter all denen, die in der Öffentlichkeit von den strengen Regeln des wahhabitischen Islam abwichen. Die Moralwächter verbrannten Bücher, stürmten Schönheitssalons, zerstörten Musikinstrumente. Sie nahmen Frauen fest, die zu wenig Kopftuch oder zu viel Nagellack trugen oder die es wagten, eine öffentliche Schaukel auf dem Spielplatz zu benutzen. Sie verhafteten Männer, deren Frisuren ihnen zu rebellisch erschienen. In Modeläden patrouillierten sie durch die Unterwäscheabteilung, um unziemliche Werbefotos auf importierten Schlüpferpackungen zu bedecken. Vor dem Valentinstag, dem frivolen Fest westlicher Unmoral, konfiszierten sie in Shoppingmalls Rosen, Plüschteddys und herzförmige Bilderrahmen, eine Razzia gegen die Liebe.

Jeder konnte sich freiwillig als Mitarbeiter der *Mutawa* melden, viel Kontrolle gab es nicht, was den Job besonders für sadistisch veranlagte Hobby-Blockwarte attraktiv machte. Es muss eine riesige Erleichterung für die Bürger gewesen sein, als diese öffentliche Gängelung beendet wurde.

Wir wollen noch zur Imam-Turki-Moschee, der größten der Stadt. Ein Wachmann an einer Metalldetektorschleuse am Eingang hält uns auf. »Der Prinz ist gerade zu Besuch, wir können nicht rein«, übersetzt Yassin.

»Der Kronprinz persönlich?«

»Nein, irgendein Prinz. Es gibt mehr als siebentausend.«

Vor dem Eingang der Moschee stehen vier schwarze Chevrolet SUVs mit verdunkelten Scheiben. Normalerweise sind auf dem Vorplatz keine Autos zugelassen, aber für Angehörige der Königsfamilie gelten selbstverständlich Ausnahmen. Wer zu den oberen Siebentausend gehört, kann ein so entrücktes, von guten Beziehungen und glücklicher Geburt bestimmtes Leben leben wie Europas Hochadel im 18. Jahrhundert. Obwohl noch vor ein paar Jahrzehnten die Großeltern mit Kamelen und Zelten durch die Wüste zogen.

»Du solltest was Nettes über Saudi-Arabien in deinem Buch schreiben und das dann an einen der Prinzen schicken«, empfiehlt Yassin später, als wir auf seiner Wohnzimmercouch im Compound sitzen und Früchtetee trinken. »Vielleicht schenkt der dir dafür ein Auto.«

»Aha.«

»Glaub mir, hier ist alles möglich. Künstler werden manchmal reich belohnt. Und nicht nur die. Meine Frau hat als Personal Trainer für eine Prinzessin gearbeitet, da bekam sie schon mal ein Smartphone.«

Also dann: Saudi-Arabien ist nett. Richtig nett. Noch netter sind die Prinzen. Supernett quasi. Prinz ____________________ ist der Allernetteste von allen.

Kleine Kamelkunde

Kamelmilch enthält weniger Fett als Kuhmilch und ist auch für die meisten Menschen mit Laktoseintoleranz geeignet. Einige wissenschaftliche Studien suggerieren wahre Wunderkräfte, zum Beispiel als Mittel gegen Krebstumore, Autismus, Viren, Bakterien und Hautalterung.

Am 24. Dezember hat Mohammed Geburtstag. Nicht der Prophet, sondern unser Freund aus Riad. Für die meisten Saudis wäre das kein Grund zum Feiern, weil ihr Prophet das damals auch nicht getan hat. Manche argumentieren auch, Älterwerden sei doch kein Anlass zur Freude. Mohammeds Freunde dagegen, also die Freunde von unserem Mohammed, sehen das anders. Sie haben zu seinem 26. eine Überraschungsparty mit der ganzen Couchsurfing-Clique im Bowlingkeller des Ritz-Carlton organisiert.

Genau, in dem Ritz-Carlton, das letztens noch zum Luxusgefängnis umgewandelt wurde. Marmorfarbene Fassade, gigantischer

Springbrunnen, griechische Säulen am Eingang. Die schmalen Fenster mit Zierveranden sind in akkuraten Reihen angeordnet wie kleine Schaukästen, aber in nur vier von ihnen brennt Licht. Ich überlege, welches Verbrechen ich begehen müsste, um mehrere Tage in einem Fünfsternehotel festgehalten zu werden. Aber man kann es wohl nicht erzwingen.

Samira, eine Freundin von Mohammed, hat den Lockvogel gespielt. Sie sagte ihm, er müsse unbedingt mit ihr zu einem Treffen mit ausländischen Gästen ins Hotel kommen, weil sie nicht allein gehen wolle, nur für eine halbe Stunde.

Als er den mit Luftballons verzierten Raum mit rot-gelbem Schachbrettmusterteppich betritt, sind die rund fünfzehn Gäste in Position. Auf dem großen Fernseher läuft eine Rock-'n'-Roll-Version von »Happy Birthday«, eine Hotelangestellte bringt einen Erdbeerkuchen mit brennenden Wunderkerzen und einem Foto, das Mohammed beim Zieljubel nach dem Hindernislauf Spartan Race zeigt. Er ist völlig perplex, der Reihe nach gratulieren wir und überreichen Geschenke. Ich habe eine Packung Lübecker Marzipan dabei, mein übliches Mitbringsel für Couchsurfing-Gastgeber.

Bald sitzen wir auf roten Ledersesseln, in denen man tief einsinkt, auf dem Tisch stehen Pizzas, Schokokuchen, Cappuccinos und frisch gepresste Säfte. Für Abwechslung sorgen Billardtische, eine Tischtennisplatte und Bildschirme mit MTV und einer Fußball-Liveübertragung, Khor Fakkan gegen Al-Wasl, Endergebnis

1:1. Die Toilettenanlage ist so groß, dass man sich verlaufen kann, aus Bose-Lautsprechern rieselt Panflötenmusik. Neben goldenen Armaturen liegen gerollte Stoffhandtücher bereit. Endlich goldene Wasserhähne, hätten wir das auch abgehakt.

Ein Gast namens Ahmad gibt mir touristische Tipps, schwärmt von den freundlichsten Menschen des Landes in Ha'il, der karibischen Schönheit der Farasan-Inseln und den Sternenhimmeln in der Wüste.

Samira, die einzige Frau in der Runde, berichtet von ihren Abenteuern, seit sie den Führerschein gemacht hat.

»Sechs Unfälle in der ersten Woche«, sagt sie beinahe stolz. »Aber mindestens zweimal war es nicht meine Schuld, das hat mir sogar die Polizei bestätigt. Ich glaube, mein Auto ist verhext. Es ist jetzt in der Werkstatt, und seit ich einen Mietwagen habe, ist tagelang nichts passiert.«

Sie arbeitet für eine internationale IT-Firma, trägt dunkelgraue Abaya und kein Kopftuch. Erst seit 2018 dürfen Frauen ans Steuer, nirgendwo sonst auf der Welt war das so lange verboten. Empfohlen sei zu dem Thema ein satirischer Song namens »No Woman No Drive«, der auf YouTube zu finden ist. Doch nur weil es nun gesetzlich erlaubt ist, wird es noch längst nicht überall akzeptiert.

»In dieser Gesellschaft ist es superwichtig, was die anderen über einen denken. Familienehre und so«, sagt Samira. »Deshalb dürfen meine Nachbarn nicht wissen, dass ich Auto fahre, ich parke immer einen Block entfernt. Bescheuert, oder?«

Während aus Deutschland per WhatsApp Fotos von Weihnachtsgänsen und Christbäumen eintrudeln, betätigen wir uns an der Bowlingbahn, die ungewohnt kurz ist. Mohammed spielt artistisch, wirft mit Effet und schafft mehrere Strikes, lässig gewinnt er die Gesamtwertung.

»Da wäre ich nie draufgekommen, dass ihr hier eine Party für mich veranstaltet. Ihr seid verrückt«, sagt er strahlend.

Buraida

بريدة

Einwohner: 619739
Region: al-Qassim

Geschlechtertrennung für Anfänger

Der neue Kopfbahnhof im Norden von Riad verfügt über zwei »Departure«-Gates, schwere Ledersessel für Wartende und einen Springbrunnen mit Weltkugel-Skulptur. Wer die chromblitzende Opulenz der riesigen Lobby betrachtet, würde nicht vermuten, dass hier nur zwei Züge täglich abfahren, einer um 9:30 Uhr und einer um 21:30 Uhr. Man muss keine Angst haben, den falschen zu erwischen, sie fahren beide die gleiche Route.

Unter den Wartenden bin ich fast der Einzige ohne Kopfbedeckung. Die Frauen tragen ohne Ausnahme schwarze Abayas und schwarze Gesichtsschleier, sie sitzen in einem separaten Wartebereich.

Durch Sicherheitsschleusen dürfen die Passagiere fünfzehn Minuten vor Abfahrt auf den Bahnsteig. Er befindet sich unter einem geschwungenen Dach, dessen zwei Farben in deutschen Baumärkten als »dynamisches Platingrau« und »freundliches Goldgelb« gehandelt werden. Das Dach ist teils offen, zwischen den Streben kommen ein paar Sonnenstrahlen herein wie durch ein Käfiggitter. Der Zug schimmert in der Baumarktfarbe »sanftes Seidengrau« und wirkt nagelneu, nur wer ganz nah rangeht, sieht Kratzer im Lack: Sandstürme machen dem Material zu schaffen. Die Trasse hat keine Oberleitung, die Loks fahren mit Dieselantrieb.

An den Waggons stehen Buchstaben statt Nummern, ich muss bis ganz hinten durch zu Wagen A. Die Sitzpolster sind abwechselnd orangefarben und meerblau, noch eigenwilliger ist nur die arktische Wucht der Klimaanlage, die offenbar versehentlich auf die Bedürfnisse von Eisbären statt auf die von Menschen eingestellt wurde. Ein alter Mann mit weißem Bart spricht, sich mit der Rechten an eine Gebetskette klammernd, ein paar Worte zu einer ihm offenbar fremden Dame. Wortlos steht sie auf und setzt sich fünf Reihen weiter.

Der Sitz neben meinem Fensterplatz mit der Nummer 24 ist ebenfalls besetzt, von einer jungen Frau mit medizinischer Mund-Nasen-Maske und Starbucks-Becher. Die alltäglichste Zugreise-Situation als Knigge-Denksportaufgabe: Müsste ich sie jetzt bitten, sich umzusetzen? Sollte ich galant anbieten, mir einen anderen Platz zu suchen? Oder würde sie dann denken, dass mir ihre Gegenwart unangenehm ist? Sollte ich fragen, ob sie mich zum Fenster durchlässt, auch auf die Gefahr hin, dass sie dann aufsteht und sich was anderes sucht, was für sie umständlich und für mich unangenehm wäre? Wird sie mich überhaupt verstehen, wenn ich Englisch spreche? Um Zeit zu gewinnen, wuchte ich erst mal meinen Rucksack aufs Gepäckfach. Ein Zugbegleiter nähert sich, vielleicht sollte ich ihn um Rat fragen. Doch wie spreche ich das hochbrisante Thema an?

Variante argloser Tourist: »Entschuldigung, ich suche Platz 24 und kann ihn nicht finden.«

Variante unsicherer Sexist: »Entschuldigung, aber, nun ja, da befindet sich eine, also ein … *weibliches Individuum* neben dem Platz, den ich reserviert habe. Was kann man da machen?«

Variante rechthaberischer Egoist: »Setzen Sie SOFORT die FRAU da weg! Ich habe RESERVIERT!«

Variante »Sagen, was ist«: »Entschuldigung, ich habe einen Penis.«

Variante defensiver Defätist: »Geben Sie mir einen anderen Platz? Ich will keinen Ärger.«

Variante angepisster Fatalist: »Ist ja gut, ICH GEH JA SCHON!«

Meine Gedanken werden unterbrochen, weil sie anscheinend jemand gelesen hat. »Ist das dein Platz? Dann sag doch einfach was«, sagt die Gangplatzdame in perfektem britischem Englisch.

»Oh, ja, danke«, stottert der überforderte Reiseexperte aus Europa.

Eine Durchsage informiert darüber, dass der heutige Zugkapitän Abdullah heißt, dann leiten drei Allahu Akbars zu einem Reisegebet über.

»Ich bin Rahaf. Was machst du in Saudi-Arabien?«, fragt meine Sitznachbarin.

»Ich reise durch das Land.«

»Wow. Du bist der erste ausländische Tourist, den ich treffe. Dein Rucksack ist mir sofort aufgefallen, hier sieht man sonst nur Geschäftsreisende.«

Bei jedem Wort bebt ihr Mundschutz, sie hat tiefschwarze Augen. Rahaf studiert Medizin, will später als Psychiaterin arbeiten und war gerade zu Besuch bei ihrer Familie in Riad. Für ein Jahr hat sie in York gelebt, weil ihr Vater für eine Fortbildung bei der Polizei in England war. Jetzt arbeite er als »eine Art Detektiv«.

»War England ein großer Kulturschock für dich?«

»Es ging. Ich kannte vieles schon aus Fernsehserien. Aber ich bin nie im Dunkeln aus dem Haus gegangen.«

»Ist es dort gefährlicher als hier?«

»Klar, in Saudi-Arabien fühle ich mich sicher. Aber die meisten Briten dachten, ich würde hier in einem Zelt leben und mit Kamelen durch die Wüste ziehen.«

»In Europa weiß man nicht viel über Saudi-Arabien. Lange Zeit war es schwierig hierherzukommen.«

»Stimmt. Bei euch ist das Reisen so einfach. Ohne Kontrollen an den Grenzen.«

Am Fenster ziehen ockerfarbene Landschaften vorbei. Karge Wüste unter einem diesigen Himmel, eine Neubausiedlung aus identischen zweistöckigen Einfamilienhäusern. Ein paar blassgrüne Büsche sorgen für einen zweiten Pastellton, ich beginne Farben zu vermissen. Augen können nach Blau hungern und nach Rot dürsten, wie herrlich bunt wir es doch haben in Europa.

Ich erzähle von meiner Unsicherheit bei der Platzwahl und frage, wie das denn nun sei, wenn ein nicht verwandter Mann im

Zug neben einer Frau sitzen möchte. Verstößt unser Gespräch gegen kulturelle Regeln?

»Das ist schon okay, sich danebenzusetzen. Als Ausländer bist du ein Sonderfall. Aber wenn einer von uns beiden das nicht möchte, weist der Zugbegleiter einen neuen Platz zu.«

Am nächsten Halt Al Majma'ah steigt sie aus, weil sich dort ihre Uni befindet. Eine konturlose Stadt ohne Hochhäuser, als wollte sie sich in der Wüste verstecken und die Aufmerksamkeit auf das Wesentliche lenken: Wie sandfarbene Periskope überragen Dutzende Minarette die Wohnbauten.

Ich bin auf dem Weg in die Region, die als konservativste des Landes gilt: al-Qassim, berühmt für Datteln und Salafisten*. Mein Gastgeber nennt sich online »Shahin Sexmachine«, und die vorherige E-Mail-Konversation war ein wenig besorgniserregend. Aber es wird Zeit, endlich mal bei einem Saudi zu wohnen, da kann man nicht so wählerisch sein.

Unser digitales Vorgespräch im O-Ton:

Shahin: Yooo, what's popping? Bring mir einen Mercedes Benz, und du kriegst eine Couch für deinen deutschen Arsch.

Ich: Na klar. S-Klasse oder AMG?

Shahin: Deal! AMG in der Cabrio-Version bitte. Schon mal was von *Misyar* gehört, einer geheimen Ehe?

Ich: Nein.

Shahin: Das ist eine inoffizielle Art von sexueller Beziehung. Mit einer Frau, die etwas älter und reifer ist.

Ich: Aha. Ist das üblich in Saudi-Arabien?

Shahin: So läuft die Scheiße hier. Wie wäre es, wenn du deinen deutschen Schwanz mit einer nass machst?

Ich: Danke, mein Interesse ist eher theoretischer Natur.

Shahin: Du kannst mich alles fragen, Mann.

Ich: Wäre es okay, wenn ich am 25. Dezember ankomme?

Shahin: Klar. Ich freue mich, dir deutschem Arsch die Gegend zu zeigen. Immer lächeln!

* Wahhabismus ist eine von mehreren Ausprägungen des Salafismus. Viele Saudis lehnen den Begriff »Wahhabiten« ab, weil er noch negativer konnotiert ist.

Nun habe ich also die nächste Stunde Zugfahrt Zeit, mir Gedanken zu machen. Nach Hunderten positiven Erfahrungen mit Couchsurfing-Gastgebern bin ich ein wenig sorglos geworden. Weil sich immer wieder bestätigte, dass die überwiegende Mehrheit der Menschen, egal in welchem Land, dem Reisenden nichts Böses will. Bin ich zu unvorsichtig geworden? Höre ich noch genug auf mein Bauchgefühl, wenn ich trotz einer solchen Vorab-Korrespondenz entscheide, jemanden zu besuchen, den ich nur aus dem Internet kenne?

Vor dem Fenster gehen ein paar weiße Kamele ihren Kamelgeschäften nach, gleichgültig, ohne sich von dem silbernen Zug ablenken zu lassen, ein irgendwie beruhigender Anblick. Ich schreibe Sexmachine, dass ich bald am Bahnhof ankomme. »Halte Ausschau nach einem goldenen Bentley«, schreibt er zurück.

Der Bahnhof von al-Qassim hat das gleiche geschwungene Gitterdach wie der von Riad und den gleichen Springbrunnen mit Weltkugel-Skulptur in der Vorhalle. Für einen Moment bilde ich mir ein, im Kreis gefahren und wieder am Ursprungsort gelandet zu sein. Da jedoch die Taxifahrer draußen »Buraida« und »Unaizah« anpreisen, scheint alles in Ordnung zu sein.

Mein Gastgeber ist nirgends zu sehen. Ich laufe ein wenig den Bürgersteig auf und ab. Ein weißer Toyota Hilux Pick-up hupt und hält mit quietschenden Reifen, sein Insasse ruft meinen Namen.

»Hallo, Shahin, wo ist der Bentley?«, frage ich.

»Gerade in der Werkstatt. Steig ein«, antwortet er und schenkt mir eine gelbe Lilie.

»Wusstest du, dass Pick-up-Fahrer die schlechtesten Autofahrer in Saudi-Arabien sind?«

»Nein.«

»Dann weißt du es jetzt. Willkommen in Qassim!«

Er hat ein schmales Gesicht und eine riesige Nase, trägt einen weißen Kopfputz, einen grauen Thaub und klobige Ledersandalen. Sein amerikanischer Akzent ist so stark, dass er fast affektiert wirkt. Aus seinem Onlineprofil weiß ich, dass er Englisch und Übersetzung studiert hat, ein Auslandsjahr in Ohio verbrachte und dreißig Jahre alt ist.

»Ich habe drei Schwestern und sechs Brüder. Mein Vater liebt Sex. Du wirst ihn heute kennenlernen«, plaudert er und biegt auf einen Highway, der schnurgerade durch die Wüste führt.

Bald passieren wir die sandfarbenen Neubauten der Qassim-Universität und drehen eine Runde über den Campus. Medizin, »College of Computer«, Architektur, Scharia- und Islamwissenschaften. Die einzelnen Fakultäten liegen so weit auseinander, dass man ohne Auto aufgeschmissen wäre. Der Campus für Frauen befindet sich hinter einer massiven Mauer auf der anderen Seite der Hauptstraße und hat einen eigenen Eingang. Dort gibt es neuerdings eine Fahrschule. »Bislang müssen Frauen lange warten, wenn sie den Führerschein machen wollen. Wir haben nicht genug Fahrlehrerinnen, die werden aus Ägypten oder dem Libanon importiert«, sagt Shahin. »Aber ich bin froh, dass unser Land moderner wird.«

»Geht das nicht manchen Konservativen zu schnell, gerade hier in der Region?«

»Möglich. Dazu kann ich nichts weiter sagen. Ich liebe den König. Ich liebe den König!«

Die letzten Sätze spricht er lauter, wie ein Mantra. Oder wie jemand, der befürchtet, im Wagen sei ein Abhörmikrofon versteckt.

Wir stoppen an einem riesigen Kinderspielplatz. Zwischen einzelnen Spielburgen mit Klettergerüsten und Rutschen liegen immer etwa zehn Meter Abstand. Die Familien bleiben gerne unter sich, und Platz gibt es ja genug.

Ein paar Arbeiter verlegen gerade neuen Kunstrasen, Shahin lobt ihre Bemühungen. Drei Jungen unterhalten sich auf dem Fußballplatz, der Ball liegt einsam im Tor. »Warum spielt ihr nicht?«, fragt Shahin. Wir kommen an ein paar Picknickern vorbei, die er mit »Na, Frühstück schon fertig?« begrüßt. Er gehört offenbar zu den Menschen, die mit jedem ein Schwätzchen halten. In einem solchen Park wären bei uns etwa dreißig Prozent Hundebesitzer unterwegs. Hier dagegen: kein einziger. Hunde gelten einerseits als schmutzig und andererseits als so knuffig, dass sie unlautere Kontakte zum anderen Geschlecht begünstigen könnten. Man sollte sich mal für eins von beidem entscheiden.

Als ich diesen Gedanken mit Shahin teile, stimmt er mir zu, ihn beschäftigt jedoch noch eine andere Frage. »Ficken in Deutschland viele mit ihren Hunden?«, möchte er wissen.

»Äh. Ich denke, das ist eine kleine Minderheit«, antworte ich.

»In den USA machen das viele. Ist ganz normal.«

»Meinst du?«

»Klar. Haben die mir erzählt.«

»Interessant. Und hier? Ziegen? Wenn man mal einsam ist?«

Er bekommt einen Lachanfall, streckt mir die Gettofaust entgegen. Ich spüre eine Spannung von ihm abfallen, er wirkt erleichtert, mit mir über solche Dinge reden zu können.

»Der war gut«, sagt er, und schon sind wir beste Freunde oder so was Ähnliches.

Wir erreichen die Stadt Buraida, deren auffälligste Gebäude (neben den ganzen Moscheen, die in 500-Meter-Intervallen verteilt sind) ein dreizehnstöckiges Mövenpick-Hotel und ein dekorativer Wasserturm sind.

Shahin hält vor einer Mauer mit Metalltür. Er schließt auf, und über einen kleinen Innenhof mit Kunstrasen gelangen wir in ein Wohnzimmer mit angeschlossener Küche. Links daneben geht's zum Bad und zu einem kleinen Zimmer, das abgesehen von Sitzpolstern, einer Riesenpackung Mammoul-Dattelkekse und einem Kranz mit Handyladekabeln leer ist.

»Das ist jetzt deins«, sagt Shahin. »Ab und zu kommt mein Vater her und macht sich einen Tee, ansonsten hast du die Wohnung für dich.« Einen Schlüssel für die Außentür gibt er mir nicht, ohne Begleitung käme ich zwar raus, aber nicht mehr rein.

Ich lege meine Sachen ab und überreiche Gastgeschenke: Lübecker Marzipan und ein Mercedes-Modell im Maßstab 1:72. Die Freude ist riesig.

Über den Kunstrasen gehen wir zu einem separaten Zimmer außerhalb der Wohnung, wo wir Shahins Vater treffen. Er hat eine noch größere Nase als sein Sohn, einige Zahnlücken und eine enorm laute Stimme. »Küss ihn auf die Stirn«, sagt Shahin leise und macht es vor, ich tue es ihm gleich.

Der Fernseher läuft, brutale Bilder von Bombenangriffen in Libyen und Demonstrationen im Iran, der Vater bietet mir Sukkari-Datteln an. »Er sagt, du sollst sieben nehmen, das ist gesund und hält den Teufel fern«, übersetzt Shahin. »Mohammed hat empfohlen, jeden Morgen sieben Datteln zu essen.«

»Und du nimmst keine?«

»Ich kann die Dinger nicht mehr sehen.«

Die honigfarbene Sukkari gilt als eine der besten Sorten. Unter einer spröden Außenhaut verbirgt sich ein butterweicher Kern, seine cremige Konsistenz und feine Süße könnten Pralinenhersteller in tiefe Sinnkrisen stürzen. Sieben Millionen Dattelpalmen soll es in der Region Qassim geben, jedes Jahr im Sommer findet hier der größte Dattelmarkt der Welt statt.

»Willst du Kamelmilch probieren?«, fragt der Vater.

»Klar«, sage ich.

»Ausgezeichnet. Das ist gesund, besonders wenn sie frisch gemolken ist. Manche kriegen beim ersten Mal Durchfall, aber danach ist der Magen gereinigt.« Um seinen Worten mehr Gewicht zu verleihen, hält er eine flache Hand vor die Brust und wischt damit langsam in Richtung Kniescheibe.

»Ein krebskranker Mann hat mal ein riesiges Glas Kamelmilch zusammen mit ein bisschen Kamelpisse getrunken. Ein paar Tage später war er vom Krebs geheilt.« Als Shahin für mich übersetzt, beginne ich zu ahnen, von wem er seinen Hang zum Vulgären geerbt hat.

Es klopft an der Tür, und ein Mann mit imposanten schwarzen Augenbrauen und eindrucksvollem Bart, dafür keinen Haaren auf dem Kopf, gesellt sich zu uns. Er stellt sich als Ahmed vor, einer der sechs Brüder von Shahin.

Als der ihm sagt, dass ich ein Buch über meine Reise durch Saudi-Arabien schreiben will, ist er begeistert. »Lass uns das Tourismusamt anrufen. Die investieren gerade viel in Werbung. Vielleicht stellen sie dir einen Fahrer und bezahlen Übernachtungen in Fünfsternehotels!«

Hat da jemand meine heimlichen Wünsche im Ritz-Carlton erhört? Und sind nicht Luxushotels mit 10 000-Euro-Suiten ein ganz wesentlicher Aspekt der rasanten Entwicklung auf der arabischen Halbinsel? Couchsurfing dagegen enthält die Buchstabenfolge »ouch«, mein Rücken zwickt schon ein bisschen vom Sofa in Riad. Vielleicht wäre eine kleine thematische Anpassung aus rein journalistischen Erwägungen angebracht, um mehr Facetten dieser komplexen Gesellschaft im Wandel … oh. Äh. Nein.

Ahmed wählt eine Nummer auf dem Handy, leise ist eine automatische Ansage zu hören, auf Englisch: »Welcome to Saudi Arabia tourism«.

»Warte, nicht so schnell«, sage ich.

»Lass nur, ich frage kurz nach.«

»Das Problem ist: Wenn ich später etwas Positives über Saudi-Arabien schreibe, und meine Kosten wurden vom Tourismusamt gezahlt, dann sieht das nach Bestechung aus.«

Innerlich ergänze ich: Und wenn ich etwas Negatives schreibe, wissen die gleich Bescheid, unter welcher Nummer mich der Mann mit der Knochensäge erreicht.

Ahmed legt noch nicht auf.

»Du brauchst ja niemandem zu sagen, dass du Geld bekommen hast«, sagt er, die Hand auf das Mikrofon legend.

»Nein, das ist nicht mein Stil. In Deutschland bin ich als Autor nur glaubwürdig, wenn ich unabhängig bin.«

»Du hast ein goldenes Herz«, sagt er und bricht endlich den Anruf ab.

Später am Abend fahren wir zu einer *Istrakha* am Stadtrand, um ein paar Freunde zu treffen. Eine Istrakha ist ein Haus oder Zelt, das einzig diesem Zweck dient. Ein Ort zum Teetrinken und Abendessen, für Wochenenden mit der Familie, Datscha auf Arabisch. Dieses Exemplar ist besonders aufwendig eingerichtet:

Durch eine massive Eisentür gelangen wir auf einen Innenhof mit Kunstrasen und ein paar im Zickzack an der Mauer angebrachten Neonröhren, im Hauptgebäude befinden sich eine große Küche, drei Waschbecken und der Aufenthaltsraum mit superweichem grauem Teppich, quaderförmigen Ellenbogenkissen und einem 42-Zoll-Flachbildfernseher. Der lässt sich per Fernbedienung aus dem Boden ausfahren, die Hebeelektronik hat der Hauseigentümer selber gebaut. Mehrere Sträuße weißer Handyladekabel liegen bereit, mit Steckern für alle gängigen Modelle von Apple, Samsung und Huawei.

Ein pakistanischer Hausdiener schenkt *Gahwa* ein, hellen Kardamom-Kaffee aus der Metall-Schnabelkanne, wir trinken ihn aus winzigen henkellosen Porzellantassen mit dem Saudi-Arabien-Emblem, einer Palme über zwei gekreuzten Krummsäbeln. Der Baum steht für die Oasen in der Wüste, die Waffen für die Entschlossenheit, den Islam zu verteidigen. In vertraulichen Gesprächen erklären manche Saudis die Bedeutung ganz anders: Du kannst zu dieser Palme gehen und dort Datteln pflücken, und dann gehst du auf geradem Weg wieder zurück. Wenn du nach rechts abweichst, droht dir das Schwert, wenn du nach links abweichst, ebenfalls. Auf dem vorgesehenen Pfad dagegen hast du nichts zu befürchten und kannst viele köstliche Datteln genießen.

Noch zweimal lasse ich mir nachschenken, drei Portionen Kaffee sind die Regel, dann geht es mit Tee weiter, serviert in zylinderförmigen Glastassen mit Henkel.

Das in Deutschland obligatorische »Tee oder Kaffee?« bekommt man hier nie zu hören, es ist selbstverständlich, beides hintereinander zu konsumieren. Wer von großen Mengen Koffein Kreislaufprobleme bekommt, sollte nicht zu viele Freunde an einem Tag besuchen.

Wir gucken Fußball. Ich erfahre, dass die Anwesenden mit Deutschland vor allem Mercedes, BMW und die 8:0-Länderspielklatsche bei der WM 2002 verbinden, an eine hohe Qualität von Produkten »Made in Germany« glauben und die Deutschen für religiös halten, da sie ja Christen sind, aber auch für ein bisschen unnahbar. Nachdem noch geklärt ist, dass die bekanntesten Orte München, Stuttgart, Garmisch, Selamsi und der Europa-Park in

Rust sind, beginnt eine landeskundlich-theologische Diskussion, eingeleitet mit den Worten: »Du kannst uns alles fragen, wir sind ganz offen.«

Also frage ich.

Zunächst einmal: »Was ist denn bitte Selamsi?«

Na, Selamsi halt. Berge, Gondelbahnen und ein großer See. Abdulrahman, ein Mann um die dreißig mit prächtigem Salafistenbart und ausufernder Körpersprache, zeigt es mir auf dem Handy. Er meint Zell am See, ein populäres Sommerreiseziel der Saudis – in Österreich.

Nun aber zu substanzielleren Gesprächsthemen. Ich bekenne, die extreme Trennung der Lebenswelten von Mann und Frau befremdlich zu finden, und frage, wie sie das wahrnehmen.

»Frauen sind die Diamanten der Menschheit und müssen verhüllt sein und geschützt werden vor allen nicht blutsverwandten Männern«, lautet die Antwort. Meist spricht Abdulrahman, seine Freunde werfen gelegentlich kleine Ergänzungen ein. »Als Männer sind wir verpflichtet, den Blick zu senken in Gegenwart einer Frau. Es geht dabei um Respekt. Die Frauen leiden hier nicht, das ist nur ein Mythos aus den Medien.«

»Kannst du das für alle sagen?«, hake ich nach.

»Ein paar Ausnahmen gibt es immer«, sagt Abdulrahman. »Aber eine klare Geschlechtertrennung ist in vielen Gesellschaften Tradition, nicht nur in Saudi-Arabien.«

»Woher nehmt ihr diese Sicherheit, dass das Alte, Traditionelle besser ist als eine Veränderung? Ihr benutzt doch auch die neuesten Handys und fahrt moderne Autos.«

»Wenn es um Glauben und um gesellschaftliches Zusammenleben geht, dann gilt das, was im Koran und in den Hadithen steht, alles andere ist Bid'a, eine verwerfliche Neuerung. In weltlichen Dingen dagegen, in Medizin, Technologie und Wissenschaft, sind Innovationen erlaubt und richtig. Sie müssen nur mit dem abgeglichen werden, was der Prophet, gesegnet sei sein Name, gelehrt hat.«

»Geht euch der Wandel unter Kronprinz MBS zu schnell?«

»Für viele junge Leute sind die Änderungen gut. Am Ende muss jeder mit Allah ausmachen, wie er sich verhält. Auch der König ist Allah Rechenschaft schuldig. Das Essen ist jetzt fertig.«

Ich habe das Gefühl, Abdulrahman in Bedrängnis gebracht zu haben mit der Frage. Niemand tadelt leichtfertig das Königshaus – man weiß, wie viele Jahre Knast Regimekritiker zu befürchten haben.

Auf dem Teppich wird eine transparente Plastikfolie ausgelegt, es gibt Hühner-Kabsa. Ein großer runder Teller mit Safranreis als Basis, darauf Hühnchenteile und ein paar rote Peperoni. Im Kreis gruppieren wir uns darum und essen mit der Hand, so wie Mohammed und seine Getreuen gegessen haben. »Der Prophet, Friede sei mit ihm, hat gesagt: Eine Mahlzeit für zwei kann auch vier sättigen, eine Mahlzeit für vier reicht auch für acht«, sagt der Gastgeber. Die Errungenschaften der Neuzeit repräsentieren Pepsi und Wasser in 0,2-Liter-Plastikflaschen. Ein Wahnsinn, was für ein Müll in diesem Land durch kleinformatige Wasserflaschen entsteht. Abdulrahman entschuldigt sich, aber für etwas anderes: »Hätten wir gewusst, dass ein ausländischer Gast kommt, hätten wir nicht nur Hähnchen aufgetischt, sondern richtiges Fleisch. Lamm oder Kamel.« Ich bedanke mich für seine Gastfreundlichkeit und betone, es schmecke ganz vorzüglich.

Am nächsten Morgen fährt uns Shahins Vater zu den Ställen. Er besitzt 700 Schafe, die sind sein Hobby, seit er vor fünf Jahren in Pension ging. Am Steuer entwickelt der sonst tiefenentspannt wirkende Mann eine Energie, die ich nicht erwartet hätte. Er schaltet auf Allradantrieb und heizt schlingernd eine Sandpiste hoch, ohne für eine Sekunde die Kontrolle über den Wagen zu verlieren. Der Spaß daran ist jeder Pore seines Gesichtes anzusehen. Shahin sitzt hinten und guckt sich auf dem Handy Sportwagen-Testvideos über verschiedene Modellvariationen des Ford Mustang GT an. Er zeigt mir einen kurzen Ausschnitt davon.

»Willst du so ein Auto?«, frage ich.

»Na klar. Performance Pack, Fünf-Liter-Motor, V8!«, ist die Antwort. Shahin hat klare Ziele im Leben.

Der Vater hält vor einer blauen Metalltür, schließt sie auf, dahinter befinden sich altersschwache Holzgatter. Rechts Schafweibchen und Jungtiere, links die Böcke. »Die werfen wie verrückt, bald können wir uns das Futter nicht mehr leisten«, sagt Shahin. Bei Schafen ergibt eine strenge Geschlechtertrennung also durchaus Sinn.

Wir fahren weiter zum Kamelmarkt. Auf einer Verkehrsinsel sind zwölf der Tiere zum Frühstück um ein paar Heuballen versammelt, in abwechselnden Wellenbewegungen stürzen sich Köpfe und Mäuler auf die Köstlichkeit, schnellen dann wieder hoch, um den Hals in eine bessere Schluckposition zu bringen: Erst mal runter damit, gekaut und verdaut wird später.

Eine andere Kamelgruppe ist gerade beim Lauftraining. Ein junger Sudanese in Flipflops rennt mit Stock in der Hand hinterher, immer im Kreis um einen der Blocks mit umzäunten Ställen. Er winkt mir, mitzumachen, und ich jogge eine Runde mit.

Zeit für ein Geständnis: Ich liebe Kamele. Wer sich ein bisschen mit ihnen beschäftigt, merkt zwangsläufig, dass sie zu den wundervollsten Tieren der Welt zählen. Sie können sechzig Kilometer Strecke bei fünfzig Grad Celsius zurücklegen, 500 Kilo Gepäck schleppen, drei Wochen ohne Wasser auskommen und vier Wochen ohne Nahrung. Sie wissen genau, dass sie das können. Doch alles, was Zeit und Kraft kostet, wägen sie genau ab und sagen auch mal: Ach nö, heute nicht, habe Besseres zu tun. Kamele sind Leistungssportler und Faulpelze, sanftmütig und Respekt einflößend, gesellig und eigensinnig. Sie können in einem Moment unendlich weise wirken und im nächsten lächerlich. Sie

schätzen Ruhe und Frieden, aber wenn sie sich schlecht behandelt fühlen, können sie dich mit einer Kunstfertigkeit vermöbeln, die alle *special moves* im Videospiel »Street Fighter« nach einer Kabbelei in der Kita aussehen lässt: Anders als Pferde treten Kamele nicht nur nach hinten, sondern in alle Himmelsrichtungen, sie können Gegner anspucken, anpinkeln, beißen und mit einem Satz nach vorne unter ihrem Brustknochen begraben.

Doch momentan wirken die hiesigen Exemplare wie die friedlichsten Schwielensohler-Dudes der Welt. »Alle Saudis lieben Kamele«, sagt Shahin. »Sie haben ein unglaubliches Gedächtnis. Wenn du ihnen wehtust, werden sie sich noch zehn Jahre später an dich erinnern.«

Kleine Kamelkunde

Ein Höcker: Dromedar. Zwei Höcker: Kamel. So lernt man es in der Grundschule, und mancher Besserwisser besteht auch Jahrzehnte später auf dieser Unterscheidung. Dabei sind alle Dromedare immer auch Kamele, so wie ein Rubin ein Stein ist oder ein Audi A6 ein Auto. Präziser ist die Aussage: Einhöckrige Kamele heißen Dromedar, zweihöckrige Kamele Trampeltier.

Unser nächster Stopp ist ein Friedhof auf einer großen Freifläche zwischen einer Moschee und Wohngebäuden. Die Toten ruhen unter länglichen Erdhaufen, die streng parallel angeordnet sind. Sie werden auf der Seite liegend begraben, mit dem Kopf in Richtung Mekka. Ohne Grabsteine, ohne Namensangabe, die Angehörigen müssen sich die Position merken. Im Wahhabismus gelten Denkmäler für Menschen als falsche Idolverehrung. Selbst frühere al-Saud-Könige, die zu Lebzeiten die tollsten Paläste bewohnten, ruhen nun in unmarkierten Gräbern.

An manchen Erdhaufen befinden sich Nummern mit drei Ziffern, bei einer ragt ein Gehstockknauf aus rot lackiertem Holz aus dem Boden. Ein alltäglicher Gegenstand und doch farblich so extravagant, dass möglicherweise viele, die das Grab sehen, gleich wissen, wer der Tote ist. Eine Krücke, ein Symbol der Imperfektion, macht diesen Namenlosen ein bisschen weniger anonym, ein bisschen weniger eigenschaftslos als seine Nachbarn.

Ich frage Shahin, ob es in Ordnung ist, Fotos zu machen, er bejaht. Bald jedoch kommt ein Polizeiwagen, ein dicker Beamter spricht mit meinen Begleitern.

»Doch nicht okay?«

»Schon, aber wir könnten jetzt weiterfahren«, sagt Shahin ausweichend und geht zügig zum Auto. Vermutlich würde es für ihn einen Gesichtsverlust bedeuten, wenn er seiner vorherigen Erlaubnis widerspräche. Der Polizist fotografiert mit seinem Handy unser Nummernschild. Anonymität ist das Privileg der Toten, nicht der Lebenden.

Wir fahren zurück durch monothematische Shoppingstraßen. Eine Küchen- und Fliesenstraße. Eine Autoreifenstraße. Eine Dattelstraße. Eine Handyzubehörstraße. Ein Laden neben dem anderen, beste Vergleichsmöglichkeiten für die Kunden. Auf einer Kreuzung wuchtet ein Kran ein schlimm zugerichtetes Autowrack auf einen Lkw, Shahin wirkt nicht sonderlich erschüttert. »Der ist wahrscheinlich über Rot gefahren. Zahlt die Versicherung«, sagt er lapidar.

Vor einem Geschäft namens Al Senidi in der König-Khalid-Straße halten wir an, der Vater will noch etwas besorgen. Al Senidi ist ein gigantischer Laden für Wüstencamping-Zubehör. Zelte,

Schlafsäcke, Windstopper-Kleidung, aber auch Gewehre, Kochtopfsets und Plastikschlitten für Dünenabfahrten. Zu jedem Teil gibt es eine sanddichte ockerfarbene Schutztasche, weshalb die Verkaufsräume relativ unbunt daherkommen. Ein Mann mit feinem Bart und teurer Ghutra spricht Shahin an, fragt, wer ich sei und wo ich herkomme.

»Das ist Abdollah Al-Qunaisi, ein berühmter Koch, und er möchte dich für morgen Abend zum Essen in der Wüste einladen«, sagt Shahin dann zu mir. »Ich empfehle dir hinzufahren, er ist ein Star auf Snapchat und YouTube.« Ich sage also zu, obwohl ich eigentlich morgen nach Ha'il weiterreisen wollte.

Kurz darauf laden die beiden mich an meiner Unterkunft ab und verabschieden sich. Ich kann ein paar Minuten verschnaufen, bis Shahins Bruder Ahmed zu Besuch kommt. Ganz schön durchgetaktet ist so ein Tag als Gast hier. Er hat seine Tochter Alana dabei, anderthalb Jahre alt. »Mittagessen«, kündigt er an. Erst jetzt sehe ich, dass im Innenhof eine komplett schwarz verschleierte Frau steht. Eine Schwester vielleicht? Nein, viel sensationeller: »Das ist meine Frau aus Ohio in den USA«, sagt Ahmed. Sie stellt sich als Crystal vor, ich begrüße sie mit einem Kopfnicken. Ein Händedruck wäre nur angemessen, wenn sie mir zuerst die Hand gibt, wozu sie keine Anstalten macht. Sie hat blaue Augen, eine rosafarbene Apple Watch und neue weiße Sneakers, die Restperson ist mit schwarzem Tuch unkenntlich gemacht. Ich bin überrascht von diesem Treffen, denn es ist nicht üblich, männlichen Freunden die eigene Ehefrau vorzustellen, selbst wenn sie verschleiert ist.

Sie breitet einen roten Teppich aus und drapiert darauf Schakschuka-Sandwiches, Ful-Bohnenpaste und Fladenbrot. Die Tochter wuselt über den Kunstrasen und bewirft uns mit einem Plastikball.

Crystal erzählt, dass sie aus einer erzkonservativen lutherischen Familie stamme, in der man an Gott, Fox News und weiße Überlegenheit glaube und es als schwere Sünde gelte, auch nur einmal sonntags nicht in die Kirche zu gehen. Wer so aufwächst, wird entweder Bilderbuch-Republikaner oder Rebell. Crystal und ihre Geschwister entschieden sich für Letzteres.

»Einer meiner Brüder ist mit einer Latina verheiratet und hat zwei schwarze Kinder adoptiert. Der zweite machte eine Priesterausbildung und wurde dann Atheist. Der dritte gründete eine religiöse Sekte in China und hält sich für einen Propheten. Aber, jetzt kommt's: Ich bin das schwarze Schaf der Familie. Weil ich zum Islam konvertiert bin und nach Saudi-Arabien zog. Meine Mutter redet bis heute nicht mit mir.«

Ahmed lernte sie über seine Schwester kennen, die bei ihr via Skype Englischunterricht nahm. Schon vorher hatte sie sich für den Islam interessiert.

»Ich liebe Buraida, es ist hier viel besser als zu Hause«, sagt sie und hebt umständlich den Niqab an, um ein Stück Brot mit Ful zu essen.

»Was sind die Vorteile?«, frage ich.

»Die Wertschätzung der Familie, die Sicherheit. Ich könnte hier mein Kind zum Spielplatz bringen, es dort sechs Stunden allein lassen und hätte keine Angst. Selbst in Riad ginge das für eine halbe Stunde. In den USA: undenkbar. Die Familie ist hier alles, das gefällt mir. Und die Ehen scheinen mir glücklicher zu sein als in meinem Land. Auch weil die Erwartungen an den Partner nicht so hoch sind, oft haben ja die Eltern darüber entschieden. Die Rollen sind klarer verteilt, es gibt weniger Scheidungen.«

»Und was gefällt dir hier weniger als zu Hause?«

»Die vielen Fliegen nerven.« Da hat sie recht, ein solches Insekt versucht gerade in selbstmörderischer Absicht, neben dem Sandwich in meinen Mund zu gelangen. »Und die Mahlzeiten sind etwas eintönig. Die Araber verwenden zu wenige Soßen, es gibt in Buraida kein mexikanisches, thailändisches oder vietnamesisches Essen. Neuerdings haben wir immerhin ein paar China- und Sushi-Restaurants.«

Die Tochter hat jetzt genug von dem Ball und beginnt, mit 0,2-Liter-Plastikflaschen um sich zu werfen. Die Eltern lassen sie gewähren.

Nun fallen Crystal doch noch weitere Nachteile ein: »Es fehlt an Aktivitäten. In den USA macht man ständig irgendwas zusammen, Spiele oder Videoabende. Hier genügt es, rumzusitzen und zu reden. Und zwar immer nur mit der eigenen Familie, selbst auf dem Spielplatz oder im Restaurant.«

Ich hätte noch hundert weitere Fragen, aber da ertönt ein Muezzinruf, und wie bei einem Kanon stimmt der nächste ein paar Sekunden später ein und bald ein dritter. Wir packen zusammen, Crystal und Ahmed müssen zum Gebet. Dann bin ich wieder allein, zu Gast bei lieben Menschen und doch irgendwie isoliert; gefangen in einer Wohnung, für deren Ausgangstür ich keinen Schlüssel habe.

Der Cowboy und der Scheich

Am nächsten Tag sind wir mit dem »Cowboy« zu einer Wüstentour verabredet. »Der wird dir gefallen, er ist ein bisschen berühmt«, sagt Ahmed, als wir im Auto sitzen. Zu Recht, denke ich, als wir ihn treffen. Auf einem Hof mit Hunderten Schafen mit langen Schlappohren begrüßt er uns, ein Typ Ende dreißig, mit opulentem Schnurrbart und schwungvoll hochgeschlagener Ghutra. Männerkopftuch ist nicht gleich Männerkopftuch, es gibt Dutzende Wege, die Ghutra zu tragen. Die ständige Korrektur minimal verrutschter Tuchenden ist dem Saudi zur Routinebewegung geworden, die fast unbewusst ausgeführt wird, so wie Tennisspieler in den Achtzigern zwischen den Ballwechseln immer die Bespannung ihres Schlägers begradigten. Böse Zungen behaupten gar, saudische Beamte brächten die Hälfte eines typischen Arbeitstages mit dem Zurechtrücken des Kopfputzes zu, was so viel Energie beanspruche, dass die andere Hälfte nur noch mit verringertem Elan ausgeführt werden könne – aber diese Annahme ist bislang nicht empirisch erforscht und stützt sich lediglich auf anekdotische Evidenz.

Doch was sagt nun die Mode über den Träger aus?

Tuch ohne Agal-Kordel, offen getragen: ein religiöser Mensch.

Mit Agal, beide Tuchenden parallel vor der Brust: konservativer, förmlicher Look.

Beide Tuchenden hinter den Schultern: etwas weniger konservativ.

Tuchenden nacheinander seitwärts über den Kopf geworfen: modebewusst, jugendlich. Das ist ungefähr das Saudi-Äquivalent einer Undercut-Frisur, so tragen die Hipster das Tuch, und so trägt es der Cowboy, mit einer kleinen V-förmigen Falte exakt über der Mitte der Stirn und absichtlich schief aufliegendem Agal. Er kommt gerade aus dem Ziegenstall, was die modische Perfektion noch bemerkenswerter macht. Okay, für die wahre Drecksarbeit mit den Tieren ist ein Knecht aus Bangladesch zuständig, aber trotzdem. Sein dunkelgrauer Thaub ist makellos sauber, ohne den Schatten eines Flecks.

»Ich bin der Cowboy! Willkommen! Ich bin die Nummer eins auf der Welt!«, begrüßt er mich mit arabisch akzentuiertem Englisch und einer Stimmlautstärke, die andeutet, dass er mich für schwerhörig hält. »Wir nehmen mein Auto«, ruft er. »Ich bin der beste Fahrer in ganz Saudi-Arabien.«

Wir steigen in seinen Respekt gebietenden weißen Toyota FJ Cruiser, ein Gefährt an der Schwelle zwischen Geländewagen, Mondfahrzeug und Panzer, und lassen Ahmeds Auto stehen. Der Cowboy erweist sich als Meister des Multitasking: Während er fährt, ruft er Freunde an, die wir in der Wüste treffen wollen, oder filmt Videos für Snapchat.

»Steve, wer ist der Nummer-eins-Autofahrer der Welt?«

»Weiß nicht, Sebastian Vettel?«

»Scheiße nein. Noch mal!«

Er löscht das Video und startet einen zweiten Versuch.

»Steve, wer ist der Nummer-eins-Autofahrer der Welt?«

»Der Cowboy natürlich!«

»Das ist korrekt. Nummer eins«, bestätigt er, die Kamera nun auf sich gerichtet. Sein Grinsen ist dabei so breit, dass der Schnurrbart ein Eigenleben entwickelt und an ein flauschiges Tier erinnert.

Wir fahren auf der Bundesstraße 60 nach Westen, vorbei an flachem Wüstengeröll und mehreren Lkw älteren Baujahrs mit deutscher Werbeaufschrift. Sollte man sich bei der Spedition Nüllig & Haß in Wuppertal oder beim Lebensmittelgroßhandel Wittenhagen (»Der Lieferant für den privaten Einzelhandel«) fragen, wo ihre ausrangierten Trucks gelandet sind: Sie sind in Qassim. Auf der Plane des Wittenhagen-Fahrzeugs sind ein paar Lebensmittelillustrationen, darunter auch die Abbildung einer Sektflasche – bislang hat sich keiner die Mühe gemacht, das verbotene Objekt zu übermalen.

An einem Straßenschild nach An Nabhaniyah biegen wir nach links auf eine Schotterpiste ab. Ein paar Kilometer weiter hält der Cowboy auf einem Parkplatz neben einer eindrucksvollen Düne. Er läuft mit einem kleinen Kompressor um den Wagen, um den

Druck auf 0,8 Bar pro Reifen zu verringern, damit fährt es sich besser auf Sandboden. Wir sind nicht allein, die Riesendüne ist geriffelt mit Reifenspuren. Im Minutentakt versuchen Gasfuß-Spezialisten, mit Buggy-Fahrzeugen oder Allrad-Pick-ups bis ganz oben zu kommen. Immer im zweiten Gang, wer schaltet, hat schon verloren, der unvermeidliche Motorsägenlärm gehört zum Vergnügen.

Freunde des Cowboys treffen mit zwei weiteren großformatigen Geländewagen ein. Dann wagen wir an einer etwas flacheren Seitendüne selbst den Bergauf-Kraftakt. Für Cowboy ist anscheinend keine Fahrsituation zu heikel für ein Video, also filmt er, wie ich mich an den Haltegriff klammere und für seine Follower bestätige, dass er der beste Fahrer sowohl Saudi-Arabiens als auch weltweit, möglicherweise sogar im gesamten Universum sei. An einer Unebenheit im Sand bleiben wir stecken. Rückwärtsgang, wieder runter. Der nächste Versuch mit mehr Gas und weniger Handy ist erfolgreich.

Oben angekommen, steigen wir aus. Allgemeine Vorstellrunde. Der Freundeskreis wird im Stundentakt größer, wenn man einmal Kontakte knüpft. Man scheint in diesem Land selten mal was nur zu zweit zu unternehmen.

In U-Form legen meine Begleiter drei Teppiche in den Sand, aus Geländewagenkofferräumen materialisieren sich Rückenlehnen aus Holz, Feuerbriketts, Kaffeekannen, Teekannen und Sukkari-Datteln. Bald sitzen wir um ein Lagerfeuer und schlürfen Heißgetränke. »Wir haben eine Regel«, erklärt Cowboy. »In der Wüste sprechen wir nur über heitere Themen. Und wir verarschen uns gegenseitig.«

Er steht auf, klettert auf seinen Wagen und bittet mich, ihn in verschiedenen akrobatischen Verrenkungen auf der Motorhaube zu fotografieren.

Dann holt er einen bodenlangen Lammfellmantel mit Brokatverzierungen, den er mir um die Schulter legt. »Du bist jetzt Scheich Steve«, verkündet er, nimmt seinen Kopfschmuck ab und drapiert Ghutra und Agal auf meinem Schädel, was er natürlich per Handy filmt. In diesem Outfit sitze ich dann in der Runde und beantworte Fragen über Bayern München, BMW und Hitler (»nur

heitere Themen«). Am Horizont geht orangefarben die Sonne unter, und einen Kilometer entfernt knallen die Fehlzündungen durch die Auspuffe der Dünen-Rennfahrer. Es ist fast idyllisch.

Bei Einbruch der Dunkelheit fahren wir zurück, zum Abendessen finden wir uns im Gästeraum von Cowboys Farm ein. Der Gastgeber verschwindet in eine improvisierte Küche in einem Wellblechverhau direkt daneben. Weitere Freunde kommen dazu, auf dem Flachbildfernseher läuft Fußball. MBS heißt die saudi-arabische Liga, wie der Kronprinz, der ist wichtigster Sponsor. Wieder gibt es Kaffee und Tee. »Wir trinken so viel davon, weil es ja sonst nichts zu trinken gibt«, erklärt Yusuf, ein Arabischlehrer mit wild wucherndem Bart, der mir von den anderen als »Sei vorsichtig, der ist ein *bad guy*« vorgestellt wird.

Warum, verstehe ich, als er beginnt, von seinen Erlebnissen in München-Neuperlach zu berichten. Er war dort mit seinem Vater, der sich wegen einer Darmkrebserkrankung operieren ließ. Eine Besonderheit des saudi-arabischen Gesundheitssystems: Wer ein vergleichsweise kompliziertes Leiden hat, mit dessen Behandlung die Ärzte im eigenen Land überfordert sind, dem wird eine Auslandsreise samt Begleitung und Krankenhauskosten finanziert. Ich treffe auf dieser Reise mehrfach Saudis, die über Rankingergebnisse und Spezialgebiete von Krankenhäusern in München, Stuttgart oder Berlin besser informiert sind als ich.

»Ich habe dort ein bisschen Deutsch gelernt«, berichtet Yusuf, und beweist es gleich mit einer Kostprobe: »Iesch liebe dich. Obenhobsch. Lecke meine Musch. Augen schön.«

»Das ist eine ungewöhnliche Auswahl.«

»Ich habe das immer zu den Krankenschwestern gesagt.«

»O Gott. Was soll überhaupt ›obenhobsch‹ bedeuten?«, frage ich.

»Das ist, na ja, wenn eine Frau schöne Brüste hat. Sagt man das nicht so?«

»Nein«, antworte ich. »Das sagt man nicht so.«

Kleine Kamelkunde

Eine amerikanische Firma bietet für Sportler einen Getränkerucksack namens »Camelbak« an, allerdings ist der Name irreführend. Kamele speichern hauptsächlich Fett in ihrem Höcker und kein Wasser. Gießen Sie heiße Butter oder Olivenöl in Ihr Camelbak, dann passt es wieder.

Weiterer kultureller Austausch steht auf dem Programm, als der Cowboy mir erneut Fellmantel und Ghutra anlegt. »Scheich Steve!«, stellt er mich der Runde vor und weist mir den Ehrenplatz am Feuer zu. Ich gehe in den Schneidersitz, er platziert vor mir einen messingfarbenen Mörser zum Kaffeemahlen. »Damit kannst du Folklore machen«, erklärt er und schlägt mit dem Stößel auf das Metall. Zweimal auf den unteren Rand, was ein dumpfes, abgehacktes Geräusch erzeugt, dann zweimal auf den oberen Rand, wodurch ein länger klingender Ton entsteht.

Er beginnt zu filmen. »Mach Folklore!«

Ich klopfe unmotiviert auf das Metall und komme mir nicht sonderlich scheichhaft vor.

»Nein, Folklore, Scheich Steve!«

»Was meinst du damit?«

»Ein Lied.«

»Ich bin kein guter Sänger.«

»Ein deutsches Lied.«

»Mir fällt keins ein.«

»Die deutsche Nationalhymne.«

»Wollen wir nicht einfach …«

»Kannst loslegen, die Aufnahme läuft.«

Es gibt kein Entrinnen. Ich gebe also eine A-cappella-Vorführung von ein paar Zeilen Nationalhymne zum Besten, begleitet vom Vierviertelrhythmus des Stößels. Und dann höre ich mein Werk noch mindestens dreimal aus Cowboys Handy, weil der das Video bearbeitet. Einigkeit und Recht und Freiheit, raus damit an 50 000 Snapchat-Follower. Schon ertönen meine Gesangskünste erneut, weil Yusuf die Snapstory auf seinem Handy abruft. Er zeigt das Video herum, als hätte er einen lebenden Homunkulus im Zauberkästchen gefangen. Vielleicht ist es ganz gut, dass die Dateien nach einmaligem Abspielen vom Server gelöscht werden.

Dann gibt es endlich Abendessen, es ist schon nach 22 Uhr. Auf einem runden Silberteller mit fast einem Meter Durchmesser tragen Cowboy und Ahmed dampfend heißes Lamm-Mandi mit Teigfladen, Bohnen und Lauchzwiebeln herein. Alle waschen sich die Hände, und wir setzen uns auf den Teppich um die Köstlichkeit.

Essen mit der Hand ist die einzige sinnliche Erfahrung, die in Saudi-Arabien in der Öffentlichkeit erlaubt und bei uns verpönt ist. Während ich mir noch die Finger verbrenne, langen die anderen schon eifrig zu. Aus irgendeinem Grund sind ihre Hände weniger hitzeempfindlich als meine. Aber das ist wohl einfach Übungssache, ein Fall von Besteck-bedingter Verweichlichung, genau wie ständiges Schuhetragen die Fähigkeit verkümmern lässt, barfuß über einen Kiesweg zu gehen.

Ich merke, dass ich Teig und Fleisch mit weniger Vehemenz greife und knete als die anderen. Vielleicht aus einem diffusen Gefühl heraus, meine Hand könnte unsauber sein und das Essen kontaminieren (was herrlich absurd ist, denn im Gegensatz zu Besteck, über dessen Sauberkeit ich nur Mutmaßungen anstellen könnte, habe ich die Hand ja selber gewaschen). Vielleicht auch, weil ich es von Löffel und Gabel gewohnt bin, dass weiche Ware immer nur locker gemäß der Erdanziehungskraft aufliegt. Mein nächster Anfängerfehler besteht darin, zunächst aus der Mitte der Handfläche zu essen statt von den Fingerspitzen, wo

Auf dem Sprung: Saudi-Arabien ist eines der konservativsten Länder der Erde, doch nun erleben die Menschen hier einen historischen Wandel.

Grelles Licht: 95 Prozent Saudi-Arabiens sind Wüstenlandschaften. Die Fläche des Landes ist sechsmal so groß wie Deutschland.

Vor Herbst 2019 war Tourismus hier kein Thema. Am Al-Monedjam-Fort in der Nähe von Nadschran bin ich einer der ersten europäischen Besucher.

Palast oder Bunker? Die Architektur der Häuser von Großfamilien zeigt, wie wichtig den Menschen ihre Privatsphäre ist.

Zugleich ist die Gastfreundlichkeit beeindruckend. Häufig werde ich von Fremden zu Kaffee, Tee und Datteln eingeladen.

Gebet in einer Moschee in Dschidda: Eine besonders strikte Ausrichtung des Islam beherrscht den Alltag.

Kronprinz Mohammed bin Salman, genannt MBS, präsentiert sich als Modernisierer. Und greift gleichzeitig brutal gegen Feinde und Konkurrenten durch.

Besonders die Frauen leiden unter strengen gesellschaftlichen und religiösen Regeln. In den meisten Familien gelten weiterhin enorm traditionelle Rollenbilder.

Saudi-Arabien rüstet auf: Nicht nur die staatlichen Rüstungsausgaben sind beängstigend hoch, auch viele Privatleute besitzen Waffen.

Neun Wochen bin ich unterwegs, treffe Menschen aus allen Gesellschaftsschichten und führe Hunderte Gespräche.

Auf meiner Reise will ich herausfinden, was sich hinter Fenstern und Mauern verbirgt, die von außen keinen Einblick zulassen.

Türschwellen als *Last Frontier*: Als Couchsurfer wohne ich bei den Menschen zu Hause, teile ihren Alltag.

Häufig steht das Nationalgericht *Kabsa* auf dem Speiseplan. Gegessen wird auf dem Boden sitzend und meistens in großer Runde.

Al-Balad, die Altstadt von Dschidda: Die verwinkelten Straßen und die Häuser mit Erkern sind ein schöner Kontrast zu den sonst üblichen Neubauten.

Hier leben derzeit viele Einwanderer aus Pakistan und Bangladesch. Doch die Gentrifizierung wird das Viertel bald verändern.

Zum Lunch in Abaya und Niqab-Gesichtsschleier: Das traditionelle Outfit ist allgegenwärtig, auch wenn es nicht mehr gesetzlich vorgeschrieben ist.

Ein Mekka für Autofahrer, aber kein Vergnügen für Fußgänger: Nicht nur Fast-Food-Läden haben Drive-in-Angebote, sondern auch Cafés und Geldautomaten.

In Shoppingmalls prallen Welten aufeinander – zum Beispiel vor diesem Victoria's-Secret-Geschäft in Riad.

Lehmwände als Leinwände: Aufwendige Projektionen setzen die Altstadt von Diriyya neu in Szene. Das Königshaus investiert Milliardenbeträge in den Tourismus.

Vergnügungsparks, Konzerte und Sportevents sollen Touristen anlocken. Und dafür sorgen, dass die Saudis zum Spaßhaben nicht mehr ins Ausland reisen.

Selten sieht man in der Öffentlichkeit Frauen ohne Schleier – obwohl sie nun nicht mehr befürchten müssen, von der Religionspolizei festgenommen zu werden.

Baustelle des King Abdullah Financial District: Im Stadtzentrum von Riad entstehen neue Hochhäuser und eine enorm luxuriöse Metro.

Vom nördlichen Bahnhof reise ich nach Qassim. Bislang fahren von hier nur zwei Züge pro Tag ab.

Eine von 94 000: Die Zahl der Moscheen im Land ist beeindruckend. Deutschland hat erheblich mehr Einwohner, verfügt aber nur über circa 45 000 Kirchen.

Markt in Buraida: »Kamel« ist kein Schimpfwort in den Golfstaaten. Die Tiere gelten als belastbar und fleißig, aber auch ein wenig launisch.

Mit meinen Gastgebern in Buraida geht es in die Wüste. Wie die Reifenspuren zeigen, sind wir nicht die Ersten, die sich an dieser Düne versuchen.

Nach der Bergfahrt erst mal Kaffeepause: Für dieses Bild legt der Cowboy (Zweiter von rechts) ausnahmsweise mal sein Handy zur Seite.

Abdollah kontaktiert mich per Instagram – und am nächsten Tag machen wir zusammen einen Ausflug von Ha'il nach Jubbah.

Der Ort ist UNESCO-Welterbe und bekannt für seine Steinkunstwerke. Die ältesten Darstellungen von Tieren und Jagdszenen sind etwa 10000 Jahre alt.

Beten und arbeiten: Zwei Dinge prägen das Land mehr als alles andere – die Religion ...

... und das Öl. Letzteres hat Saudi-Arabien unfassbaren Reichtum beschert, Ersteres hält die Gesellschaft zusammen.

man die Nahrung nach abgeschlossenem Knetvorgang mit dem Daumen hinschieben sollte. Und dann nehme ich auch noch eine Lammrippe in die Hand und nage daran – erst später erfahre ich, dass laut Beduinen-Etikette die Stücke vorzugsweise händisch abzuzupfen sind, was manchmal mit beeindruckender Koordination zweier Speisender geschieht, die sich selbst bei maximal hartnäckigen Fleischbrocken streng daran halten, nur die »saubere« rechte Hand zu verwenden.

»Wer ist der beste Koch der Welt?«, fragt Cowboy.

»Du natürlich. Nummer eins«, antworte ich in seine Handykamera, und das ist nur ein kleines bisschen übertrieben.

Glamping auf Kunstrasen

Der Reisebaustein »Arabien für Gourmets« wird am nächsten Tag fortgesetzt, ich bin schließlich bei einem Snapchat-Promikoch eingeladen. Dafür habe ich extra mit meinem nächsten Couchsurfing-Gastgeber in Ha'il vereinbart, einen Tag später als geplant zu kommen. Ich verabschiede mich von Shahin und Ahmed und ihrem Vater. Ein Freund von Ahmed – sensationell, wie ich hier weitergereicht werde – fährt mich in den Nachbarort Unaizah. Dort biegt er in die Wüste ab, einen östlichen Ausläufer der Großen Nefud. Er hält bei ein paar Teilzeit-Beduinen, um in ihren Zelten Kardamom-Kaffee zu trinken, und bringt mich schließlich zum Luxuscamp von Abdollah Al-Qunaisi, das wie eine dreißig mal vierzig Meter große Insel aus Kunstrasenteppichen und fünf Zelten wirkt, eine Insel im Sandmeer. Al-Qunaisi ist ein extrovertierter, stark parfümierter Bonvivant, der sowohl optisch als auch körpersprachlich frappierend an eine arabische Variante von Rudolph Moshammer erinnert. Wobei sein Lieblingsaccessoire kein Hund namens Daisy, sondern ein iPhone namens 11 Pro Max im Selfiemodus ist. Es scheint an seiner linken Hand festgewachsen zu sein.

Er begrüßt mich mit teigweichem Handschlag. Hajji, ein junger Pakistaner mit Talibanbart, schenkt Kaffee aus und serviert Datteln in goldenen Ziergefäßen. Al-Qunaisi führt mich durch die Anlage, ein Vorgang, den er selbstverständlich per Video für seine Social-Media-Anhängerschaft festhält. Vom Parkplatz auf dem Sand gelangen wir zum Hauptzelt, das mit Teppich ausgelegt ist. Ein Holzregal voller rotgelber Teekannen und silberner Kaffee-*Dallahs,* nach Größe geordnet wie Matrjoschka-Figuren, ist das einzige Möbelstück. Rings um eine Feuerstelle sind Sitzlehnen angebracht, über denen Dutzende Zierquasten von der PVC-Wand baumeln wie erhängte Miniaturgespenster.

Ein paar Meter weiter steht neben einem doppelten Waschbecken das Schlafzelt, zehn Feldbetten sind darin aufgebaut mit ein-

ladenden rechteckigen Riesenschlafsäcken. »Take one later«, sagt Al-Qunaisi.

Vorbei an Toiletten und einem Dieselgenerator gelangen wir ins Allerheiligste: das Küchenzelt, das an einen kleinen Supermarkt erinnert mit Basmatireis in Zehn-Kilo-Säcken, einer eindrucksvollen Sammlung von Gewürzen, Ketchups und Mayonnaisen und einer Tiefkühltruhe voller Fleisch. Heute dreht sich alles um ein Lamm, das frisch geschlachtet ohne Fell draußen an einem Fleischerhaken hängt.

Die Führung ist beendet. Al-Qunaisi filmt noch meinen Instagram-Account von meinem Handy ab, dann mische ich mich unter die Gäste. Mehr als zwanzig sind inzwischen angekommen, selbstverständlich ausschließlich Männer, alle mit perfekt geschorenen Bärten, makellosen Thaubs und Armbanduhren, die vierstellige Eurobeträge kosten. Ich lerne einen Regierungsmitarbeiter aus Kuwait kennen, einen Bankmanager aus Bahrain und den Chef einer Firma für Schnellkochtöpfe.

Sie haben viele Fragen, und je mehr ich beantworte, desto klarer wird mir, wie stark sich mein Alltagsleben von ihrem unterscheidet. Fast alles, was ich preisgebe, wäre hier zumindest ungewöhnlich, manches ein Zeichen von Armut, manches verboten.

»Wie alt bist du?«

»Vierzig.«

»Verheiratet oder Single?«

»Ich habe eine Freundin. Wir sind nicht verheiratet.«

»Ah, deshalb bist du in dem Alter noch so schlank. Kinder?«

»Keine.«

»Fährst du Mercedes oder BMW?«

»Ich hatte noch nie ein Auto, ich fahre viel Fahrrad.«

»Hast du Geschwister?«

»Einen Bruder. Keine Cousins oder Cousinen.«

»Wo wohnst du?«

»In Hamburg. In einer Zweier-WG mit einer Frau, mit der ich nicht liiert bin.«

»Und deine Eltern?«

»In einer anderen Stadt, 400 Kilometer entfernt.«

»Wie oft betest du am Tag?«

»Ich bete nicht.«

»Trinkst du Alkohol?«

»Gelegentlich.«

Mein anschließender Vorschlag, uns doch nächstes Mal auf dem Oktoberfest zu treffen, wird mit einer Schüchternheit, ja, Verunsicherung quittiert, die ich von konversationsgeschulten Angehörigen der High Society nicht erwartet hätte. Okay, hatte fast vergessen, dass ich mich in einer Region befinde, die selbst unter Saudis als erzkonservativ gilt.

In diesen Gesprächen verbirgt sich nicht nur einige Wahrheit über kulturelle Unterschiede, sondern auch eine Wahrheit über Menschen, die gerne ungewöhnliche Länder bereisen. Du kannst zu Hause der langweiligste Durchschnittstyp sein, am Zielflughafen verwandelst du dich augenblicklich in jemanden, der als exzentrisch und interessant wahrgenommen wird, ohne mehr dafür tun zu müssen als einfach du selbst zu sein. Gleicher Depp, komplett andere Außenwahrnehmung. Und oft besteht ein Teil des späteren Nachhausekommens-Blues darin, diese Aufmerksamkeit zu vermissen und wieder nur einer von Millionen zu sein.

Apropos Aufmerksamkeit: Mein Handy meldet 39 neue Instagram-Follower in den letzten fünfzehn Minuten, Al-Qunaisi hat mich bei Snapchat verlinkt. Leider macht Instagram nicht satt, ich kriege langsam Bauchschmerzen vor Hunger. Seit Stunden nur Datteln, verstehe einer die seltsamen Essenszeiten der Saudis. Wie viele Ramadane braucht man als Training, um das arabische Intervallfasten leichter zu ertragen?

Erst nach Mitternacht wird das Lamm-Kabsa aufgeteppicht, auf drei großen Tellern für drei Sitzrunden auf dem Boden. Zu heiß für meine Finger, genau richtig für die Finger der anderen und allerfeinste Fleischqualität. Ich darf neben Al-Qunaisi sitzen, was eine Ehre, aber auch eine Prüfung ist: Gegen Ende des Festmahls sagt er plötzlich: »Surprise!«, und hebt die Lammrippe an. Darunter befindet sich der Kopf des Tieres.

Der Gastgeber bricht den Unterkiefer ab, schneidet die Zunge heraus und zerteilt sie in fünf Stücke, eins davon gibt er mir. Sehr weich, durchaus genießbar. Al-Qunaisi beginnt, mit dem Knauf seines Messers auf die Schädeldecke einzuschlagen, bis weißliche Hirnstücke herausquellen. »Klugheit«, sagt er und hält mir die Köstlichkeit hin. »Und Proteine.« Ablehnen wäre unhöflich, also runter damit, die Konsistenz erinnert an Leberwurst.

Die Umsitzenden haben deutlich weniger Hemmungen als ich, sich die Gehirnstücke einzuverleiben. »Now I feel smaaart«, verkündet Al-Qunaisi, der es offenbar mit der Chinesischen Medizin hält, wo das, was man isst, auch dem entsprechenden eigenen Organ oder Körperteil zugutekommt. Ich erwarte, dass zwecks Verbesserung unserer Sehkraft als Nächstes die Lammaugen dran sind, aber zum Glück scheint die keiner essen zu wollen.

Dann Tee und Kartenspiel. »Poker«, sagt einer und lacht, ich verstehe den Witz erst mit ein paar Sekunden Verspätung. In Wahrheit spielen sie *Baloot,* das beliebteste Spiel des Landes, bei dem man in Zweierteams versucht, den Gegnern Asse und Zehner abzuluchsen. Poker ist verpönt, weil Glücksspiel mit Geldeinsätzen *haram* ist, so verboten, dass noch in der tiefsten Wüste keiner auf die Idee käme.

Ich bin der Einzige, der im Camp übernachtet, außer dem Hausangestellten Hajji aus Pakistan. Al-Qunaisi verspricht, am nächsten Morgen um neun Uhr jemanden zu schicken, der mich in die Stadt bringt, mittags geht mein Zug nach Ha'il. Dann verabschiede ich mich und beziehe mein Lager im Feldbett.

Als ich aufwache, habe ich 386 neue Instagram-Follower, bin aber ansonsten allein. Es riecht nach neuen Zeltplanen, warmem PVC. Draußen rattert der Dieselgenerator. Durch die Ritze im Türverschlag tastet grelles Sonnenlicht nach meinem Gesicht, ich taste nach meinen Sachen. Kamera, Klamotten, Handy. Alles noch da, nur die Leute sind weg. Scheiße, schon kurz vor neun. Im Eiltempo packe ich zusammen. Draußen kratzt der Kunstrasenteppich an den Schuhsohlen, zwischen Küchenzelt und Essenszelt gehe ich Richtung Parkplatz. Kein Auto, viele Reifenabdrücke. Der Wind weht einen leeren Pappkarton vorbei, ein Kabel schlägt rhythmisch gegen einen Laternenpfahl.

Um halb zehn höre ich das Geräusch eines Motors. Ein Pick-up nähert sich, auf dessen Ladefläche ein braunes Kamel sitzt. Das Tier streckt den Hals über das Heck wie eine rückwärts montierte Galionsfigur. Ich winke dem Fahrer. Er winkt zurück und fährt weiter. Das war wohl nicht meine Mitfahrgelegenheit.

Ich wollte einen auf Lawrence von Arabien machen, doch das hier ist eher Robinson Crusoe. Crusoe mit Handyempfang, immerhin. Aber von meinen 386 neuen Followern holt mich auch keiner hier raus, obwohl einige von ihnen freundliche Nachrichten schicken, »Welcome to Saudi Arabia« und so. Einer schreibt: »Wenn ich dir mit Informationen zum Islam helfen kann, lass es mich wissen.«

Momentan beschäftigen mich eher logistische Fragen als religiöse, und ich hätte lieber einen realen Freund als hundert digitale. Moment, Hajji müsste noch da sein, der pakistanische Hausmeister des Luxuscamps. Ich gehe zum Küchenzelt, sehe ihn dort friedlich schlummern, auf einer dünnen Matratze auf dem Boden.

Ich habe keine Handynummer von Al-Qunaisi, also schreibe ich ihm über Snapchat. Keine Antwort.

Um halb elf wacht Hajji auf, er bringt mir einen Plastikbecher mit zu süßem Nescafé. »Nice backpack«, sagt er über mein Gepäck. Ich frage ihn, ob er wisse, wann ein Auto komme. »Um vier oder fünf am Nachmittag inshallah.« Von einer Sonderfahrt für mich scheint er nichts zu wissen. Was blöd ist, weil ich zum Bahnhof muss, und der ist 53 Kilometer entfernt. Ich schreibe meinem Couchsurfing-Gastgeber in Ha'il, dass ich leider erst abends statt nachmittags ankomme, und entschuldige mich für die Umstände. Er antwortet, diese erneute Verschiebung sei für seinen Geschmack eine zu viel, und sagt mir ab.

Man hat mich in der Wüste vergessen. Mir fallen spontan hundert Orte ein, an denen ich lieber stranden würde. Aber irgendwo im Norden geht es zur Hauptstraße 414, vier Kilometer Luftlinie laut Google Maps. Von dort könnte ich trampen. Ein Wüstenmeer hat im Gegensatz zu herkömmlichen Meeren immerhin den Vorteil, dass man darüber hinweglaufen kann.

Ich warte eine weitere halbe Stunde, dann noch eine halbe Stunde, dann noch eine Viertelstunde. Das Kabel klackert an der Laterne. Niemand kommt, also verabschiede ich mich von Hajji. Irritiert blickt er mir nach, als ich zu Fuß losspaziere. Auf die Idee scheint vor mir noch niemand gekommen zu sein.

Ich ärgere mich darüber, das online gebuchte Zugticket verfallen zu lassen, ärgere mich über die Absage des Gastgebers in Ha'il und über das nicht eingehaltene Versprechen, jemand werde mich abholen. Aber zugleich hat es etwas Befreiendes, endlich mal zu Fuß unterwegs zu sein statt im Auto. Endlich allein. Wegen der Rundumbetreuung durch meine Gastgeber fühlte sich das allmählich wie Pauschalurlaub an, jetzt gibt es nur mich, meine zwölf Kilo Gepäck, den Sand, die Sträucher und die Sonne. Auf dem Boden führen Reifenspuren in so viele Richtungen, dass sie keinen Aufschluss darüber geben, wo es zur Straße geht. Ich verlasse mich lieber auf mein Handy.

Die Vegetation besteht aus Hunderten Ghada-Büschen, auf Deutsch weißer Saxaul genannt, mit hellgrauen Ästen und hautfarbenem Gestrüpp. Sie helfen dabei, die Desertifikation zu verlangsamen, deshalb dürfen sie nicht als Feuerholz gefällt werden. Die lagerfeuerbegeisterten Saudis importieren tonnenweise Holz und Briketts aus dem Ausland.

Dattelpalmen. Pupsende Kamele hinter Zäunen. Ein paar rostige Felgen. Ich erreiche einen Schotterweg, der schließlich zur Hauptstraße führt. Vor einer kleinen Moschee lege ich meine Sachen ab und halte den Daumen raus. Empirische Beobachtung:

Je teurer das Auto, desto höher ist die Wahrscheinlichkeit, nicht beachtet zu werden. Die Fahrer kleinerer Wagen heben wenigstens bedauernd den Arm.

Nach einer Viertelstunde hält ein weißer Isuzu-Truck. »Buraida?«, frage ich, der Mann am Steuer nickt und räumt eine Decke aus Schafwolle vom Beifahrersitz. Er trägt einen pakistanischen Salwar-Kamiz-Kittelrock und hat die Art von ausuferndem Schnurrbart, auf dem »ein Falke landen könnte«, wie man hier sagt. Beruflich kümmert er sich um den Transport von Kamelfutter. »I'm from Abbottabad in Pakistan. Osama bin Laden.« Als er den Namen nennt, streicht er sich mit der flachen Hand über den Hals, um anzudeuten, dass in seinem Heimatort der bekannteste Terrorist Saudi-Arabiens getötet wurde. Erst dann stellt er sich selber als Said vor. Seit sieben Jahren lebt er in Buraida, fliegt aber bald nach Hause. »Here: Money better. But in Pakistan: Life better«, erklärt er.

Am Busbahnhof der staatlichen Firma SAPTCO lässt er mich raus. Ich bedanke mich überschwänglich und kaufe am Schalter ein Ticket nach Ha'il. Dann setze ich mich in die Wartehalle, die auf etwa fünfzehn Grad heruntergekühlt ist und ansonsten durch harte Metallsitze und ein gespenstisches Damentoilettenschild auffällt.

Eine vollverschleierte Frau spaziert mit großem Handy in der Hand darauf zu und mit dem linken Fuß voraus durch die Tür. Ein bekannter saudi-arabischer Kleriker, Scheich Mutlaq, wurde einmal gefragt, ob man mit einem Handy aufs Klo gehen dürfe,

wenn sich unter den Dateien ein heruntergeladener Koran befinde. In gedruckter Form hat die heilige Schrift nämlich nichts auf dem unheiligen Lokus zu suchen. Er antwortete klug und gab eine Fatwa aus: Da der Koran sowieso in den Kopf jedes Gläubigen »heruntergeladen« sei, könne man das Handy schon mitnehmen, das mache ja dann keinen Unterschied mehr. Ein anderes Mal wollte ein Muslim wissen, ob das Fleisch eines Pinguins *haram* oder *halal* sei. Mutlaqs pragmatische Antwort: »Wenn du einen findest, iss ihn.«

Die meisten Fatwas sind weniger amüsant. Saudi-Arabiens Geistliche haben schon Pokémon und Schach für *haram* erklärt und die Erde für flach. Sie haben Stadionverbote für Frauen mit der erotisierenden Wirkung teilentblößter Sportlerbeine begründet, ohne auf die viel naheliegendere Idee zu kommen, das Problem mit einer konservativeren Kleiderordnung für Fußballer zu lösen.

Die Zeiten, in denen Kleriker aus Respekt vor ihrer Position und Weisheit keinen Widerspruch befürchten mussten, sind jedoch vorbei, spätestens seit September 2013. Damals behauptete der hoch angesehene Scheich Saleh al-Luhaidan, Autofahren sei für Frauen aus medizinischen Gründen bedenklich. Seine Begründung: In der sitzenden Position werde das Becken nach oben gedrückt, was die Eierstöcke schädige und zu Geburtsfehlern führen könne. Die Resonanz auf Twitter war verheerend, die Menschen lachten ihn aus, priesen voller Sarkasmus seine »exklusive wissenschaftliche Erkenntnis«. Ein Imam als öffentliche Lachnummer, das wäre wenige Jahre zuvor noch undenkbar gewesen.

Zwei Wörter auf der Anzeigetafel reißen mich aus meinen Gedanken. »Ha'il Boarding«, steht dort plötzlich, obwohl der Bus laut Plan erst in zwanzig Minuten fahren soll. Ich laufe also zu Gate zwei, wo kein Bus zu sehen ist. »Nach Ha'il? Der ist gerade abgefahren«, sagt ein Mann mit Gebetskappe und langem weißem Thaub. »Brauchst du ein Taxi? 120 Riyal.«

Ich lehne ab, er sagt: »110 Riyal. Das war der letzte Bus heute.«

Ich lehne wieder ab, er sagt: »Mein Freund! Wo kommst du her?«

»Deutschland.«

»Oh, Deutschland! Oliver Kahn! Philipp Lahm! Hundert Riyal.«

»Fährst du sofort ab? Oder muss ich warten, bis das Taxi voll ist?«

»Wir warten nur noch kurz auf andere. Zehn Minuten inshallah. Deutschland! Mercedes! Hitler! Neunzig Riyal. Letztes Angebot.«

Ich frage mich, ob das jetzt immer so weitergeht und er mich schließlich, bei »Franzbrötchen! Bodo Illgner!« angelangt, für null Riyal mitnimmt. Dann gehe ich doch noch einmal zum Schalter. Der Mitarbeiter sagt, der Bus sei noch gar nicht weg, sondern komme in einer Viertelstunde. Obwohl der Vermerk »Boarding« weiterhin auf der Anzeigetafel blinkt. Der verhandlungsfreudige Taxifahrer ist nirgends zu sehen.

Kurz darauf steige ich tatsächlich in den Bus, einen alten Mercedes mit fleckigen Sitzpolstern und abgenutzten Griffen aus Holzimitat. Unter den Passagieren scheinen keine Einheimischen zu sein, die Saudis nehmen lieber ihr eigenes Auto.

Ich buche per Handy ein Zimmer. Der Name des Hotels wird in der Bestätigungsmail als »rkz llwHdt lskny@ lmfrwsh@ – Hy lzbr@« angegeben, was mir unter Marketing-Gesichtspunkten unvorteilhaft vorkommt (»Erleben Sie ein entspannendes Genießer-Wochenende im rkz llwHdt lskny@ lmfrwsh@ – Hy lzbr@!«; »Entschuldigung, wo finde ich das rkz llwHdt lskny@ lmfrwsh@ – Hy lzbr@?«). Aber die Zimmer sind dreißig Quadratmeter groß, und die Adresse ist zu Fuß vom Busbahnhof erreichbar, wer braucht bei solchen Vorzügen einen blumigen Namen? Zumal ich doch in Dschidda im wohlklingenden Burj Al Balad einen solchen Reinfall erlebt habe.

Kleine Kamelkunde

Die Agal-Kordel wurde früher tagsüber als Kopftuchhalter verwendet und nachts dazu, die Kamelläufe festzubinden. Die Beduinen wussten, dass die Mehrfachverwendung von Gepäckstücken den echten Reiseprofi zeigt: Ihre Kamelsättel kamen im Camp als Armlehne zum Einsatz.

Auf Instagram habe ich fünfzehn neue Nachrichten, die meisten sind weitere Willkommensgrüße, gesendet von Menschen, die mich in Al-Qunaisis Snapchat-Filmchen gesehen haben. Aber eine Zuschrift ist anders. Der Absender heißt Abdollah, er schreibt, dass er in Ha'il wohne und mich gern treffen würde. Er könne mir die Umgebung zeigen, zum Beispiel die UNESCO-Welterbestätte von Jubbah. Dazu schickt er spektakuläre Drohnenfotos von Geländewagen in der Felswüste und seine Telefonnummer. Klingt gut, antworte ich, und schon sind wir für den nächsten Tag verabredet.

Vielleicht bin ich zu vertrauensselig, aber ich liebe diese Zufalls-Kausalketten des freien Reisens. Dadurch, dass ich Shahin in Buraida kontaktierte, konnte ich seine Familie kennenlernen, unter anderem den Vater, der zufällig gerade was aus dem Outdoor-Shop brauchte, als Al-Qunaisi dort war. Weil ich in seinem Camp war und nicht rechtzeitig wegkam, hat mein Gastgeber in Ha'il abgesagt, aber dank Al-Qunaisis Social-Media-Fame meldet sich nun Abdollah bei mir. Morgen fahren wir nach Jubbah, und wer weiß, was sich aus diesem Treffen ergibt.

Mein Ärger vom Morgen ist einer erwartungsvollen Spannung gewichen, wie sie bei mir nur das Unterwegssein erzeugen kann: eine Wachheit für die Welt, eine kribbelnde Vorfreude auf die nächsten Zufälle.

Ha'il
حائل

Einwohner: 605 930
Region: Ha'il

Großzügiger als Hatim

Zunächst erwartet mich jedoch ein eher trauriges Silvester. Für Araber ist heute der 4. Dschumada l-Ula, für mich der 31. Dezember. Der gregorianische Kalender wird zwar in Saudi-Arabien aus praktischen Gründen immer häufiger verwendet, doch die dazugehörigen Feiertage sind nicht relevant. Als das saudische Königshaus im Oktober 2016 verfügte, Beamtengehälter künftig im Januar, Februar und März statt im Muharram, Safar und Rabi al-Auwal auszuzahlen, befürchteten Konservative eine Abkehr von islamischen Werten. Dabei ging es in Wahrheit wohl eher um monetäre Werte, da die islamischen Monate im Schnitt etwa einen Tag kürzer sind, die Gehälter aber gleich blieben.

Ich finde es gut, beim Reisen herauszufinden, dass Europa nicht auf jeder Weltkarte im Zentrum liegt, dass der Sonntag kein globaler Feiertag ist und ein Jahr auch 355 Tage lang sein kann. Als ordnungsliebender Deutscher kriege ich trotzdem Kopfschmerzen bei der Vorstellung eines Kalenders, in dem die Monatsbezeichnungen keinen Rückschluss darauf geben, ob es Sommer oder Winter ist.

Silvester ist in den Golfstaaten ein Politikum. Die Vereinigten Arabischen Emirate und Bahrain erklärten soeben den 1. Januar zum Ruhetag. In Saudi-Arabien traut man sich das noch nicht, feiert aber heute erstmals in der Geschichte Riads öffentlich mit einem Feuerwerk. Eine zweite Festivität war außerhalb der Hauptstadt in der Wüste geplant, wurde aber vier Tage vorher abgesagt – offiziell, weil eine Genehmigung fehlte. Wahrscheinlicher ist, dass ein Aufschrei konservativer Islamgelehrter zu der Planänderung führte.

Die Idee, das »christliche Neue Jahr« zu begrüßen, ist ein sensibles Thema, einige Kleriker schimpften auf Twitter darüber, zitierten Fatwas, die es verbieten, an »Feiern der Ungläubigen« teilzunehmen. Erst recht, wenn es dort »Musik, eine Vermischung der Geschlechter und andere verwerfliche Phänomene« gebe, wie der einflussreiche Prediger Abd al-Aziz Al-Rayes schrieb.

Im beschaulichen Ha'il ist nichts dergleichen zu befürchten, hier ist Silvester ein Tag wie jeder andere. Eine Art Feuerwerk gibt es trotzdem, in Form einer Lichtinstallation auf dem Samra-Hügel, die jede Nacht leuchtet und an den berühmtesten Sohn der Stadt erinnert, den Dichter Hatim al-Tai. Der überzeugte nicht nur mit Worten, sondern auch mit Taten, er soll gutherzig und gastfreundlich gewesen sein wie kein Zweiter. Bis heute ist im Arabischen die Redewendung »großzügiger als Hatim« ein riesiges Kompliment. Und selbst 1400 Jahre nach seinem Tod gelten die Ha'iler noch immer als besonders angenehme Zeitgenossen.

Ob sie wirklich noch einen draufsetzen können? Ich erlebe fast täglich überwältigende Gastfreundschaft, und immer, wenn ich jemanden wenigstens zum Essen einladen will, werde ich zurück- und zurechtgewiesen. Ich habe verschiedene Taktiken dazu versucht, musste aber jedes Mal resignieren. Das gehört sich einfach nicht. Also beschließe ich, es anders zu machen: Für jedes Essen, das ich nicht selber bezahlen muss, werde ich später zwanzig Euro an die Welthungerhilfe für Jemen spenden. Allah ist bestimmt einverstanden mit dieser Lösung.

Heute bin ich jedoch Selbstversorger. In einem bordellinspiriert neonbeleuchteten Späti neben dem Hotel kaufe ich mir zwei Flaschen Bier der saudi-arabischen Marke Klasse. In Wahrheit ist das weder Bier noch klasse, sondern ein alkoholfreies Malzgetränk, das in den Geschmacksrichtungen Apfel, Erdbeere, Granatapfel und »classic« angeboten wird. Ich entscheide mich für

Klasse classic, was nach Kaugummi und Karies schmeckt. Sollte die Idee dahinter sein, Anti-Bier-Propaganda zu machen, erfüllt es seinen Zweck.

»Dinner for One« fällt aus, stattdessen: ein paar Nachrichten an Freunde, ein paar Feuerwerksvideos auf dem Handy, ein kurzer Blick auf die Nachrichtenlage. Aus Wuhan in China werden 27 Fälle einer mysteriösen Lungenkrankheit gemeldet, die möglicherweise durch ein SARS-ähnliches Virus ausgelöst wurden.

Dann ist 2020. Wird bestimmt ein klasse Jahr.

Am Morgen holt mich mein Instagram-Freund Abdollah mit einem riesigen weißen Land Cruiser vor dem Hoteleingang ab. »Sorry, liiittle English«, sagt er gleich, zur Bekräftigung duckt er sich zusammen und deutet mit Daumen und Zeigefinger einen geringen Abstand an. Er trägt den üblichen rot-weißen Saudi-Kopfputz und einen dunkelblauen Thaub. Vergleichsweise leger gekleidet ist sein Freund auf dem Beifahrersitz, der sich als Turki vorstellt. Seine schwarzen Haare sind unbedeckt, er trägt Stoffhose und Ballonseidenjacke und spricht deutlich besser Englisch. Beide schätze ich auf etwa fünfzig, beide arbeiten als Arabischlehrer an einer Schule in Ha'il. Wir fahren nach Norden aus der Stadt, bald sind auf beiden Seiten der Straße die rötlichen Sanddünen der Großen Nefud zu sehen.

Nach einer Stunde halten wir in Jubbah an einem dunklen Sandsteinfelsen mit liebevoll eingemeißelten Darstellungen von Kamelen mit langen Hälsen. Turki bringt mir bei, das Alter der Kunstwerke zu schätzen. »Wenn Kühe zu sehen sind, ist das bis zu 10 000 Jahre alt. Damals gab es hier noch einen See und viel

Gras. Später, etwa ab 3000 vor Christus, war das Wasser weg, Kühe konnten hier nicht mehr leben. Kameldarstellungen sind immer jünger«, sagt er. »Und die thamudischen Schriftzeichen, die wir hier sehen, sind maximal 2300 Jahre alt. Es gibt auch arabische Inschriften, aber erst tausend Jahre später.« Weshalb er sich so gut auskennt? »Ist mein privates Forschungsgebiet«, sagt er und lächelt. »Ich war schon hundertmal hier, aber ich liebe es. Weil es meine eigene Vergangenheit ist, meine Identität.«

Wir sehen Araberpferde, Gazellen, Leoparden, Strauße und Oryxantilopen mit imposanten Geweihen. Ein Jäger bändigt einen Löwen, ein anderer schießt mit Pfeil und Bogen auf einen Steinbock, während ein Jagdhund sich an den Beinen des Tieres zu schaffen macht. Als Betrachter bekommt man ein präzises Bild davon, wie in dieser noch komplett nomadischen Kultur gejagt wurde.

Wir sehen unverschleierte Frauen und eine Gruppe Tänzer, die genauso in einer Reihe stehen wie ihre heutigen Nachfahren beim *Ardah*-Tanz. Einige der Menschenfiguren haben keine richtigen Köpfe, ihre Hälse gehen in eine Art Hammer über, möglicherweise stellen sie Gottheiten dar. Wer an Besuche Außerirdischer in der Antike glaubt, bekommt hier interessantes Anschauungsmaterial. Bäume oder Pflanzen dagegen scheinen für die Neolithikum-Künstler nicht interessant genug gewesen zu sein, um in Stein gemeißelt zu werden.

Ende des 19. Jahrhunderts war der Stuttgarter Bibliothekar und Forschungsreisende Julius Euting einer der ersten Ausländer, der diese Kunstwerke zu sehen bekam. Ein Bild beschreibt er in seinem Tagebuch genauer: »Sehr seltsam ist die Darstellung eines zweirädrigen Wagens mit vorgespannten Pferden. Der Künstler (…) hat sich die Schwierigkeiten der Perspektive durch eine kühne Wendung nach zwei Seiten erleichtert.« Welches Motiv er damit meint, ist leicht zu erkennen. Wie bei einem Ausschneidebogen liegen die Pferde auf der Seite, Kopf an Kopf, und zwischen ihnen befindet sich der Wagen.

Turki kann die thamudische Schrift lesen, dank seiner Übersetzung wird ein einzelner Felsbrocken zur antiken Seifenoper. »Hier steht ein Aufruf an Gott, einen Feind namens Aufh zu tö-

ten«, sagt er. Und zwei Meter weiter liest er: »Ich bin Sabah, Sohn von Aufh, und ich bin verliebt«, was rührenderweise noch zweimal wortgleich wiederholt wird. Mir gefällt die Klarheit der Aussage, auch wenn man kritisch anmerken könnte, dass der Autor zu stark auf der rein deskriptiven Ebene verharrt. Außerdem hätte ein Erwähnen des Namens der verehrten Person den Verdacht ausräumen können, ein eher ichbezogener Geselle zu sein, wo doch schon in der dreimaligen Satzwiederholung ein Hang zum Pedantischen durchschimmert. Aber wer bin ich, einem längst verstorbenen Nomadenromeo Flirtratschläge zu geben? Zumal er derjenige von uns beiden ist, der auch nach zwei Jahrtausenden noch gelesen wird. Also: Punkt für Sabah.

Die anderen Inschriften sind weniger emotionsgeladen, meist handelt es sich um kurze Gebete oder Namen von Menschen wie Wada oder Hajaj, die aus dem Staunen gar nicht mehr herauskämen, wenn sie aus irgendeiner Himmelswolke heraus beobachten würden, wie nun Touristen über grüne Stahltreppen zu ihren Botschaften im Fels kraxeln und Hinweisschilder lesen, auf denen das Wort »Weltkulturerbe« steht.

Auf der Rückfahrt laden mich Abdollah und Turki, großzügiger als Hatim, erst zum Kamelkabsa-Essen ein und dann zu einer Tour in die Wüste. Fünf Tage wollen sie demnächst unterwegs sein, mit Geländewagen, Zelten und ein paar Freunden. »Wir würden dir sehr empfehlen mitzukommen«, sagt Turki.

Kleine Kamelkunde

In der englischen Sprache wird der Begriff »camel's nose« ähnlich verwendet wie bei uns das Sprichwort »Gibt man ihm einen Finger, nimmt er die ganze Hand«. Die Metapher bezieht sich auf eine Fabel, in der sich eine Kamelnase in ein Beduinenzelt schiebt, worauf nach und nach Hals, Vorderbeine, Rumpf und schließlich der ganze Körper folgen, bis kein Platz mehr für den menschlichen Bewohner ist.

Tabuk
تبوك

Einwohner: 551124
Region: Tabuk

Zwei Frauen, sechzehn Geschwister

Mein nächster Gastgeber heißt Nasser und wohnt in Tabuk, 750 Straßenkilometer von Ha'il entfernt. Während wir unser Treffen planten, hatte er vorgeschlagen, das Wochenende in seinem Zweithaus in einem Dorf achtzig Kilometer westlich der Stadt zu verbringen. Dazu schickte der 49-Jährige ein Selfie. Das Bild leitete ich an zwei Freundinnen in Deutschland weiter, deren Einschätzungen ich vertraue. Unabhängig voneinander antworteten sie mit fast wortgleichen Mitteilungen: Fahr da nicht hin.

Was stört sie an Nasser? Auf dem Foto sitzt er in einem Büro, etwas unvorteilhaft angeleuchtet vom Bildschirm seines Computers. Er trägt eine Militäruniform, hat unfrisierte kurze Haare und blickt sehr ernst, wie jemand, der versucht, besonders verwegen auszusehen, aber in Wahrheit hauptsächlich mürrisch rüberkommt. Er hat ungewöhnlich volle Lippen und eine Brille mit rechteckigen Gläsern, die ein wenig schief auf der Nase sitzt. In Saudi-Arabien lächelt man halt nicht so viel auf Fotos, schreibe ich meinen Ratgeberinnen zurück. Fahr da nicht hin, antworten beide.

Zu spät, bin schon unterwegs. Ich tippe meine Nachrichten von einem Fensterplatz in einem SAPTCO-Bus, der gerade vom Highway 70 auf den Highway 15 in Richtung Tabuk abbiegt. Draußen sehe ich auffallend viele Autowracks, etwa alle zehn Kilometer ziert ein schlimm zugerichtetes Unfallwagenskelett den sandigen Straßenrand.

Aus Nassers Onlineprofil weiß ich, dass er die Natur liebt, ein kleines archäologisches Museum im Garten hat und seine ersten fünfzehn Lebensjahre als Nomade in der Wüste verbracht hat. Speziell Letzteres finde ich interessant genug, um mich nicht durch ein verunglücktes Selfie von einem Besuch abbringen zu lassen. Ein Link führt zu seinem Twitter-Account, in dem er Gedanken zur militärischen Stärke Saudi-Arabiens und religiöse Sinnsprüche postet, zum Beispiel diesen: »Der kürzeste Weg zwischen einem Problem und seiner Lösung entspricht exakt der Entfernung deiner Knie vom Boden. Wer vor Gott kniet, kann allem widerstehen.«

Der Bus hält am Zielort, ich hole meinen Rucksack aus dem Gepäckfach. Das Erste, was ich von meinem Gastgeber sehe, ist sein Smartphone. »Hallo, Stephan, du bist mein erster Gast. Willkommen in Tabuk!«, sagt er, während er mich filmt. Zum wiederholten Mal frage ich mich, wer hier eigentlich über wen berichtet, in keinem anderen Reiseland fühlte ich mich so gut dokumentiert wie hier.

Ist meine Social-Media-Verwertbarkeit zu einer Art Währung geworden, mit der ich meine Gastgeber entlohne? Das neue Phänomen »Individualtourist« ist jedenfalls immer einen Snap wert. Eine gute Lektion, eine Erinnerung daran, dass ich nur zwischen meinen eigenen Scheuklappen derjenige bin, der »normal« aussieht und »normale« Dinge tut. Exotisch sind immer die anderen.

Nasser sieht genauso aus wie auf dem Selfie und doch ganz anders. Erstaunlich, was dieses rot-weiße Männerkopftuch auslöst, wie anders eine Person damit wirkt. Da arabische Herrenhaarschnitte im Allgemeinen eher auf akkurat und pflegeleicht getrimmt sind, anstatt kreativ oder unkonventionell daherzukommen, bewirkt eine Ghutra fast immer eine Verbesserung der Gesamtoptik. Kreative Haarschnitte sind nicht erwünscht, bis heute verwehren manche Shoppingmalls modischen Exzentrikern den Einlass.

Wir steigen in Nassers Pick-up und fahren nach Westen, es wird schon dunkel. »In einer Stunde sind wir in meinem Dorf, inshallah«, kündigt er an. In seinem Mundwinkel hat er ein Stück Holz, etwas dünner als ein Bleistift. Ein Miswak, der Mineralstoffe, Fluorid und Proteine enthält. Schon zu Mohammeds Zeiten wurden die Dinger als Zahnbürste verwendet.

Ich erfahre, dass Nasser zum Atawi-Stamm gehört, dessen Mitglieder auch in Jordanien und Ägypten zu finden sind. Seine ganze Familie lebte bis vor dreißig Jahren als Nomaden in der Wüste, mit Schafen und Kamelen. Heute arbeitet Nasser beim Militär, in der Luftwaffenbasis von Tabuk. Zehn Monate pro Jahr ist er dort, zwei Monate an der Grenze zum Jemen. »Ein schwieriger Konflikt«, sagt er. »Heute sind die Leute aufseiten der Saudis, morgen unterstützen sie die Huthi-Rebellen.« Auf die Frage nach seiner genauen Tätigkeit weicht er aus: »Ein Bürojob.« Dann murmelt er etwas auf Arabisch. Ich frage mich kurz, ob er Selbstgespräche führt, aber nein, er ist einfach spontan zum Gebet übergegangen.

Nach etwa zwei Minuten schaltet er zurück ins Englische und äußert weniger heilige Gedanken: »Mich hat eine Deutsche bei Couchsurfing angeschrieben. Ich könnte mir gut vorstellen, als Nächstes eine deutsche Frau zu heiraten«, verkündet er, genüsslich auf seinem Holzstöckchen kauend.

»Wie viele Frauen hast du denn schon?«

»Zwei. Vorgestern hat meine zweite Frau eine Tochter geboren.«

»Gratuliere! Und wo ist die Tochter jetzt?«

»Bei der Familie meiner Frau in Tabuk.«

Er hält den Miswak nun wie eine gute Zigarre. Für ihn scheint es ganz selbstverständlich zu sein, trotzdem ins Dorf zu fahren.

Vielleicht ist Nachwuchs auch einfach zur Routine geworden: Er hat acht Kinder von der Erstfrau und nun zwei von der Zweitfrau.

Unser Zielort heißt Shigry und besteht hauptsächlich aus einer Tankstelle und ein paar Läden drum herum: einer Wäscherei, einem Supermarkt und einem »Barbar Shop«, auf dem Werbeschild des Friseurs hat sich ein Schreibfehler eingeschlichen. Sollte es doch ein Hinweis auf seine handwerklichen Fähigkeiten sein, ist es auch nicht so tragisch: Dann trägt man halt ein Tuch drüber. In einer düsteren ungeteerten Seitenstraße hält Nasser an. »Wir sind da«, verkündet er.

Durch eine Metalltür gelangen wir in einen Garten mit Zitronenbäumen, Dattelpalmen, Säulengängen und Porphyr-Bodenplatten. Nassers Arme hängen beim Gehen auf die leblose Art nach unten, die man von Teenagermädchen kennt, die gegen ihren Willen auf eine Bergtour mitgenommen wurden. Wir sind nun in seinem »Museum«, einer kleinen Sammlung von Sandsteinbrocken mit verwitterten thamudischen Schriftzeichen. Während ich einen Rundgang mache, fotografiert er mich mehrfach.

»Hier vor die Tür kommt noch ein Bildnis von MBS«, verkündet er. »Kannst du ein Bild mit deiner guten Kamera von mir machen? Ich möchte mehr Frauen kennenlernen über Couchsurfing.«

Er nimmt seine Ghutra ab, um sie neu über dem Kopf zu falten. Und bringt mich in ein moralisches Dilemma: Einerseits bin ich dankbar für seine Gastfreundlichkeit und würde mich gerne erkenntlich zeigen, andererseits geht unsere Freundschaft noch nicht so weit, dass ich seine germanophilen Schwerenöter-Ambitionen unterstützen will. Ich beschließe, zwar nicht ganz furchtbare, aber auch nicht überragend gute Fotos zu machen. Er assistiert bereitwillig, indem er eine zu große Sonnenbrille aufsetzt, ernst guckt und die Arme verschränkt.

»Vielleicht sollte ich nach Deutschland reisen, um ein schönes Mädchen zu finden«, sinniert der Mann, dessen zehntes Kind vor zwei Tagen auf die Welt kam.

»Sind zwei Ehefrauen nicht genug?«, frage ich.

»Nein. Das ist wie mit dem Essen. Wenn es jeden Abend das Gleiche gibt, wird es langweilig.«

Ich beschließe, das soeben entstandene Foto später unauffällig zu löschen.

Vier Frauen dürfen Saudi-Araber haben, wenn sie sich das leisten können – laut Koran müssen alle gleich behandelt werden, sowohl materiell als auch emotional. Wenn eine ein neues Handy geschenkt bekommt, muss die andere auch eins kriegen, so geht Gleichberechtigung auf Saudi-Arabisch. Bei der jungen Generation ist die Vielehe nicht mehr besonders angesagt, in Nassers Altersgruppe dagegen durchaus üblich.

Wir gehen nach nebenan in den Madschlis, den Gästeraum, in dem schon diverse Cousins, Neffen und Onkel an einem Feuer sitzen. Ich spüre sofort einen Unterschied im Vergleich zu den Leuten, die ich vorher getroffen habe. In diesen Gesichtern sehe ich Rauheit, Stolz, aber auch etwas Zerbrechliches, Melancholisches, eine Mischung, die mir bekannt vorkommt: von historischen Fotos, die der britische Forschungsreisende Wilfred Thesiger in den Vierzigerjahren mitbrachte von seinen Abenteuern mit Beduinen in der Wüste. Meine Gedanken mögen zu weit gehen, aber vielleicht fehlt diesen Gesichtern die Weichheit, die sich einstellt, wenn man mehrere Jahrzehnte ohne Existenzängste, ohne übermäßige Anstrengung verbringt, in klimatisierten Innenräumen und dem Gefühl wohliger Vollkasko-Sicherheit, dass der König sich schon um alles kümmern wird.

Ich stelle mich reihum vor, schüttle Hände, immer mindestens doppelt so lang wie in Europa üblich, eine Kleinigkeit, die Begrüßungen inniger, weniger beiläufig wirken lässt. Bei größerer Vertrautheit sind auch beidseitig angedeutete Wangenküsse mit gut hörbarem Schnalzlaut üblich.

Zwei Teenager verteilen Kaffee, Tee und Datteln, fröhlich blubbern Wasserpfeifen. Danach versammeln wir uns um einen Riesenteller Lamm-Kabsa, serviert in einem Bett aus fettglänzendem Fladenbrot. An der Wand hängt als Jagdtrophäe der ausgestopfte Kopf einer Antilope mit gebogenem Geweih, geschossen hat sie ein Cousin »mit einem deutschen Gewehr«, wie Nasser strahlend erzählt. Ich bin gegen Waffenlieferungen nach Saudi-Arabien.

Sein Vater kommt herein, ein bärtiger Mann namens Kalil mit langem Bart und Gehstock. Alle stehen auf, um ihn mit Küssen auf die Stirn zu begrüßen, er setzt sich neben mich. Er ist 81 Jahre alt, sieht aber mindestens zehn Jahre jünger aus. »Das kommt vom Leben draußen, ohne Aircondition, Fast Food oder Pepsi. Außerdem trinkt er jeden Tag Kamelmilch«, erklärt Nasser.

Dann lerne ich, was Beduinenschach und was eine Beduinengeige ist. Letztere heißt offiziell Rababa, ein Streichinstrument mit rechteckigem Korpus, der mit Ziegenleder bespannt ist, und einer einzelnen Metallsaite. Gespielt wird es mit einem Rosshaarbogen.

Onkel Ali gibt ein Liebeslied zum Besten, es handelt von einer wunderschönen und besonders groß gewachsenen Beduinenfrau. Fremd klingen die Tonintervalle, Dutzende Male wiederholt er die gleiche Phrase auf dem Instrument mit nur minimalen Variationen, gelegentlich singt er eine Textzeile darüber. Eine virtuose Darbietung, ich verstehe nicht, warum die Umsitzenden sich weiter unterhalten oder mit ihren Handys beschäftigt sind, aber vermutlich haben sie den Song schon ein paarmal gehört.

Onkel Ali reicht mir das Instrument. Ich habe als Kind Geige gespielt und versuche, »Freude, schöner Götterfunken« zu intonieren, was beim dritten Versuch einigermaßen klappt. Der erhoffte bahnbrechende Erfolg beim Publikum bleibt jedoch aus, es liegt vermutlich nicht an Beethoven.

Die lokale Schachvariante nennt sich Sija, das Spielbrett besteht aus sieben mal sieben Mulden in einer Holzplatte. Einer spielt mit Kieseln, der andere mit hellblauen Flaschendeckeln. Abwechselnd legen die beiden Kontrahenten ihre Spielsteine ab,

hoch konzentriert, unter den kritischen Blicken mehrerer Zuschauer. Wer Steine des Gegners einkreist, darf diese entfernen, wer als Erster keine mehr hat, verliert.

Kleine Kamelkunde

In »Der parfümierte Garten«, einem nicht jugendfreien arabischen Ehehandbuch aus dem frühen 15. Jahrhundert, handelt eine Episode von Abu el-Heidja, der in einer Nacht achtzig Frauen entjungfert haben soll. Zur Stärkung habe er vorher Kamelmilch mit Honig getrunken, ist dort zu lesen.

Es ist ein fröhlicher Abend, und ich genieße es, jahrhundertealte Traditionen als alltägliche Selbstverständlichkeit zu erleben, gerade in einem Land, das weltpolitisch so forsch auftritt und mit seiner »Vision 2030« massiv auf Modernisierung setzt. Als ich gerade ganz philosophische Gedanken darüber entwickle, wie bereichernd und wertvoll so eine Koexistenz von Altem und Neuem doch sein kann, kommt das Gespräch auf Neom, und die Stimmung im Raum kippt. Wäre dies ein Comic, würde über mir eine rosafarbene Gedankenblase zerplatzen.

Neom ist ein Kunstwort, zusammengesetzt aus dem altgriechischen *neo* (neu) und einem m, das für *mustaqbal* steht, das arabische Wort für Zukunft. Neom heißt das Vorzeigestädtebauprojekt der aktuellen Regierung, die spektakulärste Idee von allen. Es geht nicht um ein bisschen Prunk, ein paar Swimmingpools und Marmorsäulen, nein, es geht um die Stadt der Zukunft, Nachhaltigkeit und Digitalisierung, gar um »bessere Menschen und eine bessere Gesellschaft«, wie es ein Werbevideo formuliert.

Eine Art arabisches Silicon Valley soll das werden, mit 5G und KI, ein Mekka für Utopisten und Start-up-Gründer, 900 Kilometer nordöstlich vom realen Mekka. Roboter machen die Hausarbeit, während die »Dreamers and Doers« (die heißen tatsächlich so auf der Neom-Website) per Flugtaxi ins Büro fliegen. Am Wochenende besuchen sie einen Vergnügungspark mit mechanisch bewegten Sauriern, abends staunen sie über Sand, der im Dunkeln leuchtet, und einen künstlichen Mond (Opernhäuser oder

Theater sind nicht geplant). Sie atmen schadstoffarme Luft, weil ihre Zukunftsstadt ausschließlich mit erneuerbaren Energien betrieben wird, und duschen mit mehrstufig entspannungsverdampftem Meerwasser aus modernsten Entsalzungsanlagen.

Um all das zu realisieren, verpflichtete der saudische Kronprinz als Verwaltungsratschef des Projekts ausgerechnet einen, den man in Deutschland nicht gerade als »besseren Menschen« in Erinnerung hat: Klaus Kleinfeld, ehemaliger Siemens-Boss, der dort in einen der schlimmsten Korruptionsskandale der Nachkriegszeit verwickelt war. Aber wer weiß, vielleicht können die damals gemachten Erfahrungen auch für Neom nützlich sein.

450 Milliarden Euro sollen investiert werden, das entspricht 519 Elbphilharmonien oder 77 Berliner Flughäfen. Die vorgesehene Gesamtfläche ist größer als Mecklenburg-Vorpommern, eine felsige Wüstenlandschaft, die an der Küste des Roten Meeres mit Blick nach Ägypten endet. Größtenteils ist sie unbewohnt, aber zum Ärger der Mond- und Saurier-Visionäre sind doch ein paar Ortschaften im Weg, mit insgesamt etwa 20 000 Einwohnern.

Ein paar von ihnen sitzen gerade mit mir im Wohnzimmer. »Wir haben Angst, wir wollen dieses Dorf nicht verlieren«, sagt Nasser. »Große Städte sind immer so laut.«

Ich spüre, dass er seine Worte abwägt und mir nur Bruchstücke des Gesprächs übersetzt, vermutlich, weil die Männer Dinge kritisieren, die man nicht öffentlich kritisieren sollte. »Hier fahren schon Polizisten herum, die überprüfen, ob jemand renoviert oder ein Haus baut. Sie fordern die Leute auf, sofort mit dem Bauen aufzuhören.«

Ein paar Monate später wird ein Mann bei einem dieser Hausbesuche von Polizisten erschossen werden: Abdulrahim al-Huwaiti, einer, der sich traute, seine Stimme zu erheben, einer, der bei YouTube und Twitter Videos veröffentlichte, in denen er über die Abrisspläne schimpfte, von »Zwangsumsiedlung« und »Staatsterror« sprach.

Er sei in einem Gefecht umgekommen, heißt es nach seinem Tod von offizieller Stelle, bei ihm seien gar Waffen gefunden worden. Kommentatoren auf Twitter, hauptsächlich solche, die außerhalb Saudi-Arabiens in relativer Sicherheit leben, zweifeln diese

Darstellung an und nennen ihn »Märtyrer von Neom«. Die Menschenrechtsorganisation ALQST berichtet gar von Bestechungsgeldern für Zeugen der Razzia, fünfstellige Riyal-Beträge, um die mutmaßliche Exekution zu vertuschen. Die Stadt der Zukunft hat ein Problem mit der Gegenwart. Auch im Dorf von Nasser und seiner Familie.

»Wenn ihr umziehen müsst, wird es dann eine Kompensation geben?«, frage ich ihn.

»Vermutlich schon. Aber sie nehmen uns die Heimat unseres Clans, die Wüsten, in denen wir groß geworden sind. Das ist nicht mit Geld zu bezahlen.«

Einen Teil dieser Wüsten zeigt Nasser mir am nächsten Tag. Wir fahren zum 300 Meter tiefen Al-Shaq-Canyon und zu Sandsteinformationen, die geformt sind wie Korallenriffe. Nasser fotografiert mich ständig mit seinem Handy, um die Bilder direkt bei Instagram und Snapchat zu posten.

»Heute ist ein guter Tag«, verkündet er. »Die Amis haben Qasem Soleimani erschossen. Mit einer Drohne. Ein wirklich guter Tag.« Er bleibt beim Sprechen so ernst, dass man seine Begeisterung nur erahnen kann. Der iranische General Soleimani, Kommandeur der berüchtigten Quds-Brigaden, war der mächtigste Soldat seines Landes. In fast allen Konflikten der Region mischte er mit, galt als begabter Stratege und gnadenloser Befehlshaber. »Viele glauben, dass er für den Anschlag auf Aramco verantwortlich war«, sagt Nasser. Er meint den Raketenangriff auf die Ölanlagen von Abqaiq und Khurais im September 2019, der schwere Schäden anrichtete. Nasser zeigt mir ein Meme auf seinem Handy, das aus einer Montage zweier Fotos besteht: Oben ist der iranische Präsident Hassan Rohani mit Feldstecher in der Hand zu sehen, unten Donald Trump als Fernglasmotiv, mit erhobenem Mittelfinger. Aber muss nun nicht Saudi-Arabien als wichtiger US-Partner einen Vergeltungsschlag fürchten?

»Schon möglich«, sagt Nasser gleichgültig.

Der Konflikt zwischen dem schiitisch geprägten Iran und dem überwiegend sunnitischen Saudi-Arabien ist viele Jahrhunderte alt. Er begann als Religionsstreit um die legitime Nachfolge Mohammeds, verbunden mit der beidseitigen Überzeugung, der jeweils anderen Kultur weit überlegen zu sein. Dann kam im 20. Jahrhundert auch noch der Wettbewerb auf dem globalen Ölmarkt dazu, außerdem Konflikte und Stellvertreterkriege auf diversen Schlachtfeldern. Iraner beschimpfen die Saudis schon mal als »Echsenfresser« oder sagen »Der ist ein totaler Araber«, wenn jemand schwer von Begriff ist. Manche Saudis nennen Perser »Ajam«, eine Bezeichnung für Menschen, die nicht in der Lage sind, deutlich zu sprechen, oder »Feueranbeter« – wegen der zoroastrischen Religion und um anzudeuten, sie seien keine anständigen Muslime.

Ich habe auf meinen Reisen die Stimmung in beiden Ländern als sehr unterschiedlich wahrgenommen. Im Iran erlebte ich zwei Welten. Sobald dort die Wohnungstür geschlossen ist, passiert alles, was offiziell verboten ist: Alkohol, Schimpftiraden gegen das Regime, Bekenntnisse zum Atheismus, das volle Programm. In Saudi-Arabien dagegen: große Angst, die eigene Regierung zu kritisieren, mehr Anpassung, mehr Religiosität.

»Lass den Perser hungrig sein und den Araber fett«, lautet eine Empfehlung für ambitionierte Gewaltherrscher, die während der Kolonialzeit im britischen Außenministerium kursierte. Der Gedanke dahinter: Ein hungriger Iraner kümmert sich zuerst ums Überleben, bevor er auf umstürzlerische Ideen kommt. Und ein wohlgenährter Araber wird träge und genügsam und lässt die Politik gewähren.

Ich weiß nicht, ob an dem Ausspruch etwas dran ist, aber die Strategie der jeweiligen Machthaber ist zumindest kein Gegenbeweis.

Abends sitzen wir wieder mit den Verwandten zusammen. In wenigen Ländern führt die Small-Talk-Standardfrage »Hast du Geschwister?« zu interessanteren Antworten als hier: Nasser hat zehn Brüder und sechs Schwestern. Aber natürlich darf keine der Frauen mit uns im Raum sein, »das ist Tradition so«.

Heute liefern sich die Männer eine hitzige Diskussion über Kamele. Ein Bruder von Nasser will seine Tiere für 2000 Riyal (475 Euro) pro Stück verkaufen, die anderen versuchen, ihn davon abzubringen, weil das gerade mal die Hälfte des Normalpreises

ist. Sie empfehlen, lieber nach einem Deckkamel zu suchen, das schon ein paar Rennen gewonnen hat – so entstehe starker Nachwuchs. Der Bruder erwidert, er würde aber gerne schneller an Bares kommen, und immerhin gebe es dieses 2000-Riyal-Angebot. Doch niemand stimmt ihm zu. »Das ist wie jedes Mal, wenn die diskutieren: Am Ende gibt es kein Ergebnis«, sagt Nasser.

Weil er am nächsten Morgen arbeiten muss, fahren wir für die Nacht zurück in die Stadt. Dort hat er ein großes Haus, in dem beide Frauen und die zehn Kinder in streng getrennten Bereichen leben. Wie ein Palast wirkt das, was über der drei Meter hohen Mauer sichtbar ist: Ziersäulen, zwei Erker aus Marmorimitat und ein Balkon in der Mitte, der aussieht wie die Schublade eines Schmuckkästchens.

Vier eigentlich unnötige Stufen führen zum Eingang, als Symbol dafür, dass Türschwellen einen Übergang darstellen zwischen verschiedenen Welten, zwischen Gefahr und Sicherheit, zwischen der Männer- und der Frauendomäne.

Türen sind in Saudi-Arabien meist dunkler als die sie umgebenden Mauern. Sie sollen auffallen und sind häufig das prachtvollste Detail einer Fassade, auch hier: Durch ein ächzendes Metalltor mit Pflanzenornamenten aus Messing gelangen wir vom Wüstensand der Straße, vom unordentlichen Draußen in ein blitzsauberes Inneres, einen Hof mit rosafarbenen Fliesen, deren Blumenmotive an ein Kaleidoskop erinnern. Wir gehen nicht zum säulenverzierten Haupteingang, sondern rechts vorbei, durch einen schmucklosen schmalen Gang zwischen Mauer und Gebäude, bis ganz hinten eine Tür zu einem Treppenhaus führt. Endlich bin ich mal in einer dieser Villen, die man tausendfach in jeder Stadt sieht, die aber für Nicht-Familienmitglieder gewöhnlich tabu sind.

Im zweiten Stock befindet sich die Wohnung der Zweitfrau. Da sie ja gerade mit dem Neugeborenen weg ist, darf ich eintreten. Es gibt zwei Türen, rechts die Männertür, links die Familientür. Ihren Sinn verstehe ich nicht, weil bis hier gewöhnlich sowieso nur Familienmitglieder kommen. Die Männertür führt in eine schmucklose Diele, hinter der Frauentür warten ein feiner Teppich und ein silbern gerahmter Spiegel.

Nasser führt mich herum, er zeigt mir ein Wohnzimmer mit kleinen Hirschskulpturen auf Wandbrettern, eine Küche mit Armaturen, auf denen noch Schutzfolien mit Herstellerlogo kleben, und die »Suite«, ein sehr rosalastig gestaltetes Schlafzimmer. Im Zentrum des Hauses sind ein Treppenhaus und mehrere Zimmer noch im Rohbau. »Alle drei Monate mache ich was daran«, sagt Nasser. Hauptsache, die schicke Fassade ist schon fertig.

Obwohl er so viele Räume besitzt, schläft er im gleichen wie ich, einem schmucklosen Zimmer mit weichem Teppich, einem Bett für ihn und einer Matratze für mich. Die Wand hat ein Scheinfenster mit grünen Vorhängen, aber ohne Blick nach draußen – der Fensterrahmen wurde einfach auf die Tapete geklebt.

Für meine Weiterreise empfiehlt mir Nasser, seinen Cousin Salem zu kontaktieren, der sei Touristenführer und ständig unterwegs. Ich schreibe ihm eine Nachricht, und tatsächlich bietet er an, mich schon am nächsten Tag zum Sonderpreis mitzunehmen. Mit einem Touristen aus Bahrain plant er einen Roadtrip in die Neom-Region und dann am Roten Meer entlang nach al-Ula. Die Route sagt mir zu, also sage ich zu.

Ein guter Zeitpunkt für eine Reise

Am nächsten Morgen fährt mich Nasser zu einem Museum im Stadtzentrum, das um einen früheren Bahnhof errichtet wurde. »Ich muss zur Arbeit. Warte hier auf Salem, er ist sicher bald da«, sagt er und verabschiedet sich.

Ich setze mich auf eine Mauer neben restaurierten Stationsgebäuden der Hedschasbahn, die wie Kulissen für einen Western wirken. Von Damaskus bis Medina reichte die Schmalspur-Trasse Anfang des 20. Jahrhunderts, erbaut von den Osmanen unter der Leitung des deutschen Ingenieurs Heinrich Meißner Pascha. Doch der Zug kam nicht zuverlässig ans Ziel, weil er regelmäßig überfallen wurde. Weitere Probleme waren die Versorgung der Loks mit Kohle (welche Ironie in einem Land mit späterem Ölreichtum) und die Eroberungsbeflissenheit von Abd al-Aziz al-Saud, der den Osmanen mehr und mehr Gebiete abluchste. Es sollte nicht sein, 1924 fuhr das letzte Mal ein Zug auf der Gesamtstrecke. Heute sind nur noch kleine Abschnitte in Syrien und Jordanien in Betrieb.

Ein hellgrauer Land Cruiser hält neben mir, der Fahrer steigt aus und stellt sich als Salem vor. »Schmeiß dein Zeug einfach auf die Rückbank und setz dich«, sagt er. Fröhlich faucht der Motor auf, und los geht's in Richtung Meer.

Salem ist 31, er hat buschige Augenbrauen und einen Bart, der zusammen mit dem auf ähnliche Länge gestutzten Kopfhaar ein fast perfektes Oval bildet, das sein Gesicht einrahmt. Sein zweiter Kunde, Talal aus Bahrain, hat zwar graue Schläfen und gepflegt nass rasierte Wangen, könnte aber vom Outfit her der ältere Bruder sein: Beide tragen zu Jeans und Kapuzenpulli das jeweils größte erhältliche Handy von Huawei oder Apple.

Talal arbeitet für die Regierung seines Landes, jedes Jahr gönnt er sich eine Woche Urlaub im Ausland, diesmal ist Saudi-Arabien dran. »Bislang kenne ich nur Mekka und die Straße dorthin. Jetzt ist ein guter Zeitpunkt für eine Reise, weil al-Ula endlich für Touristen geöffnet wurde.«

Die Landstraße fräst sich durch felsige Wüstentristesse, doch bald deuten mannsgroße Muschel- und Wellenskulpturen am Wegesrand darauf hin, dass wir uns dem Wasser nähern. Im verschlafenen 25 000-Einwohner-Örtchen Haql halten wir an der einzigen Attraktion, einem Aussichtspunkt mit Blick über den türkis schimmernden Golf von Aqaba.

Drei Nachbarländer sind von hier aus zu sehen, die ägyptische Sinaihalbinsel, die Stadt Eilat in Israel und die Felsküste Jordaniens. Alle drei locken seit Jahrzehnten Tauch- und Strandurlauber an, das nahe gelegene Scharm el-Scheich in Ägypten wurde in seinen besten Zeiten überrannt von Pauschaltouristen.

Haql liegt am selben Roten Meer und bietet dasselbe Klima, hat aber nur zwei traurig vor sich hin bröckelnde Hotels. Wer bei TripAdvisor nach Restaurants sucht, bekommt viele Vorschläge, die sich jedoch alle in den Ländern drum herum befinden. Wer sollte schon kommen, wenn es bislang keine Touristenvisa gab und Riad oder Dschidda weiter entfernt liegen als Jerusalem (300 Kilometer), Kairo (400 Kilometer) und Damaskus (500 Kilometer)?

»Wenn bald der Flughafen von Neom für internationale Verbindungen geöffnet wird, ändert sich das«, ist Salem überzeugt. Gerade erst hat er sein Touristenführer-Zertifikat gemacht, viel Arbeit gab es für seine Zunft bislang nicht. Aber er blickt optimistisch in die Zukunft. »Neom wird von siebzig Prozent der größten Städte der Welt in weniger als acht Stunden erreichbar sein. Vielleicht solltest du in Haql investieren – da kriegst du momentan für läppische 50 000 Euro eine hübsche Villa.«

Ich verzichte für heute, und wir fahren weiter zur »Saudi Titanic«. So nennen sie das Wrack eines Mehlfrachters namens *Georgios G*, der vor vierzig Jahren auf Grund lief. Dort rostet er nun, auf der Backbordseite liegend, als schmachvolles Denkmal seiner Navigationsdummheit der Ewigkeit entgegen. Wie es zu dem Unglück gut fünfzig Kilometer südlich von Haql kam, ist bis heute nicht geklärt. Den Seeleuten muss bekannt gewesen sein, dass am Ufer gefährliche Riffe lauern. Stürme sind keine Seltenheit, aber meistens wehen die in nord-südlicher Richtung, dürften also kaum ein Schiff dieser Größe an Land getrieben haben. Salems Theorie geht so: »Der Kapitän vermutete in der Nacht, er habe

hier bereits Aqaba erreicht, und fuhr deshalb in Richtung Land.« Aqaba liegt neunzig Kilometer weiter nördlich und ist nachts beleuchtet, so ganz überzeugt mich diese Erklärung also nicht.

Dafür ist das Bemühen, weitere Meeresunfälle zu vermeiden, offensichtlich: Rote Warnschilder der Küstenwache mahnen zur Vorsicht mit Reifen als Schwimmhilfe und empfehlen, nicht direkt nach Mahlzeiten ins Wasser zu gehen. Die Schilder scheinen zu wirken, niemand ist im Meer. »Gelegentlich sieht man schon Schwimmer«, sagt Salem. »Und manche klettern auf das Wrack und springen ins Wasser, aber das ist gefährlich.« Der Rumpf ist mit den eingeritzten Namen der Wagemutigen markiert, hoffentlich ist keiner von ihnen direkt nach einer Mahlzeit gesprungen.

Wir übernachten in einem namenlosen Dorf in einer Wohnung, die ein Bekannter von Salem nächteweise vermietet. Am nächsten Tag fahren wir auf der Küstenstraße weiter, mit 160 Sachen über makellosen Asphalt. Mehr als 2000 Kilometer könnte man an der Küste des Roten Meeres entlang nach Süden fahren, bis man die Grenze zum Jemen erreicht. Ein Spitzen-Roadtrip wäre das.

Unser nächster Stopp ist der Wadi Tayy-Esm, eine fünf Kilometer lange Schlucht, die der biblische Moses nach seiner Meeresdurchquerung bewandert haben soll. Ein kleines Rinnsal fließt durch die Senke und lässt Hundszahngräser, Flohkräuter und Schirmakazien sprießen. Im Vergleich zur felsigen Kargheit ringsum fühlt sich das an wie ein Spaziergang im Gewächshaus.

Moses ist auch im Islam ein wichtiger Prophet. 135-mal wird sein Name im Koran erwähnt, während Mohammed nur viermal vorkommt. Manche Historiker vermuten den Berg Sinai, wo Moses die Zehn Gebote empfangen haben soll, gar nicht auf der Sinaihalbinsel, sondern in Saudi-Arabien. Ihr Hauptargument: Laut Bibel ging von dem Berg ein »verzehrendes Feuer« aus, womit ein Vulkan gemeint sein könnte. Von allen der Forschung bekannten Sinai-Kandidaten fallen nur drei saudische Gipfel in diese Kategorie, darunter der Jabal al-Lawz und der Jabal Maqla, die sich nur ein paar Kilometer weiter im Inland befinden. Schon jetzt wirbt eine Website namens realmountsinai.com um gläubige Besucher, mit einer detaillierten Darstellung aller in der Bibel erwähnten Stätten, vom Altar für das Goldene Kalb bis hin zum gespaltenen Stein von Horeb, den Moses auf Gottes Anraten per Schwerthieb in eine Wasserquelle verwandelt haben soll.

Gerne würde ich nun immer weiter wandern und nach diesen Orten suchen, sensationelle Beweise und göttliche Zeichen finden und einen Moses-Kult gründen. Aber Salem und Talal haben nach zehn Minuten zu Fuß keine Lust mehr und wollen umkehren. Die Moses-Beweise müssen noch bis zu meiner Rückkehr warten, man macht hier eben lieber alles mit dem Auto.

Kurz darauf passieren wir zwei Ortschaften, die es bald nicht mehr geben wird, Al-Khuraybah und Sharma. Sie sollen dem Neom-Projekt weichen. Läden an der Hauptstraße wie das Al-Meen-Restaurant, Al-Omar Furniture und das Dolphin Fish Restaurant haben keine Zukunft.

Ganz im Gegensatz zum Flughafen Neom ein paar Kilometer weiter: Noch wirkt er provinziell mit seinem kleinen, grauen Terminalgebäude und sechs Check-in-Schaltern. Noch starten und landen hier nur ein paar Inlandsflüge, hauptsächlich für die Arbeiter auf den Baustellen. »Das ist nur provisorischer Betrieb. Sie werden das massiv vergrößern und Kapazitäten für Millionen Passagiere haben, wenn der erste Teil der neuen Stadt steht«, sagt Salem. Mit Zeitplänen ist das zwar immer so eine Sache im Inshallah-Land, aber schon 2025 könnte es so weit sein: Dann sollen die ersten Touristen in großen Flugzeugen ankommen, um die CO_2-neutrale Zukunftsstadt zu erleben.

al-Ula
العلا

Einwohner: 5426
Region: Medina

Totenstadt aus Sandstein

Spätabends erreichen wir al-Ula. Salem hat Zimmer in einem gerade erst eröffneten Zeltcamp außerhalb der Stadt gebucht. Wir sind die ersten Gäste, jeder bekommt ein Beduinenzelt mit Bett, Schrank und Klimaanlage, 200 Riyal pro Nacht. Auf WhatsApp meldet sich Aziz, mein Freund vom MDL-Beast-Festival in Riad. Er ist zufällig auch gerade in al-Ula, und wir vereinbaren, uns am nächsten Tag zu treffen.

»Al-Ula ist ein schönes, großes Dorf mit Palmen und eigenen Wasserquellen«, schrieb der berühmte Reisende Ibn Battuta im 14. Jahrhundert. »Von dem Dreck und dem Staub von el-Öla kann man sich schwer eine Vorstellung machen, wenn man ihn nicht selbst gesehen hat«, notierte der deutsche Forscher Julius Euting im 19. Jahrhundert (der trotzdem schwer begeistert war von den Inschriften und Bauwerken). Und was stimmt heute? Eher Ersteres, denn für die Touristen wurde der Großteil des Örtchens auf Hochglanz poliert. Wen es jedoch nach Dreck und Staub gelüstet, der kann durch die nicht restaurierten Teile der Altstadtruinen klettern. Dort findet man beides im Überfluss.

Im Zentrum wurde ein Festivalgelände namens »Winter Camp« eingerichtet, mit Food Trucks und gepolsterten Sitzbänken. An einem Schalter werben Hochglanzprospekte für Heißluftballonflüge,

Luxus-Zeltcamps, Konzerte von Enrique Iglesias und Andrea Bocelli, Buggy-Fahrten, Palmenfarm-Touren und Übernachtungen in silbernen Airstream-Wohnmobilen. Wir kaufen für üppige 170 Riyal pro Person Eintrittskarten für Mada'in Salih, Transfers inklusive. Zum ersten Mal seit Diriyya in Riad sehe ich wieder ausländische Touristen. Per Mercedes-Reisebus legen wir die 25 Kilometer zur bedeutendsten historischen Stätte des Landes zurück, wo weitere Busse die Besucher über Schotterpisten zu den einzelnen Stationen bringen. »Journey through time« steht als Slogan auf den Karosserien.

Wir zeitreisen also zu 2000 Jahre alten Felsgräbern. 131 sind erhalten, möglicherweise verstecken sich noch mehr unter dem Sand. Gebaut wurden sie von den Nabatäern, deren Hauptstadt Petra im heutigen Jordanien lag. Mada'in Salih hieß damals Hegra, was so viel besser klingt, dass clevere saudische Marketingexperten nun wieder häufiger den alten Namen verwenden.

Hegra war ein wichtiger Stützpunkt für den Weihrauchhandel und zugleich die südlichste Stadt des nabatäischen Reiches, das etwa zwischen 100 vor und 100 nach Christus bestand, bis es von den Römern erobert wurde. Von der Stadt selbst stehen nur noch ein paar Mauersteine, die Gräber dagegen sind hervorragend erhalten.

Die Portale ins Reich der Toten wirken, als hätte sie jemand mit überdimensionalen Siegelringen in sandfarbenes Wachs gestempelt. Doch so einfach war es nicht, dem Fels Zierfassaden, Menschenköpfe, Blumenornamente und Grabkammern abzutrotzen. »Mit Hammer und Meißel, immer von oben nach unten«, so beschreibt die Touristenführerin Nojoud den Prozess. Sie spricht besser American English als viele Amerikaner, ist komplett schwarz verschleiert, trägt eine Brille mit kreisrunden Gläsern und nagelneue Turnschuhe. »Der Baustil war eine Mischung aus verschiedenen Einflüssen, ägyptisch, mesopotamisch und griechisch.« Ich frage sie, ob ich eines der Gräber betreten dürfe, sie sagt: »Ich denke, das geht.«

Der Innenraum ist schmucklos, ganz anders als die Fassade. Nur ein paar quaderförmige Vertiefungen im Boden mit Knochen darin. Ein aufgebracht wirkender Wachmann steckt seinen Kopf

durch die niedrige Tür. »Kein Zutritt!«, ruft er und winkt mir zu, sofort herauszukommen.

»Aber Ihre Kollegin hat gesagt ...«

»Raus!«

Da scheint es noch Absprachepobleme zu geben, was erlaubt ist und was nicht. »Entschuldigung. Wir sind noch nicht so an Touristen gewöhnt«, sagt Nojoud auf dem Rückweg zum Bus.

Sie beobachtet einen Chinesen, der ein mitgebrachtes Snoopy-Stofftier auf dem Sandboden absetzt und sich davor auf den Boden legt, um ein Handyfoto zu knipsen. Vielleicht ist dies einer der raren Momente, in denen ein Niqab einen praktischen Nutzen hat: Man kann irritiert oder erheitert dreinblicken, ohne dass es jemand mitbekommt.

»Da werden jetzt bald mehr kommen, seit es mit dem Visum so einfach ist«, sage ich.

»Es gibt jetzt Visa für Touristen?«

»Ja.«

Wir fahren zu vier weiteren Stationen, zuletzt zum Qasr Al-Farid, dem bekanntesten Grab von allen. Es wurde in einen etwa vierzig Meter hohen Findling gehauen und ist dadurch besonders dekorativ. Eine frei stehende Totenvilla, ein paar Hundert Meter abseits der Reihenhäuser.

Auch wenn übereifrige Wahhabiten vielen wertvollen Skulpturen die Steinköpfe abgehackt haben (sie halten Nachahmungen von Allahs Schöpfung für *haram*), ist ein Großteil der Grabfassaden spektakulär gut erhalten. Nicht nur dank der Konservierungskräfte der trockenen Wüstenluft oder weil hier bislang praktisch keine Touristen hinkamen. Sondern auch, weil strenggläubige Saudis befürchten, die Totenstadt sei verflucht, und ebenfalls fernbleiben.

Laut dem Koran lebten hier in vorislamischer Zeit Menschen in Steinhöhlen, die heidnische Idole verehrten. Die Überlieferung geht so: Der Prophet Salih besuchte die Frevler, um sie von ihrem gottlosen Tun abzubringen. Er kam allein, und sie waren viele, da reichten ein paar Worte nicht aus.

»Wenn du wirklich ein Gesandter Gottes bist, dann bewirke zum Beweis ein Wunder: Lass eine schwangere Kamelstute hinter dem Felsen dort erscheinen«, forderten sie. »Wenn's sein muss«, sagte Salih, und schon spazierte die gewünschte Paarhuferin um die Ecke. »Tut ihr nichts an«, verlangte der Prophet, doch die Ungläubigen fielen über das Tier her und schlitzten ihm die Kehle auf.

Salih interpretierte das als fehlgeschlagenen Missionierungsversuch und versuchte es mit dem Ultimatums-Klassiker: »Wenn ihr in drei Tagen nicht zur Vernunft kommt, dann passiert was Schlimmes.« Doch es half nichts, sie ergötzten sich weiter an Götzen. Ist dann halt Notwehr, dachten sich der Prophet und Allah und beendeten den Spuk nach alttestamentarischer Sitte mit Erdbeben und Blitzschlägen.

Aus heutiger Sicht entbehrt das Ganze nicht einer gewissen Ironie: Ausgerechnet dieses verfluchte Mada'in Salih, diese Stätte der Ungläubigen hat das Potenzial, zur wichtigsten Touristenattraktion im korantreuen Saudi-Arabien zu werden. Ausgerechnet diese Riesendenkmäler für die Toten, ein Begräbniskult, der den wahhabitischen Grundsätzen widerspricht.

Ich komme mit ein paar deutschen Besuchern ins Gespräch. Einer von ihnen ist Richard, ein Eisenbahningenieur aus Baden-Württemberg, der in Dschidda lebt und für die dortige Schnellbahnlinie arbeitet. Er brauchte drei Anläufe, um diese Besichtigungstour machen zu können, die vorherigen beiden Male wurde er vom Wachposten am Eingang abgewiesen. Diesmal konnte er sogar seine Familie aus Deutschland mitnehmen, was zuvor wegen Visaproblemen undenkbar war. »Komm mich doch mal in Dschidda besuchen«, sagt er zum Abschied.

Kleine Kamelkunde

Viele Saudis sagen, der Geschmack der Milch verändere sich, je nachdem, was das Kamel gegessen habe: Gab es Datteln, ist sie süß, gab es Wüstensträucher, ist sie salzig.

An einem alten Fort am Eingang, das heute als Souvenirshop und Café dient, bin ich mit Aziz aus Riad verabredet. Ein Saudi kommt selten allein, also hat er zwei Freunde mitgebracht, Mohd und Tariq, sie sitzen zusammen im oberen Stockwerk und lassen es sich bei Kaffee, Tee und Datteln gut gehen.

»König Faisal hat immer gesagt, ein Zelt, ein Kamel, Milch und Kaffee – das ist alles, was man braucht«, verkündet Aziz.

»Dann fehlen aber Zelt und Kamel.«

»Wir haben ein Wohnmobil draußen auf dem Parkplatz, das ist die moderne Version davon. Hast du Lust auf eine Rallye?«

»Klar.«

»Okay, yalla.«

Das Fahrzeug der drei ist ein extralanger Ford-Van mit verdunkelten Scheiben, den man sich gut vor dem Eingang einer Bank vorstellen könnte, die gerade ausgeraubt wird. Aziz scheint ähnliche Assoziationen zu haben. »Wir kidnappen dich jetzt«, sagt er, »wie viel Lösegeld zahlt die deutsche Botschaft?« Endlich mal ein Satz, wie ihn die halbe Welt im Saudi-Urlaub erwarten würde. Vermutlich scherzt er nur.

Der Van riecht nach gebrauchter Bettwäsche, überall liegen Taschen und Schlafsäcke, volle und leere Getränkedosen. Hinten ragen zwei schicke Mountainbikes aus dem Chaos.

»Mit dem Auto sind wir viel zusammen gereist«, berichtet Aziz. »Damit kann man gut Frauen klarmachen. Na ja, nicht hier. Aber in Europa ginge das vielleicht.«

Tariq gibt Gas, und bald sind wir auf nagelneuem Asphalt zwischen spektakulären Sandsteinformationen unterwegs.

Tief hängen kitschige Schäfchenwolken am Himmel, der Wüstensand flirrt in der Hitze.

»Wie haben dir die Ausgrabungen gefallen?«, frage ich Aziz.

»Ganz nett. Alt eben. Aber jetzt brauche ich ein bisschen Action.«

Nach einer halben Stunde halten wir an einem Parkplatz, der um einen Torbogen aus rotem Kunststoff eingerichtet wurde, auf dem »Dream. Dare. Live it.« und »Finish« steht. Wir sind am Ziel der vierten Etappe der Rallye Dakar. Für viel Geld hat das saudische Unterhaltungsministerium das berühmteste Wüstenrennen der Welt ins Land geholt. Ein paar Schaulustige stehen an der Strecke vor der Zieleinfahrt, wir gesellen uns dazu, der Geruch von Benzin und Staub hängt in der Luft.

Fahrzeuge verschiedener Wettbewerbskategorien knattern vorbei: Quads, Motorräder, Autos und Trucks. Zwischen Piste und Publikum fehlt jegliche Absperrung. Aziz geht so nah ran, dass sich mein deutsches Sicherheitsfanatikerhirn Sorgen macht um ihn und die Rennfahrer, die ihn aus vier Metern Entfernung einstauben.

Er hält unbekümmert den Daumen raus, als wollte er per Anhalter mitfahren, und hofft auf Reaktionen der müden Fahrer kurz vor der Ziellinie. Das meint er also mit »Action«. Immerhin ein Biker grüßt zurück, indem er aufsteht und den linken Fuß zur Seite streckt. Wenn gerade nichts vorbeikommt, spaziert Aziz durch die Zuschauer und ruft »Welcome – where are you from?« zu jedem, der nicht Arabisch aussieht. Er smalltalkt mit Sportfans, Presseleuten und Rennstallmitarbeitern, die als Herkunft Niederlande, Deutschland und Südafrika angeben. »Man muss gar nicht mehr in andere Länder reisen, so viel ist hier los«, sagt er. »Komm, lass uns was Verrücktes machen.«

Er winkt mir, ihm zum Van zu folgen, und holt die zwei Fahrräder raus. Wir steigen auf, er fährt vor, genau auf die Zieleinfahrt zu, um dann jubelnd durch den Torbogen zu fahren, als hätte er soeben die Etappe gewonnen. Ich tue es ihm gleich, und die Zuschauer applaudieren und johlen und machen Fotos. Wir sind die Sieger der Herzen, obwohl wir nur zehn Meter Rallyestrecke gefahren sind.

Wir radeln noch ein paar Kilometer weiter auf der Hauptstraße. Purer Fahrgenuss zwischen rötlich im Abendlicht schimmernden Sandsteinformationen. Zumindest auf den ersten Metern. Bald wird es dunkel, und von unserem Begleitfahrzeug ist nichts zu sehen, obwohl sie versprochen haben, uns bald einzuholen.

Etwa einmal pro Minute kommt ein Autoscheinwerferpaar vorbei, manche bremsen etwas ab, als sie uns sehen, doch unser Bankräuberschlitten ist nicht dabei. Neben dem Asphalt liegen Autowracks und Kamelskelette, irgendwo jaulen Hunde. »Könnten auch Wölfe sein, davon gibt es hier einige«, sagt Aziz. Wir haben weder Fahrradlampen noch Handyempfang.

»Wie lange brauchen wir in die Stadt?«, frage ich.

»Das sind dreißig Kilometer. Höchstens zwei Stunden«, schätzt er.

Schaffbar. Ich hätte nur eine Jacke mitnehmen sollen, die trockene Abendkälte geht direkt in die Knochen. Wir rollen durch die Dunkelheit, vielleicht sind wir Pioniere, vielleicht ist auf dieser Straße noch nie jemand Fahrrad gefahren. Nach fünfzehn Minuten hält endlich ein Scheinwerferpaar. Unsere Kidnapperfreunde sammeln uns ein, und wir müssen doch nicht die ganze Strecke strampeln.

Abu Dings

Am nächsten Tag verabschiede ich mich von Aziz und seinen Freunden, weil ich selber zu einer Art Rallye verabredet bin: fünf Tage Zelten in der Wildnis, zwischen al-Ula und Tabuk, Hunderte Kilometer Strecke, nur mit Allradfahrzeugen zu bewältigen. Die Einladung von Abdollah und Turki aus Ha'il war mehr als nur eine höfliche Phrase, wie ich durch mehrmaliges dankbares Ablehnen (»So etwas Wunderbares kann ich doch nicht annehmen!«) verifizieren konnte.

An einer Tankstelle am Ortsausgang von al-Ula (Normalbenzin fünfzig Cent pro Liter, Diesel zwölf Cent) holt mich Turki ab, und schon bald fahren wir von der Hauptstraße ab in den Sand. Zwischen flachen, aber robusten Büschen scheint er seine Route willkürlich zu wählen, mal folgt er anderen Reifenspuren, mal nicht. Wenn die Straße ein paar Hundert Meter breit ist, kann jeder seine eigene Route finden, solange die Richtung einigermaßen stimmt. Wie beim Segeln, wo der direkte Weg auch selten der beste ist.

»Von diesem unwirtlichen Land kann ein Zauber ausgehen, wie ihn kein milderes Klima erzeugen kann«, schrieb der Wüstenreisende Wilfred Thesiger in den Vierzigerjahren.

Weniger schwärmerisch klingt ein Zitat aus dem Film »Lawrence von Arabien«, in dem die Drehbuchschreiber den Prinzen Faisal sagen lassen: »Kein Araber liebt die Wüste. Wir lieben Wasser und grüne Bäume. In der Wüste ist nichts, und kein Mann braucht nichts.«

Turki würde eher Thesiger zustimmen: »Wüste bedeutet Freiheit. Vom Alltag, vom normalen Leben. Ich glaube, Gott hat mich in der Wüste geschaffen.« Er wirkt aufgekratzt vor Vorfreude, kommt aus dem Grinsen gar nicht heraus. In der linken Hand hält er das Lenkrad, in der Rechten ein Funkgerät, über das er sich mit den anderen unterhält, die schon im Camp warten.

Turki fährt im Slalom um flache weiße Büsche, die unter Wissenschaftlern auf den Namen *Haloxylon Salicornicum* hören und bei den Arabern schlicht »Rimth« heißen. Wie so vielen Wüstenpflanzen werden ihnen heilende Wirkungen zugeschrieben. Beduinenfrauen bereiten aus den Blättern einen Tee zu, der bei Schwangerschaftsbeschwerden helfen soll. Bald sind wir an Steuerbord und Backbord umgeben von Sandsteinfelsen, deren Formen an gigantische rotbraune Schwämme erinnern. Wenn das Prinz Faisals Nichts sein soll, könnte es mir gefallen.

An einer windgeschützten Stelle unter den Felsen stehen drei weitere Fahrzeuge und ein paar Zelte. Teppiche und Rücklehnen wurden U-förmig um ein Feuer drapiert. Ich begrüße Abdollah und dann reihum die anderen – lauter fröhliche Männer mehr oder weniger jenseits der fünfzig.

Sie heißen Ibrahim, Saleh, noch mal Abdollah, Hamed und Mohammed. Sie heißen außerdem Abu Abdulkarim, Abu Abdulrahman, Abu Mansour, Abu Mohammed und Abu Raschid. Und damit sind wir erst bei den Vornamen.

»Woher kennst du Abu Deem und Abu Hamoud?«, fragt mich Abu Abdulkarim.

»Wen?«

»Abdollah und Turki.«

»Ach so. Von einer gemeinsamen Tour in Ha'il.«

Ich zähle zu den Menschen mit schlechtem Namensgedächtnis, was in Saudi-Arabien keinen Spaß bedeutet. »Abu« heißt so viel wie »Vater von« und ist unter Freunden als Anrede gebräuchlicher als der Vorname. Darauf folgt der Name des erstgeborenen Sohnes – es sei denn, man hat bislang nur Töchter, dann folgt ihr Name (»Deem« ist ein Mädchenname, also hat Abdollah Abu Deem noch keinen männlichen Nachwuchs).

Manche Abu-Spitznamen entstehen auch in Verbindung mit einer Tätigkeit oder einem typischen Gegenstand. Kronprinz MBS hat seit der Khashoggi-Sache den inoffiziellen Spitznamen Abu Munshar, was »Vater der Säge« bedeutet, aber das vergessen wir am besten sofort wieder, weil eine öffentliche Verwendung dieses Begriffs während eines Saudi-Arabien-Aufenthalts eine ganz schlechte Idee ist. Das weibliche Gegenstück zu »Abu« ist »Umm«, was »Mutter von« heißt.

»Bin«, »Ben« oder »Ibn« dagegen bedeutet »Sohn von«, wie jeder Karl-May-Leser weiß (Hadschi Halef Omar Ben Hadschi Abul Abbas und so weiter). Das wird aber nicht analog zum kumpelhaften »Abu« verwendet, sondern bildet häufig den Nachnamen, der auch über Generationen bestehen bleibt. Wie bei Johnson oder Petersen oder MacArthur. Der Sohn des erfolgreichen Immobilienunternehmers Mohammed bin Laden hieß Osama bin Laden, nur in der Langform seines Namens wurde die tatsächliche Ahnenreihe sichtbar: Osama bin Mohammed bin Awad bin Laden. Und dann gibt es noch zahllose Familiennamen, die mit dem Artikel »al-« beginnen: Hier folgt meist der Name des Stammes, eines Ortes oder eine Berufsbezeichnung. Ich beschließe, meine neuen Freunde nicht nach ihren Nachnamen zu fragen.

Viel interessanter sind sowieso ihre Spezialgebiete. Bei Kaffee, Tee und Datteln erfahre ich, mit was für einer sensationellen Truppe ich unterwegs bin. Abu Abdulrahman ist ein bekannter Kartograf, der jeden Hügel im Land kennt und für ein Regierungsprojekt digitale Karten der Wüsten erstellt. Immer wieder beugt er sich über sein iPad und hantiert mit Navigationsapps, die Locus und OsmAnd heißen.

Abu Mansour ist Pflanzenexperte, er kann angeblich jede Blume Saudi-Arabiens benennen.

Turkis Spezialgebiet sind Wandmalereien und alte Schriften, wie ich schon von unserem letzten Treffen weiß, und Abdollah ist neben seinem Lehrerjob Kochvideo-Influencer mit über 100 000 Snapchat-Followern. Sein Talent beweist er gleich am ersten Abend mit einem knoblauchreichen Jungkamel-Kabsa mit Pinienkernen, das meine anfänglichen Vorbehalte (Lieblingstier und so) durch frappierende Köstlichkeit atomisiert. Das Fleisch ist überraschend zart und schmeckt wie eine Mischung aus Lamm und magerem Rind.

Da in der Runde nur Turki passabel Englisch spricht, beginnen die anderen, mir Arabisch beizubringen: *Jamal* heißt Kamel, *Sahra* heißt Wüste, *Shams* heißt Sonne, *Qamar* heißt Mond, und *Tusbah ala-kheir* heißt Gute Nacht.

Schnee, der auf Zedern fällt

Um sechs Uhr weckt mich ein »Allahu Akbar«-Ruf. Meine Mitstreiter versammeln sich draußen hinter Abu Abdulrahman zum Fadschr-Gebet, er steht allein vorne und spricht die heiligen Worte, hinter ihm die anderen sechs in einer akkuraten Reihe, Schulter an Schulter. Wie ein einzelner Organismus beugen sie sich vor, gehen dann auf die Knie und legen die Stirn auf den Boden. In meinem geliehenen Tunnelzelt, gewärmt von einem geliehenen Al-Kadi-Schlafsack, komme ich mir sehr passiv vor im Vergleich zu den Frühaufstehern.

Frühstück. Fladenbrot und Streichkäse. Wie haben es bloß die französischen Kiri-Quadrate bis hierher geschafft? Turki weiß es auch nicht. Wir packen zusammen. Die Mülltüte wirft Abu Deem einfach in die Glut des Feuers, bald stinkt es nach brennendem Plastik. Eine kleine Schuppenechse beobachtet neugierig unser Treiben.

Fahren sieben Araber und ein Deutscher in die Wüste. Klingt wie der Anfang eines Witzes, also passiert Witziges. Turki besprüht mich vom Steuer seines Land Cruiser mit Parfüm, Duftnote »Aromatische Zeder«. Dann nebelt er sich selber mit dem Zeug ein.

»Fahren wir zu einem Date?«

»Nein, der Wüstengeruch ist nicht gut«, antwortet er.

Der Ersatz ist für meinen Geschmack nicht eindeutig besser, wir riechen nach frisch gereinigtem Parkett.

Es fängt an zu schneien. Wegen der Tragweite des Satzes noch einmal: Es fängt an zu schneien. Schnee. In Saudi-Arabien. Auf der Windschutzscheibe, auf dem Sand. Wir halten an, jauchzend, Allah preisend, Handys zückend, der Anblick erinnert an die arktische Tundra. Das muss die digitale Welt erfahren.

Beduinen mögen Gossip und erzählen gern Dinge weiter, schrieb Wilfred Thesiger schon vor siebzig Jahren. Deshalb sind Snapchat, Instagram und Twitter ein Göttergeschenk für ihre Nachfahren. Innerhalb von Minuten sind die sozialen Medien voll mit Schneebildern aus Tabuk und al-Ula: Autos im Schnee, Kamele im Schnee, Beduinenzelte im Schnee, Fotos, so surreal wie ein Iglu in der Sahara.

»Das kommt fast jedes Jahr vor, für ein oder zwei Tage«, sagt Turki. »Aber normalerweise eher in den Bergen um Tabuk, selten hier, wir sind nicht mal auf tausend Metern Höhe.«

Nach einer halben Stunde endet der weiße Spuk als Wassermatsch, nun regnet es. Wir blicken auf pilzförmige Sandsteinfelsen, die aussehen wie von Riesenbibern angefressen. Ob ein paar Liter Wasser ausreichen, um sie heute aus dem Gleichgewicht zu bringen? Anscheinend nicht, die Pilze bleiben standhaft. Unter einem besonders dekorativen Findling spazieren gerade ein paar weiße Kamele vorbei, ein wunderbares Fotomotiv.

Die Funkgeräte in den Autos laufen fast ununterbrochen, man plaudert, ohne die Autos verlassen zu müssen. Gelegentliche Jubelschreie von Abu Mansour sind zu hören, wenn eine seltene Pflanze am Weg zu sehen ist. Wir steigen jedes Mal aus und bestaunen Gewächse, die er als *Therbe, Seikran* oder *Hamdal* identifiziert.

Sind gerade keine botanischen Wunderwerke in Sicht, unterhält er die Gruppe mit Gesangseinlagen durchs Funkgerät. Der Text des Songs lautet: »Ich traf eine Frau – und sagte: ›Salam Alaikum.‹ Sie blieb stumm, doch ihre Augen gaben mir die Antwort.« Welch simple Worte, welch tiefe Sehnsucht, Liebe in Zeiten der Abaya.

»Wie sind die so, die Frauen in Saudi-Arabien?«, frage ich Turki, wohl wissend, dass eine direkte Frage nach seiner Frau selbst unter guten Freunden nicht angebracht wäre.

»Ich habe einen Tipp für dich: Heirate nicht«, ist die unerwartet direkte Antwort. »Am Anfang ist alles toll, aber dann wollen sie dich nur noch kontrollieren, werden zu Diktatorinnen. Und sie nehmen schnell zu, weil sie sich nicht bewegen.«

»Wenn es gesellschaftlich erlaubt wäre – würdet ihr eure Frauen auf eine Wüstentour mitnehmen?«

»Nein, solche Reisen sind nichts für sie. Keine Duschen, lange Autofahrten. Ich glaube, nur Männer mögen diese Art von Freiheit.«

Er wird unterbrochen von Abu Mansour und seinem Liebeslied, in dem die Augen die Antwort geben. Turki sagte wirklich »Diktatorinnen«. Das bleibt mir im Kopf, denn dominante Frauen sind im strengen Wahhabismus nicht vorgesehen. Vielmehr sollen die Männer Gott dienen und die Frauen den Männern. In der Öffentlichkeit folgt man dieser Norm, doch privat scheint manchmal eine ganz andere Machtverteilung zu herrschen. Ich spüre, dass Turki ein sanfter Mensch ist, alles andere als streitsüchtig. Im häuslichen Bereich seines Lebens hat er kapituliert. Hätte er selber diktatorische Ambitionen, fände er in diesem System möglicherweise leichter seinen Platz.

»Ich habe meiner Familie nichts von dieser Wüstentour gesagt. Sie kriegen das immer nur mit, wenn sie sehen, dass ich meine Sachen in den Wagen packe.« Mir fällt auf, wie er es vermeidet, »meine Frau« zu sagen oder ihren Namen zu nennen.

Das macht man nicht, das ist zu privat. So privat, dass die meisten Saudi-Männer ihre Partnerin unter einem Spitznamen im Handy speichern. Bei der Generation vierzig plus wird sie meist als Mutter des erstgeborenen Sohnes umschrieben, also etwa »Umm Mohammad« oder »Umm Khalid«, was auch praktisch ist bei mehreren Ehefrauen, um Verwechslungen vorzubeugen. Kreativer sind jüngere Ehemänner, die verschiedenen Ansätzen folgen:

a) Rosig-romantisch: »Liebe meines Lebens«, »Blume meines Herzens«, »Meine Augen« oder einfach ein Herz-Emoticon.
b) Kühle Sachlichkeit: »Meine Ehefrau«, »Mutter der Kinder«, »das Haus«.

c) Liebevolle Kapitulation: »Die Regierung«, »Detektiv Conan« (nach einer populären japanischen Mangaserie).
d) Weniger liebevolle Kapitulation: »Innenministerium« (weil sie sich überall einmischt) oder gar »Mein Fehler«.

Meine Theorie, dass die genannten Variationen über die Jahre einer Ehe in exakt dieser Reihenfolge zum Einsatz kommen, wurde von Einheimischen nicht dementiert. Unschlagbar bleibt jedenfalls ein Handybesitzer in Riad, der seine Frau unter »Landgericht« und seine Mutter unter »Bundesgericht« gespeichert hatte.

Kleine Kamelkunde

Beduinen nutzten das proteinreiche Kamelfleisch als Medizin, zum Beispiel gegen Fieber, Influenza, Rücken- und Muskelschmerzen. Bis heute glauben viele Saudis an gesundheitliche Vorzüge: Die Lunge wird als Mittel gegen Asthma verwendet, das Fett als Hämorrhoidensalbe, und Kamelsuppe soll gut für die Augen sein.

Abends, am nächsten Campfeuer, stelle ich beim Durchsehen meiner Fotos fest, dass mir ein Meisterwerk gelungen ist. Ein weißes Kamel vor einem dieser wundervollen Sandsteinfindlinge, mit halb geöffnetem Mund, wie im Protest scheint es in Richtung der Kamera zu schreien. Im Vordergrund sind Regentropfen als feine Schlieren erkennbar. Was für eine Wucht von einem Motiv. Die Verzweiflung der geschundenen Kreatur, dieser Moment der Auflehnung gegen das Schicksal, weißes Fell als Metapher der Unschuld.

Auf den Podien verschiedener Preisverleihungen werde ich später betonen, mich in meinem fotografischen Werk schon länger mit der Emotionalisierung ökologischer Themen zu beschäftigen. Dann werde ich auf die riesige Projektion von »Kamel im Regen« auf der Leinwand hinter mir deuten und erwähnen, dass der Regenguss fast meine Kamera kaputt gemacht hätte, während ich abwartete, bis das Tier in der exakt richtigen Position war. Kalt wurde es auch, Sie glauben nicht, wie kalt ein Regenguss in der Wüste sein kann, aber wer Naturfotografie auf einem gewissen Level betreibt, weiß, wie viel Geduld und Ausdauer nötig sind, um diesen Sekundenbruchteil des beinahe Menschlichen in der Mimik des Tieres für die Ewigkeit festzuhalten.

Mit gespielter Bescheidenheit (»Ich glaube, dieses Bild ist nicht ganz schlecht geworden«) reiche ich meine Kamera an Turki, der neben mir sitzt. Ich ahne schon, wie es weitergeht: Er wird sowas sagen wie »Oh, are you a professional?«, ich werde antworten: »Thank you, but it's just a hobby.«

Turki blickt auf das Bild, konzentriert und ernst, zoomt ein Stück heran, zoomt wieder heraus, reicht die Kamera weiter. Ringsum geht der Apparat, fachkundige, fast andächtige Blicke aufs Display. Stille. Ein paar Sätze auf Arabisch, von denen ich nur »Jamal« verstehe. Dann spricht Turki aus, was alle denken: »Das ist kein gutes Kamel.«

Versuche nie, einen Saudi mit einem Kamelfoto zu beeindrucken. Turki holt sein Handy hervor, um mir Bilder von anständigen Wüstenschiffen zu zeigen. Präsentiert mir ein Jungtier, dessen Wert auf 300 000 Euro geschätzt wird, und ein erwachsenes, das für drei Millionen verkauft wurde. »Großer Höcker, starker Hals, hängende Unterlippenpartie«, das seien wichtige Kriterien.

Mir war vorher gar nicht aufgefallen, dass mein »Kamel im Regen« fast keinen Höcker hat. Das neue Wissen versaut den ästhetischen Genuss. Jedes Mal, wenn ich nun auf das Foto blicke, sehe ich diesen Rücken, mit kaum mehr Wölbung als bei einem Pferd. Vielleicht reiche ich das Bild doch nicht bei Wettbewerben ein.

Was ich außer Schnee ebenfalls nicht in Saudi-Arabien erwartet hätte: Vulkanlandschaften wie in Island. Am dritten Tag brettern wir über Schotterpisten aus schwarzen Lavakieseln, umgeben von Bergflanken, deren sanfte Symmetrie davon abzulenken versucht, welches Unheil ihre Vulkankegel anrichten können. Die Piste besteht aus zwei gut sichtbaren Furchen, von Hunderten Reifenpaaren ins Geröll gefräst. Wunderlich aussehende Büsche und Bäumchen klammern sich in den Steinboden wie Titelbilder von Psycho-

logie-Fachbüchern über Resilienz. Pflanzenfreund Abu Mansour kommt aus dem Jubeln gar nicht mehr heraus.

»Der Schlüssel zu den Menschen in Saudi-Arabien ist die Wüste«, philosophiert Turki. »Die Sommer sind hart, die Winter ebenfalls und die kalten Nächte sowieso. So extrem sind auch die Leute. Es gibt keine moderate Mitte, entweder stehen sie links oder rechts. Wenn sie lieben, dann tun sie das im Übermaß, wenn sie hassen, ebenfalls.«

Als wir zwei Stunden später an Felszeichnungen halten, erhalte ich eine Art Beleg für seine »rechts oder links«-These. Zu sehen sind Kamele, Pferde und in Schriftzeichen festgehaltene Reisegebete. Und dazwischen ein eingeritztes Hakenkreuz jüngeren Datums.

»Hitler good?«, fragt Abu Mohammed. Er dreht den Daumen seiner rechten Hand nach oben und unten, um mir zu signalisieren, meine Antwort in Zeichensprache zu geben. Mein Daumen geht mit Schwung nach unten. »Not good, not good«, sage ich. Er deutet auf sich, sagt dann noch einmal »Hitler!«, mit Begeisterung in der Stimme, während er entschieden mit dem Daumen nach oben zeigt. Es ist unser erstes und letztes Gespräch, eine ausführlichere Diskussion erübrigt sich wegen der Sprachbarriere.

Abends wieder Kamelsichtung. Eine Kamelmutter mit Kind diesmal, stolz dahinspazierend in der Abendsonne an einem ausgetrockneten Flussbett. Ich steige aus, um ein paar Fotos zu machen. Die anderen suchen nach einem Zeltplatz, wodurch ich Zeit habe, mit der Kamera im Anschlag ein Stück mit den gutmütigen, aber auch ein wenig auf Distanz bedachten Tieren spazieren zu gehen. Auf meine Mitstreiter muss ich wirken wie ein Schleswig-

Holstein-Besucher, der bei jeder Schafherde am Straßenrand in Schnappatmung verfällt.

Zweihundert Kamelfotos später bemerke ich, dass mein Handy nicht mehr in meiner Tasche ist. Habe ich es im Auto vergessen? Ich gehe zurück zu den anderen, suche den Fußraum um Turkis Beifahrersitz ab. Nichts. Da sind Hunderte Fotos und Videos drauf und eine Menge Notizen, der letzte Back-up liegt schon ein paar Wochen zurück, weil ich selten gutes WLAN hatte. Ich folge meiner Route zurück und suche den Boden ab. Doch bald wird es dunkel, es hat keinen Zweck.

»Wir finden das morgen, und wenn es fünf Stunden dauert, inshallah«, verspricht Abu Mansour.

»Du bist zu begeistert von Kamelen«, sagt Abu Abdulkarim.

»Ihr doch auch«, sage ich und deute auf Abdollah, der an seinem Geländewagenkofferraum wieder seine Campingküche aufgebaut hat und fürs Abendessen Kamelfleisch zurechtschneidet.

Ich halte Deutsche für recht campingaffin, viele legen großen Wert auf anständige Outdoor-Ausrüstung. Bekanntlich trotzt mancher den Gefahren eines leicht bewölkten Tages in der Großstadt in einer Gore-Tex-Pro-Hardshelljacke mit Schneefang und Lawinenortungssensor. Nach solcher Kleidung kann man in Saudi-Arabien lange suchen, aber was der Autokofferraum eines Wüstencamping-Enthusiasten hergibt, ist sensationell.

Abdollah zum Beispiel hat eine komplette Küchenausrüstung dabei mit mehreren Dampfdruckkochtöpfen, fünf Pfannen, einem Gasherd mit Alu-Windschutz, drei Teekannen, drei Kaffeekannen, Tiefkühltruhe, Pürierstab, Mülleimer, einem elektrischen Hochdruck-Wasserstrahler zum Spülen, einer Wasserkanne aus Plastik mit geschwungenem Ausguss (niemand verschwindet hier mit Klopapier ums Eck) und einem kleinen Flammenwerfer mit Gaskartusche zum Feuermachen. Dazu kommen natürlich die Klapp-Rückenlehnen und Teppiche und Briketts für die Gemütlichkeit und Zelte und Schlafsäcke. Viele Saudis haben ein solches Survivalpaket immer im Kofferraum, um jederzeit bereit zum Aufbruch zu sein.

Am Morgen bedeckt eine dünne Reifschicht die Zelte, Abdollah fischt fröhlich Eisbrocken aus der Plastikwanne für benutzte Teegläser. Sein Handy geht herum, es hat eine Thermometerfunktion und zeigt für die vergangene Nacht minus fünf Grad an, was große Begeisterung auslöst.

Es folgt die Handysuche. »Was ist der Finderlohn?«, fragt Abu Mansour. Ich verspreche ein deutsches Fußballtrikot. Alle helfen mit, wir schwärmen aus.

Ich versuche, meinen Weg vom Vortag nachzulaufen, Turki probiert es aus der Gegenrichtung. Leider ist dies keine ebene Sandwüste, in der man einen Fremdkörper schnell entdecken würde. Geröll und Vegetation erschweren die Suche, Fuß- oder Hufenspuren sind nicht eindeutig zu erkennen. Ich finde Plastikflaschen, eine »Tamria Date Rolls«-Kekspackung, leere Brikettkartons, Autofelgen, Reifen, ein Starterkabel. Aber kein Handy. Es ist rührend, wie ringsum alle mithelfen, zwei Stunden lang. Dann suche ich noch eine Stunde alleine weiter.

Mein Terminkalender. Die Telefonnummern. Die Konversationen mit potenziellen Gastgebern. Kartenfunktionen, Übersetzungsprogramm, Taxi-App. Der größte Teil meiner Reiseplanung läuft mit diesem kleinen Wunderding.

Ein Pick-up nähert sich. Zwei Männer steigen aus, ein wenig verwundert, was ich hier mache. »Mobile phone«, sage ich nach den Begrüßungsfloskeln, auf den Boden deutend. Sie deuten auf einen Hügel. »Mobile phone there!« Sie denken, ich suche einen Ort, wo ich Empfang habe, schön wär's.

Ob ich zwei Kamele gesehen habe, eine Mutter mit einem Jungen, fragen sie dann. Ja, gestern Abend. »Go where?« Ich deute in die ungefähre Richtung. Anscheinend bin ich nicht der Einzige, der hier was Wichtiges verloren hat.

Im Camp werde ich empfangen, als wäre jemand gestorben.

»Es tut mir so leid.«

»Wird schon wieder.«

»Ich bin traurig über deinen Verlust.«

Die snapchatsüchtigen Saudis verstehen mich.

Im Auto sage ich zu Turki, wie gerührt ich bin, dass alle geholfen und ohne Murren die verspätete Weiterfahrt hingenommen haben. »Es gibt hier ein Sprichwort: Wenn du mit jemandem drei Tage isst und lebst, ist er wie dein Bruder«, sagt er schlicht.

Die Route verlangt den Autos nun alles ab, auf unebenen Steinpisten rumpeln wir im Schritttempo bergab. Wir erreichen eine flache Passage, in der ein Kamelhirte mit seinen Tieren unterwegs ist. Ich habe eigentlich erst mal genug von den Viechern, aber meine Begleiter halten an und handeln mit dem sudanesischen Mann aus, dass ich eine Runde reiten darf.

Das Tier – Höcker, Hals und Lippen sind einwandfrei – geht in die Knie, dann mit mir wieder ruckartig nach oben. Intuitiv funktioniert die Steuerung. Rechten Zügel ziehen: Rechtskurve. Links ziehen: Linkskurve. Beide ziehen: Bremsen. Es schwankt ganz schön, der Spitzname »Wüstenschiff« kommt vom Wellengefühl, das im Passgang entsteht. Gar nicht unbequem, so durch den Sand zu schaukeln, wie Lawrence von Arabien auf der Suche nach gefährlichen Abenteuern, furchtlos Durst und Hitze trotzend. Nach zwei Minuten ordne ich eine Wende an, kehre zu den anderen zurück, und wir fahren mit den Autos weiter.

Wir sind nun in der Nähe von Tabuk, ein tief fliegender F15-Militärjet erinnert mit großem Getöse an die dortige Air-Force-Basis. Manche Felsen sehen aus, als hätte jemand sie oben mit hellbrauner Farbe gestrichen, die dann an den Seiten herabgelaufen ist, andere haben rundliche Reliefs in der Form Dutzender Köpfe, die uns zu beobachten scheinen.

Immer wieder entdecken wir antike Zeichnungen, die Turki zu kurzen Vorträgen inspirieren. Zwei oder drei seiner Freunde filmen ihn dabei. Das spektakulärste Motiv zeigt er uns an einem flachen Sandstein, ohne Leiter unerreichbar in etwa drei Metern Höhe. Zu sehen sind fünf Kälber mit geschwungenen Riesenhörnern und zwei Darstellungen menschenähnlicher Figuren mit Köpfen, Armstummeln ohne Arme und vier kurzen Beinen.

»Das ist aus dem Neolithikum, 6000 Jahre alt. Die Rinderart ist seit vielen Jahrtausenden ausgestorben hier«, sagt Turki. »Wahrscheinlich zeigt das Bild ein Tieropfer, denn die beiden Figuren daneben sollen Götter darstellen.« Er deutet auf Ausbuch-

tungen im Stein darunter. »Möglicherweise war dies ein heiliger Ort für Opferzeremonien.« Was stutzig macht, ist die Abstraktion des Kunstwerks: Während andere Steinritzungen oft auf Realismus bedacht sind und dadurch wie Kinderzeichnungen wirken, war hier ein echter Künstler am Werk. Die Vereinfachungen im Detail erinnern an abstrakte Malerei aus dem 20. Jahrhundert. Eines Tages werden Reisebusse Touristen zu diesem Ort bringen, mit Souvenirkiosks, einem Besucherzentrum und Absperrgittern davor, damit niemand was kaputt macht.

Wird ihnen der Anblick halb so viel bedeuten wie mir, der vorher tagelang in der Wüste unterwegs war, Dutzende weniger bedeutende Felszeichnungen gesehen hat und nicht wusste, was ihn erwartet? Vermutlich nicht. Es gibt keine absolute, keine objektive Eindrücklichkeit von Dingen, auch wenn die Tourismusindustrie und alle an ihr Beteiligten mit ihren Must-see-Listen einen anderen Eindruck erwecken wollen. Der Nachhall, den ein Ort beim Besucher hinterlässt, hängt von den Umständen ab, von der Stimmung, von der Tageszeit, von den eigenen Erwartungen, von der Mühe der Anreise. Wenn ich mir Turkis Begeisterung ansehe, scheint es dabei unwesentlich zu sein, ob man etwas zum ersten oder zehnten Mal sieht. »Das Foto solltest du als Cover für dein Buch verwenden«, sagt er.

Für den Abend steht eine besondere Unterkunft auf dem Programm: eine Höhle zwischen zwei einander zugeneigten Riesenfelsbrocken. Ihr Eingang liegt auf einem Sandhügel, der seitlich angefahren werden muss. Steigungswinkel mindestens zwanzig Prozent, ein Fall für Geländewagen-Profis. Abu Mohammed im Hilux-Pick-up versucht es als Erster, gibt Knallgas, verliert aber wenige Meter vor dem Ziel das Tempo und muss rückwärts wieder runterrollen. Während er für den nächsten Versuch Luft aus den Reifen lässt, ist Turki an der Reihe. Er hat ein paar PS mehr, lässt den Motor aufheulen und schafft es mit Schwung nach oben, schleudert dann virtuos in die Linkskurve zum engen Höhleneingang, in dem keine zwei Autos nebeneinander Platz hätten. Die anderen drei Wagen folgen, auch Abu Mohammed schafft es beim zweiten Mal. Die hohen Wände der Höhle sind spektakulär, der Boden ist leider ziemlich vermüllt. Wir sind offensichtlich nicht die Ersten hier.

Ein weiteres Auto biegt um die Kurve, zwei Männer ganz in Weiß, die keiner kennt, die aber selbstverständlich zu Kaffee und Tee eingeladen werden. Nach einiger Zeit verabschieden sie sich und gehen zu ihrem Auto. Ein Rumpeln ist zu hören. Dann kommt einer der beiden zurück, er bugsiert ein Lamm mit beherztem Griff an den Hörnern zu uns. Brauner Kopf, weißer Rumpf, die Vorderläufe sind zusammengebunden.

»Das ist wegen dir«, sagt Turki. »Für den ausländischen Gast sollte es immer etwas Besonderes sein. Hast du schon mal geschlachtet?«

»Nein.«

»Okay, dann machst du das heute.«

Der edle Spender zieht ab, das Tier beobachtet uns gleichgültig bis gelangweilt, es scheint den Ernst der Lage zu unterschätzen. Wir widmen uns wieder Tee und Sukkari-Datteln.

»Ist das Opfertier eingetroffen?«, hatte einer der späteren Mörder von Jamal Khashoggi gefragt, als sich der regimekritische Journalist dem Istanbuler Konsulat näherte. Der Raum war verwanzt, deshalb konnten türkische Behörden den Ton mitschneiden. Jetzt kommt mir der Satz in den Sinn. Unmöglich, durch dieses Land zu reisen, ohne immer wieder an die Gräueltaten seiner Machthaber zu denken, obwohl diese Dinge ganz weit weg zu sein scheinen, wenn man Zeit mit freundlichen Einheimischen verbringt.

Mir fällt auf, dass Politik während der ganzen Wüstentour kein Thema ist. Gestern immerhin ging es um die Unterschiede zwischen Schiiten und Sunniten. Von der jetzigen, auffallend heiteren Unterhaltung dagegen verstehe ich nur die Worte »Pattaya« und »Massage, Mister«, Letzteres vorgetragen in unnatürlich hoher Stimmlage.

Schließlich holt Turki ein Stück Schnur und ein Messer, mit dem Finger prüft er die Schärfe der Klinge. »Willst du es probieren, oder soll ich?«, fragt er, das klingt schon besser als vorher.

»Mach lieber du, ich habe keine Übung, das Tier würde mehr leiden.«

Er geht ein paar Meter tiefer in die Höhle, breitet eine Plastikplane und einen Pappkarton auf dem Boden aus, wäscht sich die Hände mit einer Flasche Wasser. An den Hörnern führt er das Schaf zum Schafott.

Abu Abdulkarim hält die Hinterläufe, Turki mit der Linken den Kopf und mit der Rechten das Messer. Ein schneller Halsschnitt, vier oder fünf Röchellaute des Tieres, dampfendes Blut am Hals und auf dem Pappkarton. Noch etwa zwei Minuten lang zuckt der sterbende Körper, dann ist es vorbei. Fachmännisch beginnt Turki, das Fell abzuziehen.

»So ist das überall auf der Welt, wenn man Fleisch isst«, sagt Abu Abdulrahman, der wohl ahnt, dass dieser Anblick für einen verweichlichten Stadtmenschen wie mich nicht alltäglich ist.

Turki bricht die Unterschenkel ab, befestigt über den Knien die Schnur, um das tote Tier an einen Felsvorsprung zu hängen, dann fährt er mit seinem Metzgerhandwerk fort. Er trägt keine Handschuhe, wäscht sich ständig die Hände. Kein Fleck ist auf seinem blauen T-Shirt zu sehen.

»Wie hast du das gelernt?«, frage ich.

»Nur durch Zuschauen«, sagt er.

Er legt den Kopf des Schafes draußen neben den Höhleneingang, schmeißt die Eingeweide ein bisschen weiter weg in den Sand, für die Wölfe und Falken. Das Fleisch gibt es am nächsten Tag, es wird ein bisschen zäh schmecken.

Kurz vor Tabuk, nach sechs Tagen unterwegs, ruft Turki zum ersten Mal seit der Abreise seine Frau an. »Ich war in der Wüste«, berichtet er.

»Ich weiß schon alles von Snapchat«, antwortet sie.

Dschidda

جدّة

Einwohner: 3 976 000
Region: Mekka

Keine Antwort ist auch eine Antwort

Für mich geht die Reise mit dem Flieger weiter nach Dschidda und von dort nach Hamburg. Drei Wochen Pause, ich muss für ein paar Vorträge nach Hause. Danach fliege ich zurück, mit gewaschenen Klamotten und neuem Handy. Es ist nun Mitte Februar.

Über einen ganz wesentlichen Teil der saudi-arabischen Gesellschaft konnte ich bislang nicht viel berichten, also habe ich die Zeit genutzt, um Frauen anzuschreiben. Wahllos. Alle. Dick, dünn, jung, alt, mit oder ohne Foto. Auf der Couchsurfing-Website kann man ein Häkchen setzen, um nur nach männlichen oder nur nach weiblichen Mitgliedern zu suchen – ein beliebtes Hilfsmittel unter denen, deren Motivation eher die interkulturelle Schürzenjagd als der kulturelle Austausch ist. Der Damenanteil unter den Mitgliedern in Saudi-Arabien liegt geschätzt bei etwa einem Prozent, die meisten davon sind Ausländerinnen.

Manche schreiben deutlich, dass sie keine Männer aufnehmen können, manche betonen gar, nur für nicht-arabische Herren eventuell eine Couch frei zu haben. Die Zahl moralisch fragwürdiger Anfragen dürfte hoch sein in einer Gesellschaft, die nicht nur selbst extrem restriktiv ist, sondern außerdem jeder ausländischen Dame allein wegen ihres Geburtsortes eine gewisse Liederlichkeit anfantasiert.

Die Bilanz meiner Anfragen:

Eine Professorin für Englisch aus den USA, 52, die an einer Uni in Al Khobar lehrt: keine Antwort.

Eine koreanische Krankenschwester, 29, die in Riad arbeitet und bittet, »keine Fragen über Krankheiten oder Behandlungen« zu schicken, sie kenne sich nur mit Dialyse aus: keine Antwort.

Eine »Mom and wife«, 24, aus Abha, die gerne mit Ausländern chatten würde und als Profilfoto ein Mosaik mit Blumenranken verwendet: keine Antwort.

Eine Touristenführerin aus Tabuk, 38, die auf dem Foto Niqab, Designer-Sonnenbrille und einen Bauarbeiterhelm trägt: keine Antwort.

Eine Englischlehrerin und Masseurin von den Philippinen, 45, die in Dschidda arbeitet: keine Antwort.

Eine Apothekerin aus Eritrea, 31, die in Riad lebt und japanische Mangas liebt: keine Antwort.

Eine Lehrerin aus Neuseeland, 41, die in Dschidda arbeitet und Yoga und Meditation mag: momentan im Heimaturlaub.

Eine Hobbyfotografin, 25, die Fußball mag und in Deutschland studiert hat: gerade in Frankfurt statt in Dschidda.

Die einzige positive Antwort kommt schließlich von Layla aus Dschidda, 39 Jahre alt, »Mutter, Reisende und Foodie«. Mit ihr vereinbare ich ein Treffen.

Außerdem erweist sich eine Zufallsbekanntschaft als Glücksfall: Richard, der deutsche Schnellzugingenieur, den ich in al-Ula traf, ist zwar selbst gerade nicht in der Stadt, bietet mir aber an, in seiner Villa im Compound zu wohnen. Obwohl wir damals nur ein paar Minuten gesprochen hatten. Die Deutschen können es also auch, das mit der Gastfreundlichkeit.

Das ist die gute Nachricht. Die schlechte Nachricht kommt aus Hanau, wo ein rechtsextremer Täter am Vortag zehn Menschen erschossen hat. Ich lande jetzt also in einem Land, in dem in den letzten vier Jahren weniger Menschen von Terroristen getötet wurden als in den vergangenen 24 Stunden in Deutschland. Dafür wurden in Saudi-Arabien in ebendiesen vier Jahren mindestens 630 Menschen mit dem Schwert hingerichtet. Man muss bei Statistiken schon immer das ganze Bild betrachten.

Kleine Kamelkunde

Im Arabischen gibt es etwa hundert Worte für »Kamel« und sogar einige Begriffe für die Laute, die sie von sich geben: al-dhabak ist ein Schmerzensschrei, al-righa ein Geräusch, das Langeweile und innere Leere ausdrückt, al-irzam ein Ausdruck von Sehnsucht und Verlangen.

Ich nehme vom Flughafen Dschidda ein Careem-Taxi zum Sharbatly Compound. Am Eingang befinden sich zwei Checkpoints. Am ersten halten uns zwei Polizisten an, die mit Schnellfeuergewehren bewaffnet sind. Sie überprüfen mit Taschenlampen den Kofferraum und mit Spiegeln den Unterboden. Dann fahren wir über eine klackernde Nagelsperre, die nur in einer Richtung passierbar ist, ohne die Reifen aufzuschlitzen, zum zweiten Checkpoint mit Schlagbaum. Dort sitzt ein Wachmann, der mich überfreundlich bittet, meinen Pass zu hinterlegen, und fragt, wer mich eingeladen habe. Sein mit breitem Lächeln vorgetragenes »Enjoy your visit to Sharbatly, Sir!« passt nicht so recht zur abweisenden Umgebung, aber vermutlich hilft diese herzliche Art den Bewohnern, nicht ständig darüber nachzudenken, warum ihr Compound so streng bewacht werden muss. Die Zufahrt erinnert an eine Grenze, die in ein anderes Land führt.

Am Ende der Hauptstraße bin ich mit einem Sportlehrer namens Bernd verabredet, der mir die Schlüssel für Richards Haus gibt. Er spricht mit badischem Zungenschlag und hat ein sonnenverbranntes Gesicht, gerade war er mit seinem Motorrad in der Wüste. »Weil ich zuletzt so viele Skiurlaub-Fotos auf WhatsApp bekam – da wollte ich mal ein paar andere Motive zurückschicken.« Gemeinsam gehen wir über rasterartig angelegte Straßen zu meiner Unterkunft. Sharbatly besteht aus 1100 Wohneinheiten mit gelben oder babyrosafarbenen Wänden, eine Kleinstadt aus einstöckigen Kleinvillen mit Kleingärten. Riesig sind dafür die Autos, ich sehe einen Ferrari, einen Maserati und Dutzende SUVs, geparkt unter Sonnenschutzsegeln am Straßenrand.

»Die meisten haben außer ihrem Dienstwagen noch einen Zweitwagen für die Frau. Zum Supermarkt fährt man hier vor-

zugsweise im Audi Q7«, sagt Bernd. Der Supermarkt befindet sich nicht etwa außerhalb, sondern in der Mitte des Compounds, neben einer Arztpraxis, einem Friseur und dem Flawless Beauty Salon.

Zu den drei Sportzentren mit Swimmingpools haben Saudis keinen Zutritt, ausgesperrt im eigenen Land. »Wir leben wie in einem Ferienclub«, sagt Bernd. »Außerdem erinnert es an Amerika zur Zeit der Prohibition. Viele stellen selber Alkohol her – in Sharbatly vor allem Whisky und Gin, weil hier viele Briten wohnen.«

Er stoppt vor Haus Nummer zwölf und öffnet ein weißes Metalltor. Im Vorgarten stehen ein Motorrad und ein Geländewagen, durch die Haustür gelangt man direkt ins Wohnzimmer. »Ich hoffe, du hast dir den Weg gemerkt«, sagt Bernd.

»Na klar«, lüge ich, und er verabschiedet sich.

Ich habe nun eine eigene Villa. In einer Art Ferienclub. Ich, der verwegene Entdeckungsreisende, der Pionier auf der Suche nach Neuland im Morgenland. Flachbildfernseher, Dolby-Surround-Heimkinoanlage und Eiffelturm-Applikationen an der Tapete. Es gibt sogar eine kleine Bibliothek, aber die Freude darüber währt nur kurz, weil die Bücher Titel haben wie »Handbuch Gleis«, »Leit- und Sicherungstechnik im Bahnbetrieb« und »Arbeitsverfahren für die Instandhaltung des Oberbaus«. Ich bin ein wissbegieriger Mensch, aber so wissbegierig nun auch wieder nicht.

Viel mehr interessieren mich die Frauen. Am nächsten Tag bin ich nachmittags mit Layla verabredet, vorher treffe ich noch Faisal, meinen Freund vom Weihnachtscamp, den Arzt mit dem Königsfoto im WhatsApp-Profil.

Ich schlage eine Shishabar als Treffpunkt vor, nicht weit von Al-Balad. Sie ist dunkel und verraucht und geschmückt mit Postern von Neymar, Salah und Iniesta, Fußballstars in erotisierend knapper Beinmode.

Faisal blickt sich mit Unbehagen um. »Normalerweise gehe ich nicht an solche Orte, ich komme aus einer wohlhabenden Schicht«, erklärt er. Aber die Apfeltabak-Shisha ist schon bestellt, also bleiben wir. Als Revanche dafür, dass ich ihn aus seiner Komfortzone hole, tut er bald dasselbe mit mir. Dabei fängt das Gespräch ganz harmlos an.

»Haben die Deutschen viele Kinder?«, fragt er.

»Meistens eins oder zwei. Schon drei Kinder sind ungewöhnlich.«

»Verrückt. Ich habe vierzehn Brüder und neun Schwestern. Mein Vater hat vier Frauen *wallah*. Mit Terminkalender, jeden Tag ist er bei einer anderen. Das geht in Deutschland nicht, oder?«

»Nein. Bei uns kann ein Mann nur mit einer Frau gleichzeitig verheiratet sein.«

»Aber sie hat ihre Periode sieben Tage im Monat. Was machst du an diesen sieben Tagen?«

»Man kann auch mal zusammen fernsehen. Oder ein Buch lesen.«

»Ich habe gehört, Frauen gehen oft fremd in Europa. Was passiert dann?«

»Wenn es herauskommt, gibt es Streit, manchmal trennt sich das Paar. Bist du verheiratet?«

»Nein. Aber ich habe eine Freundin. In den letzten fünf Jahren ist das immer üblicher geworden.«

»Wissen deine Eltern davon?«

»Nein. Die Gesellschaft akzeptiert das nicht. Ich habe ein geheimes Apartment. In Europa betrügt man Partner, hier betrügt man die Öffentlichkeit.«

»Könntest du dir vorstellen, sie zu heiraten?«

»Hm. Möglich. Weißt du, es ist anders. Aus gesellschaftlicher Sicht ist sie kein guter Mensch. Weil sie sich mit mir einlässt, ohne Ehe. Aber ich denke: Sie will Männer, sie will Gefühle, das ist okay. Viele sind so. Guck mal, das ist ein Video von einer Party bei einem Freund im Keller.«

Er öffnet eine App, die aussieht wie der Apple-Taschenrechner, und tippt eine Zahlenfolge ein. Damit kommt er zu seinen versteckten Dateien. Dann zeigt er mir einen kurzen Clip auf dem Handy. Ein dunkler Partyraum ist zu sehen mit bunten Scheinwerfern und Nebelmaschine, drei Mädchen um die zwanzig tanzen unmotiviert zu »Dance Monkey«. Sie tragen hohe Absätze und kurze Röcke, was schwer zu übersehen ist, weil die Kamera auf die Hintern zoomt. Auf Stühlen sitzen Männer und schauen zu.

»Glaubst du, Frauen und Männer können auch einfach Freunde sein?«, frage ich.

»Du meinst, ohne auf sie zu blicken wie ein Tier, ohne Belästigung, ohne Penetration?«

Wie selbstverständlich er Frauen auf das rein Sexuelle reduziert. Und dann noch mit dieser Wortwahl. Einer Gesellschaft, die auf so strenger Geschlechtertrennung basiert, fehlt offenbar nicht nur die Empathie, sondern auch manches Vokabular.

»Ich hätte es anders ausgedrückt, aber ja.«

»Vielleicht. Bei mir im Krankenhaus sind jetzt 34 weibliche Kollegen in meiner Abteilung. Ich respektiere sie – weil ich gut ausgebildet bin und weiß, was sich gehört. Früher war das anders. Wie Öl und Feuer.«

»Willst du bald heiraten?«

»Klar. Ich will vier Frauen. Eine aus Saudi-Arabien und je eine aus Deutschland, USA und England.«

Seine Angewohnheit, sich ständig mit der Hand über das Kinn zu streichen, als würde er bedächtig seine Worte abwiegen, ist bei diesen Gesprächsthemen noch irritierender als sonst.

»Aber das ist doch ungerecht. Warum darf ein Mann vier Frauen haben, aber eine Frau nicht mehrere Männer?«, frage ich.

»Steht so im Koran. Außerdem ist der Mann sicherer vor Krankheiten. Wenn eine Frau heute mit einem Mann schläft und

Gegenseitige Sympathie: Sollte ich noch nicht erwähnt haben, dass Kamele die tollsten Tiere der Welt sind, möchte ich es an dieser Stelle ausdrücklich tun.

In Tabuk verbringe ich die Abende mit Menschen, deren Familien noch vor Kurzem als Nomaden in der Wüste lebten.

Die Wüstenlandschaften sind vielerorts alles andere als eintönig. Mein Gastgeber Nasser nimmt mich mit zu seinen Lieblingsspots.

In Mada'in Salih sind mehr als hundert antike Gräber erhalten. Touristenführerin Nojoud erklärt, wie die Nabatäer vor 2 000 Jahren den Fels bearbeiteten.

Turki nutzt jeden freien Tag, um mit Freunden in die Wüste zu fahren. Per Funkgerät unterhält er sich mit den anderen.

Fünf Tage lang darf ich mitreisen. Zwischen Al-Ula und Tabuk legen wir Hunderte Kilometer in der Einsamkeit zurück.

Die Vielfalt an Farben ist gering. Mit der Zeit versteht man, warum die grünen Landschaften anderer Länder die Saudis so begeistern.

Wunderland im Sand: Manche Sandsteinfelsen scheinen den Gesetzen der Schwerkraft zu trotzen.

Einzelhandel auf Arabisch: Jenseits der Shoppingmalls findet man noch vereinzelt kleine Märkte und Basare mit Morgenland-Charme.

Erst seit ein paar Jahren dürfen Frauen als Verkäuferinnen arbeiten. Vorher galt das als moralisch bedenklich, weil sie dabei auf männliche Kunden treffen.

Parfümhändler in Dschidda: Berühmt ist der Duft »Arabian Oud«, der aus dem Harz des Adlerholzbaumes gewonnen wird.

Dolchschmied in Nadschran: Manche Klingen werden hier aus den Metallteilen ausrangierter Panzer hergestellt.

Typisch Saudi-Arabien: Zur Gebetszeit schließen die Läden. Angst vor Diebstahl scheint man nicht zu haben, oft werden nur Decken vor den Eingang gehängt.

Die meisten Einheimischen beten vier- oder fünfmal am Tag. Ich kenne außer dem Vatikan keinen anderen Staat, in dem Religion so allgegenwärtig ist.

Schaufensterpuppen sieht man ausschließlich ohne Kopf – alles andere wäre ein unzulässiges Abbild der Schöpfung Gottes.

Spielplätze nehmen enorme Flächen ein. Zwischen den einzelnen Anlagen ist viel Platz, damit die Privatsphäre der Familien gewahrt bleibt.

In der Gegend um Fayfa bieten Verkäufer die Kopfbedeckung der »Blumenmänner« an. Die darin enthaltenen Kräuter sollen sogar gegen Atemwegsbeschwerden helfen.

Strand-Einsamkeit auf Farasan: Hier soll ein tropisches Urlaubsparadies entstehen. Die Überfahrt ist gratis, weil das Königshaus die Fähre gestiftet hat.

Der Bergort Rijal Almaa wurde aufwendig restauriert. Die Architektur erinnert an Bauten im nahe gelegenen Jemen.

Von Beduinenvölkern stammt die Tradition, sich mit einer dreifachen Berührung der Nasen zu begrüßen – ein Zeichen tiefer Freundschaft.

In Nadschran treffe ich Angehörige des Yam-Stammes. Viele von ihnen sind Schiiten und damit Teil einer Minderheit, die häufig Opfer von Diskriminierung wird.

Mein Gastgeber Anwar nimmt sich viel Zeit für mich. In einer Pause essen wir köstliches *Balila*, ein Gericht aus Kichererbsen, Knoblauch und Zitronensaft.

Hereinspaziert! Spontan werden wir auf eine Hochzeit mit Hunderten Besuchern eingeladen – in einem Bankettsaal namens Venezia.

Viele der Gäste tragen stolz ihre *Janbiya*-Dolche zur Schau. Die Feier für die Frauen findet in einem abgetrennten Bereich statt.

Gastgeber Fahad in Hafar al-Batin weiß erst gar nicht, was er mir zeigen soll. Dann wird es aber doch noch ein unvergesslicher Aufenthalt.

Unter anderem, weil dort der größte Ziegen- und Schafmarkt der Golfregion stattfindet. Ein riesiges Spektakel, das viele Touristen anlocken könnte.

Gruppenbild am Ende einer spontanen Einladung in Nadschran. Die Frage »Kaffee oder Tee?« hört man hier nie – beides wird üblicherweise nacheinander serviert.

Am Ende sind es ganz schön viele Türschwellen geworden, die ich überschreiten durfte. Dank Couchsurfing erlebe ich das Land aus der Alltagsperspektive.

Skyline von Riad: Das Letzte, was ich vor dem Rückflug sehe, sind die nächtlichen Fassaden der Hauptstadt.

morgen mit einem anderen, bekommt sie wahrscheinlich eine Krankheit. Das liegt am unterschiedlichen Genitalsystem.«

»Männer können auch Geschlechtskrankheiten bekommen.«

»Nein, der Mann ist sicherer davor, und nur Frauen können sexuelle Krankheiten weiterverbreiten. Das habe ich gelesen. Die Krankheit kommt immer von der Frau, weil sich bei ihr die Bakterien und Viren sammeln.«

»Aber homosexuelle Männer können auch krank werden.«

»Die Schwulen machen Sexualität von hinten, mit einer Frau macht man es von vorne.«

Hand am Kinn, langsames Kopfnicken. Die Körpersprache von einem, der auf alles eine Antwort weiß. Schaltete man den Ton ab, jeder Betrachter würde sofort glauben, dass hier ein kluger junger Mediziner die neuesten wissenschaftlichen Erkenntnisse referiert. Tut er aber nicht, stattdessen sagt er: »Schwul ist nicht gut. Der Anus ist dreckig, hat mehr Toxizität. Aber mit der Frau frontal: Das ist Sicherheit.«

»Wenn der Mann ein Kondom benutzt, sind beide geschützt.«

»Ein Kondom ist nicht gut, für den Mann ist das schlecht. Ich habe das versucht. Hahaha. Das ist nicht gut.«

Ich halte Faisal nicht für einen bösen Menschen und auch nicht für dumm. Vermutlich würde er in einem anderen Lebensumfeld ganz andere Ansichten entwickeln. Doch hier sind seine faktenfeindlichen Überzeugungen salonfähig, und er verbreitet sie weiter, im Freundeskreis und in Partnerschaften. Mit großem Selbstvertrauen, mit Charisma, sogar mit Witz. Er ist Arzt, Ärzten vertraut man, erst recht bei medizinischen Themen. Man hätte mit zwei Stunden Sexualkunde in der neunten Klasse verhindern können, dass er solche Thesen äußert, man kann sie mit zwei Minuten Google widerlegen, aber das ist nicht der Punkt. Der Punkt ist, dass Menschen bereit sind, fast allen Quatsch zu glauben, wenn es die eigenen Privilegien schützt.

Familie statt Single

Nach dieser Einstimmung treffe ich also Layla. Sie bittet mich, ihr meine Location zu schicken, sie sei mit dem Auto unterwegs. Zehn Minuten später hält ein Kia-SUV mit verdunkelten Scheiben direkt vor mir. Am Steuer sitzt ein Mann, der Beifahrersitz ist leer. Scheint das falsche Auto zu sein, ich wende mich schon ab, als eine Frauenstimme vom Rücksitz meinen Namen ruft. »Setz dich nach vorne«, sagt Layla.

Ich begrüße sie und den Fahrer. »Das ist Dawood, ein Nachbar von mir. Er fährt mich oft, kann aber leider kein Englisch.«

»Wo fahren wir hin?«, frage ich.

»Zu einem Restaurant. Willst du einheimische Küche oder international?«

»Gerne Arabisch.«

Sie weist Dawood an, uns zum Abu Zaid zu fahren.

Layla trägt weder Kopftuch noch Niqab und hat, soweit ich das in der Dunkelheit des Autos beurteilen kann, gelockte Haare bis zu den Ellenbogen, kaffeefarbene Augen und etwa ein halbes Kilo Schmuck am Körper: Korallen-Ohrringe, eine Muschel-Halskette, eine Handvoll Armbänder pro Arm und sieben Ringe an den Fingern. Zu Turnschuhen trägt sie eine schwarze Abaya, neben ihr auf dem Sitz liegt eine Louis-Vuitton-Handtasche.

»Guten Tag, wie geht es dir?«, fragt sie plötzlich auf Deutsch.

»Gut. Du kannst meine Sprache?«

»Nur ein paar Wörter.« Jetzt spricht sie wieder Englisch. »Mein bester Freund lebt in Berlin.«

Plötzlich sehen wir neben uns Blaulicht, ein Polizeiwagen überholt, schneidet uns den Weg ab und zwingt uns zum Anhalten.

»Oh Gott«, japst Layla. »Wir sagen, du bist ein Gast meiner Firma, okay? Mist. Was wollen die? Ich habe solche Angst, ich muss gleich weinen.« Sie fängt an zu weinen, der Fahrer steigt aus. Er muss seine Papiere zeigen, gedämpft hören wir durch die

Scheiben ihren Wortwechsel. »Der Polizist ist total unfreundlich«, flüstert Layla, als Dawood mehrere große Geldscheine überreicht. Dann steigt er ein, gibt Gas und berichtet. »500 Riyal Strafe, weil die Folien auf den hinteren Scheiben eine winzige Stufe zu dunkel sind«, übersetzt Layla. »Unglaublich, wie streng die sind.«

»Hätten wir auch Ärger kriegen können, weil wir nicht verwandt sind und trotzdem im gleichen Auto sitzen?«

»Klar. Aber vor ein paar Jahren wäre das schlimmer gewesen, da hätten sie uns festgenommen.«

Wir halten, sie zieht ein Kopftuch über, wir verabschieden uns vom Fahrer. Hinter der hübschen Glasfront des Fast-Food-Ladens Abu Zaid können wir das geschäftige Treiben im »Singles«-Bereich beobachten. Weniger einladend wirkt der mit »Families Entrance« bezeichnete Seiteneingang, hinter dem eine schmucklose Treppe in den ersten Stock führt. Für mich eine Premiere, ohne weibliche Begleitung sind Familienbereiche tabu.

An einer Theke bestellt Layla die Speisen. Ein Mitarbeiter bringt uns zu einem der abgeschlossenen Esszimmer, mit Schiebetür aus Holz und einer Tapete voller Lebensmittel-Illustrationen. Bald klopft ein Kellner und serviert auf einem Plastiktablett Plastikschüsseln und Plastikschalen mit *Mutabbaq* (gefüllter Pfannkuchen mit Schafskäse und Oliven), *Masoub* (Brotpudding mit Bananen, Honig und Cheddar) und *Tames* (Fladenbrot). Schmeckt hervorragend, trotz der wenig ansprechenden Flugzeug-Bordmenü-Optik.

»In Dschidda entsteht gerade eine richtige Foodie-Szene. Mit tollen asiatischen und europäischen Restaurants«, sagt Layla, nun wieder ohne Kopftuch. Aus anderen Separees hören wir Kindergeschrei. »Schlimm, dieser Lärm«, sagt sie. »Meine Tochter dürfte niemals so laut sein.«

Während wir essen, erzählt Layla von Zeiten, als üppige Mahlzeiten keine Selbstverständlichkeit waren. Ihre Mutter, die aus dem Jemen stammte, wurde mit zwölf an einen saudi-arabischen Zollbeamten verheiratet. »Sie wollte gerade raus zum Spielen, aber ihre Eltern sagten, nein, du heiratest jetzt«. Mit dreizehn bekam sie die erste Tochter, sechs weitere folgten. Ihr Ehemann wollte unbedingt einen Sohn, verließ sie deshalb für eine andere, mit der er aber auch wieder »nur« eine Tochter bekam. Also kehrte er zurück zur Familie.

»Wir waren arm, das Geld reichte nie bis zum Ende des Monats. Meine Mutter ging von Tür zu Tür, um zu betteln. Ich suchte in der Schulkantine die Essensreste aus dem Müll, heimlich, wenn keiner zusah. Oft kam ich deshalb zu spät zum Unterricht – und wurde dafür von der Lehrerin mit Stockschlägen bestraft.«

Prügelstrafen an Schulen sind seit etwa zwanzig Jahren verboten. Doch immer mal wieder fordern religiöse Hardliner in Zeitungskommentaren die Wiedereinführung, weil die Schüler keinen Respekt mehr vor den Lehrern hätten. Zu Hause dürfen Eltern ihre Kinder nach wie vor schlagen, solange sie es nicht allzu exzessiv tun.

Layla zeigt mir ein YouTube-Video, das ihre Lebensgeschichte in drei Minuten erzählt. Die Kindheit auf engstem Raum, vier Schwestern, die in einer Ecke des Wohnzimmers unter Decken schlafen.

Ihre Hochzeit mit 21, ein Ehemann, der ihre Bücher vom Tisch wirft, als sie etwas lesen will, und sie zur Hausarbeit beordert.

Wie sie heimlich eine »Sesamstraße«-Folge über Buchstaben auf einem Laptop anguckt und auf einem Blatt Papier das lateinische Alphabet übt.

Die Schwiegermutter in einem nobel eingerichteten Wohnzimmer, die sie zwingt, auf dem Fußboden zu sitzen, während ihr Mann auf dem Sofa Platz nimmt.

Ein Streit mit dem Ehemann. Sie trennt sich von ihm, verlässt das gemeinsame Haus mit einem Rollkoffer in der linken und der Tochter an der rechten Hand.

Wir sehen Layla in einem Großraumbüro, in einem Uni-Seminarraum, als Empfängerin einer Urkunde. Sie trifft andere Frauen, klopft ihnen aufmunternd auf die Schultern.

Der kurze Film entstand 2018 für einen Wettbewerb, bei dem Menschen geehrt werden, die trotz widriger Umstände beruflichen Erfolg hatten. Ein Preis für Kämpfernaturen. Über die besten Bewerber wurden professionelle Kurzfilme gedreht, und Layla gewann einen der Preise, einen fünfstelligen Eurobetrag. »Das hat mein Leben verändert. Auch wenn man aus armen Verhältnissen kommt, kann man etwas erreichen. Mit Ausbildung und Kampfgeist. Als Teenager habe ich zusammen mit meinen Schwestern geschworen, dass wir ein besseres Leben haben werden. Die anderen haben nun auch gute Jobs, einige arbeiten für die Regierung.«

Heute wird Layla als Inspirationsrednerin an Unis eingeladen, sie selber machte nach ihrer Scheidung einen Bachelor in Jura, will als Nächstes einen Master dranhängen, einen DJ-Kurs an einer Musikschule machen, Motorrad fahren lernen (sobald Frauen Motorrad fahren dürfen) und die große Liebe finden. Nicht unbedingt in dieser Reihenfolge.

»Ich bin mit einem Griechen zusammen«, sagt sie. »Okay, nicht so richtig zusammen. Wir kennen uns seit zwei Monaten und drei Tagen, haben uns aber noch nicht getroffen. Aber wir unterhalten uns täglich per Videocall, und in vier Tagen fliege ich hin.«

»Woher kennt ihr euch?«

»Eine Freundin aus Griechenland hat ihn mir vorgestellt, sie meinte, wir passen gut zusammen.«

»Und, was glaubst du, wie es wird?«

»Wir werden sehen. Ich bin ziemlich nervös und hoffe, dass er in echt genauso toll ist wie am Telefon.«

Wir nehmen ein Taxi zur Corniche-Shoppingmall, einem Ort, mit dem Layla viele Kindheitserinnerungen verbindet. Am Eingang steht ein Metalldetektor, Layla spricht kurz mit der Securityfrau und geht außenrum, ich will ihr folgen, werde aber in die

Schleuse beordert. »Ich habe gesagt, ich sei schwanger. Das mache ich immer so, um nicht so viele Strahlen abzukriegen.«

Die Mall wirkt älter und weniger nobel als die Shoppingzentren, die ich bisher gesehen habe. Statt Waren ausländischer Markenfirmen gibt es Armbanduhren vom Wühltisch und vollgestopfte Läden für billige Sonnenbrillen, billigen Schmuck und billige Klamotten. Eine ältere Frau ruft hinter Layla her, sie solle nicht so viel laufen. Wir verstehen nicht, was sie meint, vielleicht will sie einfach nur belehren oder stört sich in Wahrheit am fehlenden Kopftuch meiner Begleiterin. Nach welcher Logik sie es in der Öffentlichkeit an- oder ablegt, erschließt sich mir nicht, vermutlich folgt sie einfach ihrem Bauchgefühl.

An einer Rolltreppe gegenüber einem schmalen Café bleibt Layla stehen. Es heißt The Coffee House, hinter einem Fenster befindet sich eine Bank mit drei Hockern. »Hier hat eine meiner Schwestern immer ihren Freund gesehen«, sagt sie. »Er saß da, sie fuhr die Rolltreppe auf und ab, und wir anderen Schwestern waren eifersüchtig, weil er so gut aussah. Meine Mutter war dabei, ahnte aber nichts.«

»Was ist daraus geworden?«

»Nichts. Sie haben oft telefoniert, aber die einzigen Treffen waren hier, immer mit einer Glasscheibe und ein paar Metern zwischen ihnen. Irgendwann haben sie sich aus den Augen verloren.«

Fast jedes Wochenende kamen Mutter und Töchter damals her. Manchmal kauften sie was, oft genossen sie nur die kühle Klimaanlage. Sonst gab es außerhalb der eigenen Wohnung nicht viel zu tun. »Ich bin wahnsinnig froh, dass meine Tochter in einem anderen Land aufwächst als wir damals«, sagt Layla.

Doch inwieweit ist es das wirklich, ein anderes Land? Ja, es gibt nun Kinos und Auto fahrende Frauen und Livemusik, und die religiösen Hardliner und ihre Religionspolizei wurden geschwächt. Doch wer nun automatisch denkt, auch die Zivilgesellschaft mache Fortschritte oder demokratische Strukturen würden gar gestärkt, liegt falsch. Keines der neuen Gesetze ermöglicht den Bürgern mehr politische Mitsprache oder erhöht die Freiheit, auch mal Kritik an der Regierung zu äußern. Im Gegenteil: Wer über das Königshaus schimpft, muss heute laut der Menschenrechtsorganisation ALQST mehr Ärger befürchten als vorher.

»Schreib nichts, was mich ins Gefängnis bringt, okay?«, sagt Layla zum Abschied. Sie wirkt ernsthaft besorgt, obwohl sie nichts Kontroverses gesagt hat, obwohl sie keine Regimekritikerin ist. Wir bestellen Taxis und fahren in verschiedene Richtungen nach Hause.

Apropos Gefängnis: Gegenüber vom Sharbatly Compound (1054 Google-Bewertungen, Durchschnitt 4,1 von fünf Sternen) steht eins, das berüchtigte Briman Prison (254 Google-Bewertungen, Durchschnitt 3,0 von fünf Sternen). Wer sich über den geringen Unterschied im Urteil des Internets wundert, sollte wissen, dass bei Letzterem die meisten Kommentare sarkastisch gemeint sind, mit Sätzen wie »Man fühlt sich sicher, Mahlzeiten gratis, Service könnte besser sein«.

Der Blogger Raif Badawi verbrachte einige Jahre seiner Haft im Briman. Sein Verbrechen: Er betrieb eine Website namens »Die Saudischen Liberalen«, auf der er unter anderem dazu aufrief, den Islam als gleichwertig zu anderen Religionen anzusehen. Da jede Infragestellung des Islam im saudischen Rechtsverständnis als »terroristische Handlung« gewertet werden kann, wurde er 2014 zu zehn Jahren Knast und tausend Stockhieben verurteilt. Sein Anwalt Waleed Abu Al-Khair musste gar für fünfzehn Jahre »hinter die Sonne«, wie die gängige arabische Umschreibung lautet. Auf Websites, die in Saudi-Arabien gesperrt sind, ist zu lesen, dass sich beide in einen Hungerstreik begaben, als ich gerade in Dschidda im Weihnachtscamp »Holzbrettspringen« spielte.

Während meiner vergnüglichen Reise sitzen auch Loujain al-Hathloul, Nouf Abdulaziz, Samar Badawi, Naseema al-Sada und Maya'a al-Zahrani im Gefängnis, allesamt Aktivistinnen, die sich mit friedlichem Protest für mehr Frauenrechte eingesetzt haben. Auf Websites, die in Saudi-Arabien gesperrt sind, ist zu lesen, dass mehrere von ihnen während der Haft Folter und sexuellem Missbrauch ausgesetzt waren.

Während meiner vergnüglichen Reise ist Abdullah al-Hamid inhaftiert, ein Dichter, Professor und Menschenrechtsaktivist, der sich für eine konstitutionelle Monarchie einsetzte. Er stirbt ein paar Monate später an den Folgen eines Schlaganfalls.

Während meiner vergnüglichen Reise sitzt Salman al-Auda hinter Gittern, ein Islamgelehrter, der einmal sagte, eine Regierung, die Angst vor freier Meinungsäußerung habe, sei keine Regierung.

Während meiner vergnüglichen Reise listet der Twitter-Account »Prisoners of Conscience« unzählige weitere Fälle von Menschen auf, die sich wegen Meinungsäußerungen oder gewaltfreiem Protest in Haft befinden. Die arabische Seite hat 330 000 Follower, die englische Übersetzung (@m3takl_en) nur 13 000. Ein Zeichen des leider geringeren Interesses der westlichen Welt für ein Thema, das jede Aufmerksamkeit verdient. Empfehlen würde ich einen Blick dorthin auch denen, die in Deutschland von mangelnder Meinungsfreiheit oder gar einer »Diktatur« sprechen. Als kleine Einordnung, wie eine echte Diktatur mit Kritikern umgeht.

Vorzeichen der Apokalypse

Das behagliche Leben im Compound führt zu einer gewissen Trägheit. Am folgenden Tag habe ich keine Lust auf Menschen und schlendere träge von der Villa zum Supermarkt, zum Panache-Restaurant (feines Teriyaki-Huhn) und zum Poolbereich, der mit seinen weißen Liegestühlen und rotem Kachelboden das Ambiente eines ägyptischen Ferienclubs in den Achtzigern zitiert. Ich bin alleine dort, bis auf eine britische Mutter und ihre etwa siebenjährige Tochter mit Schwimmbrille, die hinter Tauben herrennt und dabei verstörende Selbstgespräche führt (»Pigeons! Looking like a tasty snack!«). Im Zweiminutentakt fliegen Flugzeuge tief über die Anlage, der Flughafen ist nur zehn Autominuten entfernt.

Ich schreibe ein paar *open couch requests* für meine nächsten Reiseziele, das sind öffentliche Mitteilungen auf der Couchsurfing-Seite, auf die sich dann potenzielle Gastgeber melden können. Eigentlich suche ich lieber selber nach interessanten Leuten und schreibe sie dann persönlich an, aber das erweist sich in Saudi-Arabien als mühsam, weil wenige Antworten, geschweige denn Zusagen kommen.

Deshalb bin ich überrascht, wie schnell es auf diesem Weg geht. Schon nach wenigen Minuten meldet sich Sultan aus Riad, der schreibt, er komme zufällig genau wie ich in ein paar Tagen nach Dschazan, wir könnten uns treffen und die Unterkunft teilen, um Geld zu sparen. Gute Idee, schreibe ich zurück. Er ist 36, arbeitet als IT-Sicherheitsspezialist und berichtet nach wenigen Zeilen WhatsApp-Small-Talk von seiner Begeisterung für schwule Swingerpartys in Berlin. Er habe bereits ein Zimmer gebucht, mit Kingsize-Doppelbett.

Ich erwähne meine glückliche Beziehung mit einer Frau und betone, keinerlei lüsterne Intentionen sowie eine Präferenz für getrennte Betten zu haben. Er ist unter diesen Umständen einverstanden, auf ein Zimmer mit zwei Betten umzubuchen, er selbst sei ebenfalls in einer festen Beziehung. Sultan wirkt sympathisch, sowohl in seinem Onlineprofil als auch in der weiteren WhatsApp-Konversation.

Den Rest des Nachmittags verbringe ich trotzdem mit Überlegungen, ob es wegen der lokalen Gesetzeslage vernünftiger gewesen wäre, auf zwei Zimmern zu bestehen. Was meinen Sie?

□ ein Zimmer
□ zwei Zimmer
□ weiß nicht
□ Wie naiv kann man sein, du Evolutionsbremse?

Am nächsten Morgen nimmt mich Bernd mit an seinen Arbeitsplatz, ein Schulbus amerikanischer Bauart bringt uns zum wenige Kilometer entfernten Nada Compound. Vom saudi-arabischen Bildungssystem weiß ich bislang nur, dass a) Schulbücher noch bis vor wenigen Jahren Propaganda für den Heiligen Krieg gegen Christen und Juden machten und b) Kinder aus einflussreichen Familien meist gute Noten bekommen, weil andernfalls deren Väter umgehend für die Entlassung des entsprechenden Lehrers sorgen. Mit anderen Worten: Ausländische Schulen können hier durchaus einen Mehrwert bieten.

Ich hätte erwartet, dass an der Deutschen Schule in Dschidda hauptsächlich Diplomatensprösslinge getriezt werden, aber weit gefehlt: Nur wenige Schüler sind in Deutschland geboren, die meisten stammen aus Saudi-Arabien oder Ägypten, viele haben Eltern, die eine Zeit lang in München oder Berlin gelebt haben. Arme Familien sind das nicht, die Schule wird von Gebühren finanziert, mehr als 11 000 Euro pro Jahr in der Mittelstufe, 15 000 Euro für die Oberstufe. Die Kids können hier am Ende der zehnten Klasse den Realschulabschluss machen oder nach der zwölften das Gemischtsprachige Internationale Baccalaureate (GIB), das ein Hochschulstudium in Deutschland und anderen Ländern ermöglicht.

Schulkinder rattern mit kleinen Rollkoffern durch das blaue Metalltor, das zu dieser deutschen Insel mitten in Dschidda führt. Tornister sind anscheinend out. Der Pausenhof ist ortstypisch begrünt (Kunstrasen und zwei Palmen), verweist aber mit hölzernen Bank-Tisch-Kombinationen und Doppel-T-Betonbodenfliesen subtil auf die Anmutung deutscher Autobahnraststätten. Eingerahmt wird er von beigefarbenen einstöckigen Gebäuden mit gepflegten Klassenräumen. Am Schwarzen Brett hängen Klassenfotos und Werbung für einen Nachhilfelehrer namens Steffen, illustriert mit schwarz-rot-goldenen Daumen-hoch-Symbolen.

Bernd führt mich ins Lehrerzimmer und stellt mich seinen Kollegen vor. »Bitte schreib nicht, wie ungefährlich das Leben in Dschidda ist, wir verdienen ganz gut«, sagt einer zu mir.

In den nächsten Stunden darf ich mit in drei Klassen. Die Schüler sprechen hervorragend Deutsch und stellen neugierige Fragen. In der Zehnten wollen sie wissen, ob man der *ARD* und dem *Spiegel* trauen könne, in der Ersten klären wir, was der Plural von »Hase« und »Auto« ist, in der Fünften reden wir über den Weltuntergang. Dabei fängt das Gespräch ganz harmlos an, mit einer Frage zum Islamunterricht.

»Fünf mal zwei Stunden am Tag«, sagt Ali.

»Eigentlich fünfmal, aber ich gehe nur dreimal«, sagt Dima.

»Fünf Stunden pro Woche«, sagt Asim.

So viel Zeit verbringen also Neunjährige mit dem Koran. Lesen, Auswendiglernen, Intonation. Wenn das die Schule nicht anbietet, muss man es eben privat organisieren.

»Versteht ihr denn alles, was da drinsteht?«, fragt Herr Seemann, der Klassenlehrer.

»Nein«, kommt es im Chor zurück, einige lachen, was für eine absurde Frage.

»Aber ich will den ganzen Koran auswendig lernen«, sagt Malik. »Mein Cousin ist vierzehn, und der kann das. Alle 612 Seiten.«
Als ich so alt war wie Malik, wollte ich Fußballprofi werden.

Wie oft sie beten, will der Lehrer wissen. »Wer schafft fünfmal am Tag?« Nur Ali meldet sich, die anderen kommen auf drei- oder viermal. »Meine Mutter sagt manchmal, ich soll beten gehen, und ich lüge sie dann an«, gesteht Fatima, was zu einiger Erheiterung führt.

Malik meldet sich und fragt, ob er eine »Geschichte sagen« dürfe. Er darf.

»Also: Gott hat dem Propheten gesagt, die Menschen sollten 5000-mal beten am Tag. Und der Prophet sagte: Bitte mach das weniger. Weil die Leute, die nicht Muslime sind, werden dann sagen, warum sollten wir Muslime werden, wenn wir da so viel beten müssen? Dann hat Gott immer fünf weniger gemacht. Der Prophet hat weiterverhandelt, bis nur noch fünf Gebete übrig waren. Es gibt aber noch andere Dinge, die man machen muss außer Beten. Zum Beispiel nicht die Mutter anschreien. Oder anlügen.« Die Kinder lachen, alle blicken zu Fatima, sie hebt die Arme wie eine lebende Kopie des Schulterzuck-Emojis und lacht mit.

Ich wechsle das Thema und frage, was sich in den letzten Jahren in Saudi-Arabien verändert habe. Reihum kommen die Antworten:

»Der Prinz will jetzt Saudi-Arabien wie Amerika machen. Und neue Sachen bauen, damit viele Menschen kommen«, sagt Tuana.

»Überall sind jetzt Kameras. Wer Müll auf den Boden schmeißt, muss ins Gefängnis«, sagt Assya.

»Es gab viele Pflichten, und die Männer und Frauen waren so auseinander«, sagt Asim.

»Frauen dürfen jetzt Auto fahren, und es gibt Kinos«, sagt Tuana.

»Es gibt nicht mehr die Pflicht, diese Kleidung zu tragen. Die Abaya. Und es gibt jetzt Feiern und Konzerte«, sagt Fatima.

»Gott hat uns Signale gegeben, wann die Welt nach unten gehen wird. Und die Signale sieht man jetzt«, sagt Malik.

»Was meinst du damit?«, frage ich.

»Ein Signal ist, wenn Menschen auf ihren Köpfen Instrumente tragen. Also Kopfhörer. Jeder trägt jetzt Kopfhörer. Ein anderes Zeichen ist, wenn Beduinenländer darüber streiten, wer ein höheres Haus baut. Und das ist jetzt auch so.«

»Nein, nein, nein, Malik. Es sind ganz andere Signale«, widerspricht Tuana. »Es gibt so einen Mann, der ist sehr groß, der heißt Daddschal.«

»Nein, das ist erst, wenn es so weit ist«, sagt Malik.

»Der hat ein grünes Auge und ein blaues, und da steht Daddschal drauf«, sagt Tuana.

»Nein, er ist auf einem Auge blind«, korrigiert Malik. »Wenn Daddschal auf die Welt kommt, wird er mit Jesus kämpfen, und dann schmilzt Daddschal. Aber das ist erst später. Jetzt gibt es nur die Signale.«

Sagen wir es mal so: Das ist nicht die Art von Diskussion, die ich von Fünftklässlern erwartet hatte. Aber theologische Debatten sind keine Seltenheit in den Klassenzimmern. Einmal, berichtet eine Lehrerin, habe sie über den Nikolaustag in Deutschland gesprochen. Ein Schüler sagte, Nikolaus sei ein böser Mann, er habe viele Menschen getötet, das wüsste er von seiner Mutter. Am nächsten Tag sei die Mutter persönlich vorbeigekommen, um sich wegen christlicher Indoktrination zu beschweren. Kein Gegenargument habe sie akzeptiert.

Die Dozenten müssen aufpassen mit ihrer Themenwahl. Eine ausländische Schule darf nicht den Verdacht erregen, junge Menschen vom Islam abbringen zu wollen, sonst wäre es bald vorbei mit dieser winzigen deutschen Insel mitten in Dschidda.

Was Malik über Jesus als Weltuntergangskämpfer gesagt hat, geht mir nicht aus dem Kopf. Ich schlage es später nach: Tatsächlich gibt es unter Sunniten die Ansicht, Jesus werde während der Apokalypse zurück auf die Erde kommen und den Daddschal-Teufel mit dem Schwert besiegen. Laut christlicher Überlieferung dagegen ist Erzengel Michael dazu bestimmt, dem Antichrist-Drachen den Garaus zu machen.

Wie nah und fern zugleich Christentum und Islam sich manchmal sind.

Kleine Kamelkunde

Kamele in Zahlen: Ein erwachsenes Tier kann in fünfzehn Minuten 200 Liter Wasser trinken, 120 Kilometer an einem Tag laufen und für kurze Sprints bis zu 65 Stundenkilometer schnell werden. Wasser können Kamele aus bis zu dreißig Kilometern Entfernung wittern.

Auch für Kronprinz MBS ist Jesus übrigens ein nicht ganz unwichtiges Thema. Genauer gesagt ein Bild, das ihn zeigt: »Salvator Mundi«, Öl auf Holz, das Porträt eines segnenden Christus, das vielleicht von Leonardo da Vinci stammt, vielleicht aber auch nicht. Im November 2017 wurde es bei Christie's in New York als teuerstes Gemälde aller Zeiten versteigert.

Zuletzt waren noch zwei anonyme Bieter im Rennen, die durch Mittelsmänner vertreten wurden und den Preis immer weiter in die Höhe trieben, bis bei der Rekordsumme von 450 Millionen US-Dollar der Hammer fiel. Später hieß es in einem Bericht des *Handelsblatt*, es habe sich dabei wohl um Vertreter aus Saudi-Arabien und Abu Dhabi gehandelt, die beide glaubten, der jeweils andere komme aus dem verfeindeten Katar, weshalb keiner frühzeitig aufgeben wollte.

Der Meistbietende jedenfalls war ein saudischer Prinz namens Badr bin Abdullah bin Mohammed bin Farhan al-Saud, der heutige Kulturminister des Landes, der vorher weder als Kunstkenner noch als Kunstsammler aufgefallen war.

Der Schluss lag nahe, er habe im Auftrag von Mohammed bin Salman gehandelt. Das jedoch bescherte dem Kronprinzen heftige Kritik im eigenen Land – einerseits, weil ein wenig Bescheidenheit nicht schaden würde, wenn man gerade in Riad den großen Korruptionsbekämpfer markiert. Andererseits, weil ein Jesus, der den Betrachter segnet, so gar nicht passt zu einem Land ohne Kirchen, in dem die strengsten Religionsvertreter jede Kunst, die Menschen darstellt, für gotteslästerlich halten.

Da hilft es auch nicht, dass Jesus im Koran hoch angesehen ist und als Prophet gilt – würde dieser »Retter der Welt« ausgestellt, wäre es in Saudi-Arabien hochproblematisch, öffentlich mit dem Bild zu werben.

Einen Monat nach der Auktion meldete sich plötzlich das Kulturministerium von Abu Dhabi und behauptete, der tatsächliche Käufer zu sein und Prinz Badr die Vollmacht erteilt zu haben. Das passt zwar nicht zur angenommenen Identität des zweiten Bieters, schien aber den saudischen Kronprinzen zu entlasten. Es wird noch besser: Der Sender *Arabi21* setzte nun das Gerücht in die Welt, der Kronprinz von Abu Dhabi habe nach der Versteigerung seine Luxusjacht *Topaz* gegen das Gemälde getauscht, um seinem Freund MBS aus der Patsche zu helfen. Bislang wurde offiziell kein Eigentümerwechsel des 147-Meter-Schiffes verkündet, aber immerhin wurde sein Name zu *A+* geändert, und der Marktwert stimmt ungefähr mit dem Preis des Kunstwerks überein.

Eine solche Transaktion würde MBS allerdings auch nicht gerade staatsmännisch-bescheiden wirken lassen, da er bereits eine 134-Meter-Jacht namens *Serene* besitzt. Zwei Schiffe dieser Größenordnung sind selbst unter Herrschern in Golfstaaten unüblich. Auf der *Serene* wiederum soll das teure Gemälde 2019 als Wandschmuck gesichtet worden sein, behauptet der bekannte Kunsthändler Kenny Schachter. Schöne Vorstellung, so ein Heiland auf der Prinzenjacht, 24/7 am Segnen. Halleluja statt Hamdulillah. Hat je ein Christ einen reichen Moslem derartig getrollt?

Ein Jahr später berichtete das *Wall Street Journal* von einer geplanten Ausstellung in Saudi-Arabien, doch bis heute fand die nicht statt. Hochspannend also, wo dieser Jesus demnächst seine öffentliche Wiederauferstehung feiern wird. Und wem er dann gehören wird.

Fünf Leben

Als ich Layla zum zweiten Mal treffe, hat sie eine neue Frisur. Gewöhnlich zähle ich nicht zu den zwei Prozent der Männer, die solche Mikrodetails bemerken, aber wenn der Anblick von Frauenhaar zum raren Sensationsereignis wird, arbeiten die Sinne mit höherer Auflösung. Sie hat nun seidenglatte Haare statt der vorherigen Lockenpracht. »Ich muss perfekt aussehen, in zwei Tagen fliege ich nach Griechenland«, erklärt sie.

Wir gehen auf einen Iced Latte ins Alert Café, einen somalischen Hipsterladen, in dem als Dekoration Hunderte handbemalte Becher von der Decke hängen. Dann ziehen wir weiter in ein Restaurant namens Street Fifty Six, das für seine asiatische Fusion-Küche bekannt ist. Pilz-Teigtaschen und Wagyurind-Burger, kleine Portionen auf großen Tellern. In der Ecke steht eine Gitarre, aus winzigen Designerboxen läuft etwas zu laut »Crazy Train« von Ozzy Osbourne und »Paradise City« von Guns N' Roses. Erst seit ein paar Monaten ist es legal, in Restaurants Musik abzuspielen. Die Möblierung wirkt, als hätte jemand ganz genau überlegt, welche Kombination aus Lederbänken, teuren Holzstühlen und polierten Marmortischplatten besonders zufällig zusammengewürfelt wirken könnte.

Layla hat noch mehr Neuigkeiten. Sie muss morgen zur Polizei, um als Zeugin auszusagen. »Der Ex-Mann einer Freundin von mir hat ein Fakeprofil bei WhatsApp benutzt, um erotische Fotos von ihr zu verschicken – an ihre Mutter, an ihren neuen Partner, ihren Bruder und sogar an mich. Ich bin eine wichtige Zeugin, weil ich nicht zur Familie gehöre und deshalb besonders glaubwürdig bin.«

»Und, wird der Mann dafür bestraft?«

»Er muss wahrscheinlich ins Gefängnis. Und 300 000 Riyal Strafe zahlen. Das ist ein neues Gesetz.«

Ich bin überrascht, der Betrag allein entspricht 71 000 Euro. Ob die tatsächliche Strafe so hoch ausfällt, ist zwar nicht gesagt – zumal der Mann aus den Vereinigten Arabischen Emiraten stammt und möglicherweise das dortige Gericht zuständig ist. Doch seit Juni 2018 gilt in Saudi-Arabien ein Anti-Belästigungs-Gesetz, das jede »Aussage, Tat oder Anspielung einer sexuellen Natur«, auch mithilfe von »moderner Technologie«, unter hohe Strafen stellt. Die fälschliche Anklage einer solchen Tat wird genauso hart geahndet.

»Früher gab es zwar schon ähnliche Regeln, aber die kamen kaum zum Einsatz«, sagt Layla. »Jetzt müssen sich Männer gut überlegen, was sie Frauen hinterherrufen auf der Straße. Umgekehrt gilt das Gesetz ebenfalls, also auch für Frauen, die Männer belästigen.«

Immer wichtiger werden derartige Regeln am Arbeitsplatz, da nun häufiger Menschen beider Geschlechter zusammenarbeiten. In einem weiteren neuen Gesetz werden mögliche Vergehen aufgelistet: Selbst eine »Andeutung der Absicht, alleine mit einem Angehörigen des anderen Geschlechts zu sein« ist demnach strafwürdig. Arbeitgeber müssen Vorkehrungen treffen, um solche Treffen zu verhindern.

Schon absurd, mit Layla allein im Restaurant zu sitzen und über diese Dinge zu sprechen. So ganz weiß gerade niemand, was okay ist und was nicht. Früher bekam man gesagt, was *haram* und was *halal* war, von Imamen, Lehrern oder Eltern, doch was vor Kurzem noch per Fatwa verboten war, kann nun plötzlich erlaubt sein. Zugleich muss, was laut Gesetz okay ist, noch lange nicht in der eigenen Familie gelten. Und was in der eigenen Familie gilt, gilt vielleicht nicht im Freundeskreis. Oder in einer anderen Stadt. Oder in der Interaktion mit Ausländern. Oder während einer Reise. Es ist kompliziert, die Verunsicherung groß. Aber viele Saudis sind enorm geübt darin, je nach Umfeld in die gesellschaftlich angemessene Rolle zu schlüpfen. »Ein Doppelleben ist die mindeste Zahl an Leben, die jeder Mensch haben sollte«, hat die polnische Sängerin Kora Jackowska einmal gesagt. Hier sind es eher vier oder fünf Leben, ein ständiges Anpassen an die Erfordernisse.

»Mit fünfzehn war ich total gehirngewaschen«, sagt Layla. »Vor allem wegen einer Lehrerin, die extrem konservativ war. Ich hatte Streit mit meinen älteren Schwestern, erlaubte ihnen nicht, fernzusehen oder zu rauchen, war immer wütend. Irgendwann legte ich einen Schalter im Kopf um und realisierte: Das ist nicht das Leben, das ich will.«

Sie zögert einen Moment, dann greift sie zu ihrem Handy und tut etwas Unerwartetes. Sie zeigt mir Familienfotos. Der Vater mit allen Töchtern, er in Thaub, sie in Abayas mit Kopftuch. Vier Schwestern in Abendkleidern, mit porzellanähnlichem Make-up, aufgemalten Augenbrauen und offenem Haar. Die Mutter mit Bubikopf-Frisur und sechs Goldreifen am Arm, daneben ihre erste Tochter. Beide sind so stark geschminkt, dass man kaum erkennen kann, wer die ältere ist (und tatsächlich ist der Altersunterschied ja auch relativ gering). Mir kommt es fast unanständig vor, diese Fotos zu sehen, so sehr habe ich mich schon an die allgegenwärtige Verschleierung gewöhnt.

Nach dem Essen treffen wir Aisha, die beim Fernsehen arbeitet, und Talal, einen Dokumentarfilmer. Aisha schlägt vor, zu ihrem Apartment zu fahren und Shisha zu rauchen, sie wohnt nur ein paar Blocks entfernt. Ein Uber-Taxi bringt uns hin. Während wir die sieben Meter zwischen Taxitür und Haustür zurücklegen, ruft ein Mann aus einem vorbeifahrenden SUV den beiden Frauen zu, ob er sie mal privat treffen könne. Die Angst vor den neuen Belästigungsgesetzen scheint sich noch in Grenzen zu halten.

Dann sind wir im schützenden Gebäude, einem Haus mit Dutzenden kleinen Wohneinheiten. Aisha ist gerade erst eingezogen. »Stress mit der Familie. Sie halten mich für unordentlich, finden alles falsch, was ich mache. Und meine Schwestern wollen mich kontrollieren. Hier bin ich frei«, sagt sie.

»Aisha hat viele Geheimnisse. Aber ich liebe sie«, sagt Layla.

Durch eine schmucklose Diele mit kleiner Küche gelangen wir ins Wohnzimmer mit imposanter Couch vor einem Flachbildfernseher. Es sieht aus, als wären gerade erst eilig ein paar Umzugskisten ausgepackt worden. Käme morgen Marie Kondo zu Besuch, würde sie wohl diverse Dinge finden, die keinen »joy sparklen«. Aber Aisha wirkt wie eine, die Marie Kondo mit einem Tritt in den Hintern zur Tür befördern würde, bevor sie in dem Halbsatz »Wenn Dinge Gefühle hätten« beim Verb angekommen wäre. Aisha ist großartig.

Auf einer Staffelei steht die halb fertige Kohlezeichnung einer Frau im Profil, im Flur liegt eine ungerade Anzahl Schuhe, keiner davon parallel zum anderen. Aisha macht den Fernseher an. Auf MTV läuft »Wonderful Life« von Black.

Fachmännisch, ach was, fachfrauisch richtet sie die Wasserpfeifen her, mit gelöcherter Alufolie als Sieb, drei schwelenden Aschewürfeln und Tabak mit Minzgeschmack. Aisha holt eine Flasche mit Bügelverschluss aus dem Kühlschrank, die laut Etikett Apfelnektar der Marke Rauch enthält. Dunkelroter Apfelnektar? Merkwürdig. Sie füllt vier Saftgläser zur Hälfte, und schon stoßen wir mit kaltem Merlot auf Laylas Griechenland-Pläne an.

»Das wird sicher gut«, sagt Aisha. »Die meisten Saudi-Männer taugen nichts. Müssen immer Kommandos geben. Jetzt wünschen sie sich, dass Frauen mehr von den alltäglichen Kosten bezahlen. Und wollen trotzdem immer noch komplett das Sagen haben, diese Kontrollfreaks.«

Während nun auf MTV Anna Naklab »Supergirl« singt, berichtet Layla von einer ihrer Schwestern, die neunmal heiratete und sich neunmal scheiden ließ, weil sie jedes Mal an einen Vorgesetzten statt an einen Partner geriet. Ich erzähle von Aziz aus Riad, der das Problem woanders sah: Der Mann solle weiterhin für alles bezahlen und die Frau wie eine Königin behandeln, werde aber nicht mehr als uneingeschränkter Boss akzeptiert. »So ein Unsinn, wir verdienen jetzt selber Geld«, sagt Aisha. Sie leert ihr Glas in einem Zug, greift zur Fernbedienung und macht den Ton lauter. *And then she'd say, it's alright, I got home late last night, but I'm a supergirl, and supergirls just fly.*

Dschazan
جازان

Einwohner: 105193
Region: Dschazan

Terror und Geschenke

Was den Verkäufer im Parfüm-, Spielzeug- und Eigentlich-alles-andere-auch-Laden am Nachtbusstopp kurz vor Al Muzaylif auf die Idee bringt, ein Hauch »Hot Night« auf meinem linken Handgelenk und ein Schuss »Last Wish« auf dem rechten könnten verkaufsfördernd wirken, bleibt sein Geheimnis. Es ist 2:30 Uhr, mein Nacken tut weh vom Schlafen im Bus, und ich rieche nach Vanille und türkischem Billigpuff, als ich zu meinem Platz zurückkehre. Der befindet sich direkt hinter einem quer durch den Gang gespannten Anschnallgurt, der die Grenze zwischen Frauenbereich und Männerbereich markiert. Dann fehlt halt an einem der Sitze der Gurt. Hauptsache, die Geschlechter sind getrennt.

Der Bus erreicht Dschazan am Morgen, eine behäbig vor sich hin bröckelnde Hafenstadt am Roten Meer mit riesigen Öltanks und trostlosen Spielplätzen. Die Region hat die zweithöchste Arbeitslosenquote des Landes, mehr als zwanzig Prozent. Viele junge Menschen ziehen weg und suchen ein besseres Leben in Riad oder Dschidda. Die Retortenstadt Jazan Economic City, die sechzig Kilometer weiter nördlich liegt, soll diesen Exodus eindämmen, mit Jobs in Petrochemie und Schwerindustrie. Sechzig Kilometer weiter südlich ist Krieg, so nah ist die Grenze zum Jemen.

Der farbenfrohste Ort von Dschazan ist eine Seitenstraße mit Graffito-Kunstwerken, die schwer bewaffnete Helden aus den Videospielen »Fortnite« und »PUBG« zeigen. Zwei Kilometer weiter, direkt gegenüber der Corniche-Meerpromenade, stehen auf Hügeln Luftabwehrgeschütze. Noch vor ein paar Monaten schlugen in Dschazan mehrere Raketen aus dem Nachbarland ein.

Ich nehme ein Taxi zum Hotel und frage nach dem reservierten Zimmer. Sultan hat mir die Buchungsbestätigung geschickt, weil alles auf seinen Namen läuft. »Wir können Ihnen auch ein Doppelbett anbieten statt Twin«, sagt der Angestellte, was ich bemerkenswert finde in einem Land, in dem Homosexualität mit dem Tod bestraft werden kann. »Nein danke«, antworte ich etwas schneller als nötig.

Das Zimmer im zweiten Stock ist klein und dunkel, wirkt aber dank goldbrauner Tagesdecken und goldbrauner Zierkissen nicht unedel. Für Irritation sorgt der »Nicht-Stören«-Türhänger, auf dem steht: »Shhh. I'm listening intently for that pain« (in etwa: »Pssst. Ich horche aufmerksam nach dem Schmerz«). Ist bestimmt lustig gemeint, aber da könnte die Corporate-Design-Abteilung noch mal ran.

Ein Aufkleber an der Wand zeigt die Richtung Mekkas an, Mekka liegt irgendwo links hinter den Betten. Im angeschalteten Fernseher läuft die obligatorische Liveübertragung von der Kaaba, organisch fließt der Pilgerstrom um das Heiligtum, an dem jedes Gebet tausendfach gilt. Ein Mann läuft mit seltsam zackigen Bewegungen, wie ein Soldat bei einer Parade. Ein anderer rennt in seiner weißen Pilgerkleidung. Warum rennt man am heiligsten Ort? Ein Golfcart fährt ins Bild, dann ein weiteres, beide drehen langsam ihre sieben Runden. Wer nicht gut zu Fuß ist, kann neuerdings sogar hier ein Fahrzeug mieten.

Schon eigentümlich, den Ort, um den sich alles dreht in diesem Land, ständig auf Bildschirmen zu sehen, aber nicht hinfahren zu dürfen. Mekka ist dauerpräsent und unerreichbar zugleich, ein Heiligtum als Fernsehserie, das ultimative Symbol meiner eigenen Isoliertheit. Und doch sind mir die Details der Großen Moschee und diese hypnotischen Kreisbewegungen langsam so vertraut, als wäre ich selbst dort gewesen.

Sultan kommt am Abend an, er trägt ein weißes Polohemd mit Ananas-Motiven, hochgegelte Haare und eine französische Designer-Sonnenbrille. Nachdem er seinen Rollkoffer verstaut und sich gründlich mit Van Cleef & Arpels Moonlight Patschuli besprüht hat, gehen wir ins Fischrestaurant Happy Hospitality, das sich nur ein paar Minuten entfernt in der Nähe des Ufers befindet.

Bei Krabbensuppe und gebratenem Braunflecken-Zackenbarsch würde ich ihn total gern fragen, wie das so ist mit dem Schwulsein in Saudi-Arabien, aber ich will nicht gleich mit der Tür ins Haus fallen. Also sprechen wir zunächst über die Geschichte seiner Generation, die ist auch interessant.

»Fangen wir vorne an. Weißt du, was 1979 in Saudi-Arabien passierte?«, fragt er.

»Du meinst die Belagerung von Mekka?«

»Genau. Eine Zäsur in unserer Geschichte, von der die meisten Europäer kaum etwas wissen. Ein Cousin meines Vaters war damals unter den Toten.«

Am 20. November 1979, laut muslimischem Kalender dem ersten Tag des Jahres 1400, stürmten wahhabitische Fundamentalisten die heilige Moschee. Ihr Anführer war ein ehemaliger Korporal der saudischen Nationalgarde, Dschuhaiman Ibn Seif al-Utaibi.

Er fand, dass sich sein Land zu weit von den konservativen Idealen entfernt hatte, hielt Kinos, Kunstausstellungen und weibliche Fernsehsprecherinnen für Teufelswerk, verurteilte das Lotterleben derjenigen, die dank Ölreichtum im Luxus schwelgten. Mit Hunderten schwer bewaffneten Anhängern schlug er zu. »Sie haben die Maschinengewehre unter Tüchern in die Moschee geschmuggelt, so wie man Leichen transportiert«, sagt Sultan.

Al-Utaibi nahm dem Imam der Großen Moschee das Mikro ab und verkündete das Ende der Welt und die Wiederkehr des Messias. Einen jungen Mann, der entsprechenden Prophezeiungen entsprach, hatte er gleich mitgebracht. Tagelang belagerte seine Gruppe den heiligsten Ort der Muslime.

Friedliches Miteinander ist dort oberstes Gebot, selbst ein Gewehrschuss auf einen Vogel wäre Gotteslästerung. Deshalb hatte König Khalid ein Problem. Er konnte ohne eine Fatwa der mächtigsten Religionsgelehrten keine Armee nach Mekka schicken. Die Geistlichen schlugen einen Deal vor: Mach Schluss mit der Liberalisierung der Gesellschaft, und du kriegst deine Fatwa. Der König war einverstanden. Er heuerte französische Elitetruppen zur Unterstützung seiner Soldaten an, um den Terroristen den Garaus zu machen. Ausgerechnet mithilfe von Ungläubigen konnte Mekka befreit werden, aber unter hohen Verlusten: Mehr als tausend Menschen starben.

Danach wurde Saudi-Arabien wieder ein erzkonservatives Land. Kinos wurden geschlossen, Alkoholverbote strikter durchgesetzt, und ein erheblicher Teil der Öl-Einnahmen ging nun an Koranschulen und Förderprojekte für die wahhabitische Lehre auf der ganzen Welt. Die Terroristen waren in Mekka gescheitert und hatten dennoch ihr Ziel erreicht, das Land zurück in ein anderes Zeitalter zu schicken.

»In diesem Saudi-Arabien habe ich meine Kindheit verbracht«, sagt Sultan. »Dann kam mit dem 11. September 2001 ein erneuter Wendepunkt. Die Mehrzahl der Täter waren Saudis, deren Ideologie sich nicht allzu stark von dem unterschied, was in unseren Moscheen gepredigt wurde. Vieles, was danach kam, hing mit diesem Tag zusammen.«

Wieder kam der Terror auch nach Saudi-Arabien. Extremisten griffen mit Bomben mehrere Compounds in Riad an, mindestens 56 Menschen starben. Der damalige Kronprinz und spätere

König Abdullah, von 2005 bis 2015 an der Macht, verstand, dass es so weltabgewandt, so konservativ nicht weitergehen konnte. Er führte Stipendien ein, die es saudischen Studenten erlaubten, im Ausland zu studieren. Sogar für Frauen, denen gleich noch ein männliches Familienmitglied als Begleitung mitfinanziert wurde.

»So entstand eine neue Generation mit einer anderen Mentalität. Ich habe in London IT studiert, bekam tausend Euro pro Monat, dazu wurden Unterkunft und Krankenversicherung gestellt.«

»König Abdullah muss populär gewesen sein.«

»Er war kein Intellektueller, aber seine Reden waren sehr volksnah. Leicht verständlich, geradeaus, ohne blasierte Sprache. Und er machte Geschenke: Als er einmal von einer erfolgreichen Rückenoperation aus New York zurückkam, ließ er vor Freude allen Bürgern ein zusätzliches Monatsgehalt auszahlen und ordnete zwei freie Tage an.«

»So was hat man bei MBS bislang nicht gesehen.«

»MBS ist härter, weniger wohltätig. Aber ich finde seine klare Kante gegen die extremistischen Idioten richtig. Die sagen, weil wir Mekka und Medina haben, darf es keine Konzerte geben und keinen Spaß. Sie wollen uns die Freude am Leben verbieten.«

»Wie groß ist die Gefahr, dass es wieder zu Gewalt kommt?«

»Das weiß keiner. Aber bislang hat der Kronprinz die Konservativen ganz gut im Griff.«

Kleine Kamelkunde

Klimakiller mit Höcker? Laut Wissenschaftlern flatuliert und rülpst ein durchschnittliches Kamel 45 Kilogramm Methan pro Jahr in die Wüstenluft. Da Methan 21-mal klimaschädigender ist als Kohlendioxid, entspräche das einer Tonne CO_2 – einem Sechstel des Ausstoßes eines Autos im gleichen Zeitraum. In Relation zum Lebendgewicht sind andere Wiederkäuer jedoch deutlich schädlicher fürs Klima.

Nach einer ereignislosen Nacht im Hotelzimmer wollen wir die Sieben-Uhr-Fähre auf die Farasan-Inseln nehmen. Die ist dank einer weiteren Spende des Königshauses gratis: Vor einigen Jahren war Prinz Nayef zu Besuch, und die Leute klagten über die lange Überfahrt auf kleinen Motorbooten, die besonders bei medizinischen Notfällen ziemlich unpraktisch sei, weil es kein Krankenhaus auf den Inseln gab. Er ließ sich erweichen, und ein paar Jahre später nahmen die Highspeed-Katamarane *Jazan* und *Farasan* ihren Dienst auf, dreißig Knoten schnell und 69 Meter lang, mit Platz für fünfzig Autos, fünfzehn Trucks und 650 Passagiere. Ich kenne nirgendwo auf der Welt einen Fährservice, der mit solchen Riesenkähnen eine Fünfzig-Kilometer-Strecke kostenlos zurücklegt, zweimal hin und zurück täglich. Und ein Krankenhaus steht auf Farasan inzwischen auch.

Um 6:15 Uhr sollte man am Schiff sein, sagt der Mann an der Hotelrezeption. Wir nehmen um 6:45 Uhr ein Uber-Taxi, nach zehn Minuten Fahrt eilen wir zum gut bewachten Hafeneingang. Zwei Soldaten halten Sultan auf und beginnen eine lautstarke Diskussion. Sind wir zu spät? Nein, es geht um seine Kleidung. Er trägt eine enge grüne Shorts, und auf der Prinzenfähre herrscht Shortsverbot. Zurück ins Hotel schaffen wir es nicht mehr, dann ist das Schiff weg. Zufällig hat der Taxifahrer eine alte graue Jogginghose im Kofferraum, die er Sultan schenkt. Wir hetzen zum Pier. Nein, ich hetze zum Pier, mein Begleiter schlendert. Weil ich aus einem Hetzland komme und er aus einem Schlenderland. Metalldetektor, Passkontrolle, geschafft. Das schnelle Schiff legt mit dreißig Minuten Verspätung ab.

Sobald wir einen Sitzplatz gefunden haben, zieht Sultan die Jogginghose wieder aus: »Was soll das denn, ich will hier Strandurlaub machen.« Er war mehrfach in Europa und in den USA, in Bahrain oder Dubai, aber das ist für ihn – abgesehen von ein paar Städtetrips – die erste Vergnügungsreise im eigenen Land (später erzählt er mir von einem Besuch auf dem Kölner Karneval – er und sein Freund gingen Arm in Arm in Thaub und Ghutra, das muss ein umwerfender Anblick gewesen sein).

Von den insgesamt über achtzig Farasan-Inseln sind nur zwei bewohnt. Würde man 200 Kilometer weiter nach Westen fahren, wäre man in Eritrea, 25 Kilometer weiter südlich beginnt Jemen. Wie groß das touristische Potenzial der Inseln ist, zeigen Dutzende großformatige Hochglanzposter neben der Hauptstraße: einsame Strände, Korallenriffe für Taucher, putzige Pelikane und antike Forts im Sonnenuntergang. Doch in der Realität ist vieles noch Baustelle. An Stränden entstehen Spielplätze und Promenaden, die Ortschaften sind auf teils charmante und teils uneinladende Art verfallen. Die Hauptstraßen dagegen wirken, als wären sie erst gestern gebaut worden.

Wir beschließen, eine Bootstour vom kleinen Fischerhafen zu machen, fünfzehn Taxikilometer vom Pier entfernt. In einer Strandbar, die alkoholfreie Cocktails mit französischen Sirups anbietet, finden wir einen Bootsverleiher, der uns eine vierstündige Tour mit Abu Walid verkauft.

Abu Walid ist ein heiterer dunkelbraun gebrannter Typ um die fünfzig. Er stammt von der Insel Qummah und hofft dringend auf mehr Touristen. Früher hat er jeden Tag die Lehrerinnen zur Mädchenschule gefahren und wieder zurück, ein guter Job, regelmäßiges Einkommen. Doch die Zahl der Schülerinnen ging zurück, vor drei Jahren waren es nur noch drei, die Schule wurde geschlossen.

Der 120-PS-Motor des etwa acht Meter langen Kunststoffbootes knattert so laut, dass Gespräche nur schreiend möglich sind. Wir sitzen unter einer Sonnenschutzplane, auf die Karikaturen von Fischen gezeichnet sind. Eine Tiefkühltruhe ist bis oben voll mit kalten Getränken, am Heck flattert grün-weiß die Saudi-Flagge. Wir passieren Rötelpelikane, Mantarochen, fliegende Fische, Spinnerdelfine, Seeschwalben und ein paar rote Quallen, dann stoppen wir vor der Insel, auf der Abu Walid aufgewachsen ist. Früher 900 Einwohner, heute sechzig. »Damals haben wir von der Fischerei und vom Perlentauchen gelebt, heute wollen die jungen Leute aufs College und in die Stadt«, übersetzt Sultan seine Ausführungen.

Qummah glänzt. Weil überall Perlmutt herumliegt, als wäre es ein Abfallprodukt, zwischen Holz- und Wellblechverhauen, bei denen man nicht sicher sagen kann, ob sie bewohnt oder verlassen sind. Abu Walid deutet auf eine Ruine aus Sandsteinmauern, so groß wie zwei Tennisplätze, das auffälligste Bauwerk der Insel. »Das haben die Deutschen im Zweiten Weltkrieg gebaut, als

Stützpunkt im Roten Meer und Lager für Kohle und Munition.« Nur noch die Mauern mit quaderförmigen Zinnen sind erhalten, dazwischen lagern Holzreste, Schutt und ein rostiger Metallcontainer.

Wir fahren weiter, vorbei an Ufern mit Korallenbänken und Sandstränden. Vor der unbewohnten Insel Dumsuq ist das Wasser malediventürkis. Sultan ist fassungslos. »Ich bin so weit gereist, um diese Art von Meer zu sehen. Und erst jetzt merke ich, dass es so was auch im eigenen Land gibt«, sagt er. Meine Gedanken gehen gerade in eine ganz andere Richtung: Ich bin so weit gereist und finde immer noch Spuren von den Deutschen. Verrückt. Wobei die geografische Lage strategisch tatsächlich interessant ist, man kann von Farasan aus die Zufahrt zum Roten Meer kontrollieren.

Abu Walid wirft den Anker, holt Angelschnüre aus einer Kiste und befestigt silberne Köderfische an Haken. In der nächsten Stunde holt er acht Fische aus dem Wasser, darunter einen fünfzig Zentimeter langen Zackenbarsch. Ich dagegen bewerbe mich um den Titel »tierliebster Angler der Welt« und verliere einen Köder nach dem anderen. Sultan ist klüger, er versucht es erst gar nicht und döst selig in der Sonne.

Zwei Blumenmänner in Fayfa

Am nächsten Tag mieten wir ein Auto und fahren in die Berge. Sultan will unbedingt nach Fayfa, der Ort ist berühmt für seine spektakuläre Lage am Hang.

Zum ersten Mal selber fahren in Saudi-Arabien. Die Straßen sind komfortabel breit, die Kreisverkehre lustig mit Skulpturen überdimensionierter Alltagsgegenstände dekoriert: eine riesige Mango; ein Handwerkerset aus Säge, Hammer und Schraubschlüssel; zwei gekreuzte Krummsäbel, etwa zehn Meter hoch. Am Straßenrand hängen Poster von verwegenen Soldaten in modernster Kriegsmontur. Ich überhole einen Transporter mit Panzern auf der Ladefläche.

Sultan erzählt von seinem Job. Er arbeitet im Bereich Cybersicherheit für das Königshaus.

»Ah, hast du das Handy von Jeff Bezos gehackt?«

Er lacht. »Nein, ich berate Regierungsmitglieder, wie sie sich vor Gefahren schützen können, vor Hackerangriffen und Viren. Die Bezos-Geschichte hat sich doch längst als falsch herausgestellt.«

Die »Bezos-Geschichte« ging so: Vom Account von MBS soll eine WhatsApp-Nachricht mit angehängter Videodatei an den Amazon-Chef geschickt worden sein. Als er sie öffnete, soll sich eine Spionagesoftware auf seinem Handy installiert haben, die

dem verantwortlichen Hacker ermöglichte, sämtliche Daten des Handys einzusehen. Dadurch kam unter anderem an die Öffentlichkeit, dass Bezos eine Affäre hatte. Zwar gibt es Zweifel an den Details, aber als Falschmeldung hat sich das Ganze noch längst nicht erwiesen. Ich frage Sultan nach seiner Informationsquelle, und er sucht auf seinem Handy den entsprechenden Artikel.

»Hier. Beim *Independent*. Einer angesehenen Zeitung.«

Tatsächlich, die arabische Ausgabe des britischen *Independent* schreibt, Facebooks Vizechef Nick Clegg habe gesagt, wegen der Verschlüsselung sei es nicht möglich, eine WhatsApp-Nachricht während des Sendevorgangs zu hacken (Facebook ist Eigentümer von WhatsApp). Forscht man ein bisschen nach, fällt auf, wie umstritten seine Aussage ist – zumal das Versenden von Dateien per WhatsApp ja möglich ist, er sich aber nur auf den Verschlüsselungsprozess bezog. Des Weiteren ist *Independent Arabic* eben doch keine zuverlässige Quelle – eine regierungsnahe saudi-arabische Medienfirma namens SRMG hat für viel Geld die Rechte an dem klangvollen Namen inklusive Logo erworben, und Chefredakteur Adhwan Alahmari lässt auf Twitter keine Gelegenheit aus, das Königshaus und MBS in den höchsten Tönen zu loben.

»Wir haben leider keine starken Medien, nichts Vergleichbares wie *Al Jazeera* in Katar. Darum sind wir immer Opfer feindlicher Propaganda, und im Ausland ist das Bild sehr negativ.«

»Nach einer Tat wie dem Khashoggi-Mord muss man sich nicht wundern, schlechte Presse zu bekommen.«

»Das stimmt, das war dumm. Aber die Familie des Opfers hat den Tätern verziehen. Khashoggis Familie! Warum besteht der Rest der Welt darauf, härter zu urteilen?«

Als er den Namen des Ermordeten nennt, senkt er die Stimme, als handle es sich um ein unanständiges Wort.

»Der Rest der Welt glaubt nicht, dass diese Vergebung ohne Druck zustande kam«, sage ich. »Und der Rest der Welt würde trotzdem gern sehen, dass die Schuldigen zur Rechenschaft gezogen werden.«

»Es wurden ja fünf Täter zu Strafen verurteilt.«

»Nun, es gibt Zweifel, ob das wirklich die Hauptschuldigen waren.«

»Aber die eigene *Familie* hat den Mördern verziehen. Was will man noch mehr? Hey, lass uns Blumenkränze kaufen.«

Auf einem Parkplatz verkauft ein dürrer junger Mann die traditionelle Kopfbedeckung der »Blumenmänner« vom Qahtani-Stamm, die hier noch in den Dörfern leben. Zehn Riyal für einen Plastikreif, umwickelt mit Blumen, Kräutern und Moos, der auf dem Kopf getragen wird. Nicht nur, weil das schön aussieht – man glaubt auch, dass die Flora je nach Zusammensetzung gegen Kopfschmerzen oder Nebenhöhlenprobleme helfen kann.

Mit gelben, roten und orangefarbenen Blumen im Haar setzen wir die Fahrt fort. Sultan verbindet sein Handy mit der Stereoanlage und dreht den Ton lauter. Zu »Tip Toe« von Jason Derulo wippen wir mit den blumengeschmückten Köpfen, und für eine Sekunde kommt mir das alles wunderbar schwul vor.

Nach einem Militärcheckpoint und vielen Serpentinen begrüßt uns eine Gruppe Mantelpaviane am Ortseingang von Fayfa. Häuser schmiegen sich an Steilhänge, als wäre Statik einer dieser neumodischen Trends aus Großstädten, mit denen man lieber gar nicht erst anfängt. Viele Gebäude sind nicht per Auto erreichbar, sondern über rostige Seilwinden mit der engen Hauptstraße verbunden. Mithilfe von Metallkörben können die Eigentümer Nahrungsmittel, kleine Möbelstücke und sogar Menschen über klaffende Abgründe transportieren. Die Berge sind landesuntypisch sattgrün, auf Terrassenfeldern wird Gemüse angebaut (und vermutlich Blumenkranzmaterial). Auf einem Straßenschild, das die Steigung anzeigt, steht »%6«, damit auch ja keiner auf die Idee kommt, von links nach rechts zu lesen.

Wir halten an ein paar Aussichtspunkten, kehren aber schon bald wieder um, weil Sultan am Nachmittag einen Flieger nach Riad kriegen muss.

Jetzt oder nie. »Wie gefährlich ist Schwulsein in Saudi-Arabien?«, frage ich ihn.

»Das ist alles gar nicht so kompliziert. Privatsphäre ist den Menschen wichtig und wird auch akzeptiert. Den meisten ist egal, was man zu Hause im Schlafzimmer macht. Du willst bestimmt was über die Todesstrafe hören – aber die kommt fast nie zum Einsatz.«

»Gibt es Codes oder Erkennungszeichen?«

»Nein, aber in den meisten Städten gibt es ein paar Cafés als Treffpunkte. Ansonsten vertraue ich meinem Blick dafür. Die Gangart, wie jemand redet. In neun von zehn Fällen liege ich richtig.«

»Ich habe ein Ranking des Spartacus-Reiseführerverlags gesehen, den ›Gay Travel Index‹. Saudi-Arabien liegt da im Vergleich aller Länder auf dem drittletzten Platz.«

»Ein spanischer Freund von mir sieht das ganz anders. Er meinte, Männer können hier Händchen halten, verbringen nur Zeit mit anderen Männern, begrüßen sich mit Wangenkuss. Und sie können Hotelzimmer teilen, im Gegensatz zu unverheirateten Heteropaaren.«

»Das klingt ja so, als müsste man die Tourismuswerbung auf eine neue Zielgruppe ausweiten.«

»Ganz so weit würde ich nicht gehen. Aber du wärst überrascht, wie viele schwule Saudis es gibt.«

Kleine Kamelkunde

Ata Allah, Geschenk Gottes, nannten die Beduinen ihr camelus dromedarius. *Tatsächlich waren die Tiere in der Wüste unverzichtbar als Transportmittel, Gefährte und Lieferant von Brennmaterial, Wolle, Milch und Fleisch. Stellen Sie sich ein Auto vor, das wenig Sprit braucht, wüstentauglich und irgendwie knuffig ist, im hinteren Fahrzeugteil über einen Proteindrinkautomaten verfügt und im Auspuff Brennmaterial für Lagerfeuer produziert – und wenn es kaputtgeht, macht man Essen und Anziehsachen daraus.*

Khamis Mushait

خميس مشيط

Einwohner: 1353000
Region: Asir

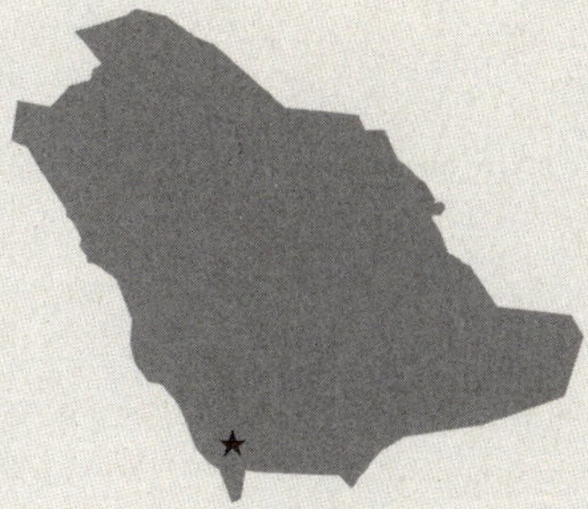

Schläge und Schokolade

Nach dem Abschied von Sultan nehme ich am nächsten Morgen einen Bus nach Khamis Mushait. Mein Ziel liegt auf etwa 2000 Metern Höhe, das Klima verändert sich entsprechend. Laut einer roten Digitalanzeige über dem Fahrersitz sinkt die Temperatur, je höher wir kommen, von anfangs 25 erst auf 20, dann auf 17 Grad.

Am Busbahnhof wartet mein Gastgeber Taimur in einem derartig winzigen Hyundai-Coupé, dass meine SUV-gewohnten Augen ihn zunächst übersehen. Man könnte seine niedrige Sitzposition als Metapher für die soziale Hierarchie im Land verstehen. Taimur ist nämlich kein Saudi, er kommt aus Masar-e Scharif in Afghanistan. »Das kennt man in Deutschland, oder?«, fragt er. »Ist der sicherste Ort im Land. Aber die Leute haben trotzdem Angst vor Anschlägen.«

Er trägt Jeans, Jackett und eine teure Uhr, die Uniform des bodenständigen, aber erfolgreichen Unternehmers. In seinem WhatsApp-Profil steht dort, wo sonst ein Porträtfoto zu sehen ist, der Satz: »The greatest pleasure in life is doing what people say you cannot do.«

Wir fahren durch eine unauffällige Kleinstadt mit unauffälliger Hauptstraße zu seinem unauffälligen Laden, er macht in Schoko-

lade. Pralinen für Hochzeiten und Geburtspartys. Die Ware bestellt der in Saudi-Arabien lebende Afghane in Bahrain, wo sie mit belgischen Zutaten hergestellt wird. So schmeckt Globalisierung.

Der Inhalt des Verkaufsraums besteht zu etwa vierzig Prozent aus Süßigkeiten und zu sechzig Prozent aus Behältern mit dem Zweck, sie dekorativ zu präsentieren. Goldene Schalen, silberne Zierkutschen, rosafarbene Holzkinderwagen mit »It's a girl«-Aufdruck und hellblaue, auf denen »It's a boy« steht. Dazwischen folienverpackte Pralinen in allen erdenklichen geometrischen und organischen Formen, verkauft zum Einheitspreis, 150 Riyal pro Kilo. Im Gesamtbild sieht das aus wie eine Mischung aus Konditorei, Kita und Pharaonengrab.

Neben dem Verkaufstresen sitzt ein etwa zwanzigjähriger Saudi mit Fellmütze und polierten schwarzen Schuhen, der so intensiv mit einem seiner zwei Handys beschäftigt ist, dass er uns nur kurz grüßt. Er ist Angestellter, ein Quoten-Saudi. Die Nationalität seiner Eltern qualifiziert ihn dazu, hier untätig zu sitzen und damit Geld zu verdienen. Weil jedes Unternehmen neuerdings Saudis einstellen muss.

Taimur dirigiert mich in ein Büro nebenan, weist mir ein Sofa zu und nimmt selber im Chefsessel hinter einem schweren Holzschreibtisch Platz. Er holt eine Thermoskanne mit afghanischem Grünen Tee und gibt mir zwei Nugatpralinen. »Wie läuft das Geschäft?«, frage ich ihn. »Ganz okay, aber es war schon besser. Die

Benzinpreise steigen, die Steuern werden erhöht, viele leisten sich deshalb weniger Luxus. Und auch für mich als Ausländer wird alles teurer.«

Auf einem Zettel rechnet er vor, was ihm das Leben erschwert: knapp 5000 Riyal pro Jahr kostet neuerdings der Aufenthalt im Land – für jedes Familienmitglied. Er hat eine Frau und vier Kinder, zahlt also 30 000 Rial, gut 7100 Euro nur fürs Hiersein. »Ich bin gerne in Saudi-Arabien, aber nun habe ich jeden Tag Angst, das Land bald verlassen zu müssen. Sie können jederzeit neue Schikanen einführen.«

Schikanen wie die Sache mit den Quoten-Saudis. Fünfzig Prozent des Verkaufspersonals müssen nun Einheimische sein, sonst droht eine Strafe von 20 000 Riyal. Unternehmer sind gezwungen, jemanden einzustellen – selbst wenn der gar nichts tut, ist es immer noch besser, als Strafen zu zahlen. Der tiefenentspannte Kollege mit den Handys verdient 3000 Riyal im Monat, während ein Mann aus Bangladesch die tatsächliche Arbeit macht, dafür aber nur 2400 Riyal bekommt. Manche Unternehmen haben Einheimische auf der Gehaltsliste, die noch niemand je im Büro gesehen hat. Die Idee, die Leute unter dem Schlagwort »Saudisierung« aus der staatlich subventionierten Arbeitslosigkeit zu holen, hat in der Praxis zu einem weltweit einmaligen System der privatwirtschaftlich subventionierten Arbeitslosigkeit geführt.

Ich kenne kein anderes Land, in dem so eindeutig nach Nationalitäten verteilt ist, wer welchen Job macht. Sudanesen und Äthiopier arbeiten als Kamelhirten; Ägypter in der Verwaltung, als Arzt oder Lehrer; Westeuropäer und Nordamerikaner haben meist entweder mit Öl, Waffen oder Architektur zu tun. Krankenpfleger und Hausdamen kommen von den Philippinen, Taxifahrer aus Pakistan, Bauarbeiter und Dienstboten aus Bangladesch oder Indien, Automechaniker aus Syrien und Hotelrezeptionisten aus dem Libanon. Die Chancen auf einen Karrieresprung oder einen Wechsel in andere Branchen sind gering, unter anderem, weil Gastarbeiter durch das *Kafala*-Bürgensystem an eine einheimische Person gebunden sind, meist an den Arbeitgeber. Die Regeln haben ihren Ursprung in Beduinentraditionen, denen zufolge ein Gast der Verantwortung seines Gastgebers untersteht.

Problematisch daran ist, dass die einfachen Arbeiter wenig Rechte haben, man ihnen den Pass abnimmt und sie jederzeit eine Abschiebung befürchten müssen, wenn der Arbeitgeber das so entscheidet. Die Folge ist eine fast sklavische Abhängigkeit von der Willkür des Bürgen, des *Kafil*. Speziell bei den Hausangestellten wurden einige schlimme Fälle von Missbrauch und Vergewaltigung bekannt.

Da die Gehälter in Saudi-Arabien jedoch höher sind als für entsprechende Jobs in den Heimatländern der Arbeiter, ist Nachschub kein Problem. Das Geld ist stärker von der Nationalität als von der Qualifikation abhängig. Eine kanadische Krankenschwester verdient für den gleichen Job erheblich mehr als eine von den Philippinen.

Kluge Philippiner kamen auf die Idee, erst für ein paar Jahre in einem Krankenhaus in Kanada zu arbeiten, bis sie dort die Staatsbürgerschaft hatten, und dann nach Saudi-Arabien zu ziehen. So konnten sie das Dreißig- oder Vierzigfache von dem verdienen, was in Manila oder Boracay gezahlt wird. Und irgendwann als steinreiche Krankenpfleger zurück nach Hause kommen.

Saudi-Arabiens multikulturelle Arbeitswelt erinnert an ein Kreuzfahrtschiff. Die Einheimischen wohnen von Geburt an in mehr oder weniger luxuriösen Kabinen, manche haben schicke Suiten. Und die anfallende Arbeit erledigen Angestellte aus anderen Ländern zu Tarifen, für die kein Saudi einen Finger krumm machen würde.

Meine Unterkunft liegt nur hundert Meter vom Schokoladenladen entfernt, Taimur hat an der nächsten Straßenecke eine leer stehende Wohnung. In einem der Zimmer wohnt für zwei Tage Christine aus Frankreich, eine blonde PR-Managerin Mitte vierzig, die auch gerade mit Couchsurfing unterwegs ist. Zwei Wochen Saudi-Arabien, sie ist mit einer Fähre aus Ägypten eingereist, 24 Stunden Fahrt auf dem Roten Meer bis Yanbu. »Sie haben gesagt, ich sei die erste Touristin an Bord. Die waren so nett, einige haben mir Sandwiches geschenkt«, berichtet sie.

Gemeinsam fahren wir in die Berge, Taimur will uns den Ort Rijal Almaa zeigen. »Wenn uns jemand fragt, seid ihr meine Facebook-Freunde, okay? Kann Ärger geben, wenn ein Ausländer andere Ausländer herumfährt. Dann denkt die Polizei, ich arbeite ohne Lizenz als Touristenführer.«

»Aber ein Saudi dürfte uns fahren?«

»Ja, das wäre kein Problem.«

In der Asir-Region stehen die höchsten Berge des Landes, der Jabal Sawda und der Jabal Ferwa. Ersterer gilt mit 3133 Metern als höchster Punkt Saudi-Arabiens, neuere GPS-Messungen lassen aber vermuten, dass man sich da um circa 135 Meter vertan haben könnte, wodurch der Ferwa drei Meter höher wäre. Da aber schon eine Gondelbahn auf den Sawda gebaut wurde, wollen es die Asir-Bewohner vielleicht gar nicht so genau wissen. Man stelle sich vor, was in Deutschland los wäre, wenn bei uns nicht mit Sicherheit geklärt wäre, welcher der höchste Gipfel ist.

Aber die meisten Saudis kommen sowieso nicht zum Bergsteigen her, sondern wegen der erfrischenden Temperaturen: Selbst im Juni oder Juli zeigt das Thermometer in der Region um Abha und Khamis Mushait selten mehr als 32 Grad an, während der Rest des Landes monatelang bei über 40 Grad schwitzt.

In Serpentinen fahren wir durch überraschend grüne Felslandschaften, wie man sie eher im Atlasgebirge oder Kaukasus erwarten würde. Nach einem Fotostopp ermahnt Taimur Christine, die Beifahrertür nicht so fest zuzuschlagen.

Unser Ziel ist ein Dorf mit hübsch restaurierten, festungsartig an den Hang gezwängten Gebäuden, mit Natursteinfassaden und weiß umrahmten Fenstern. Ein Baustil, wie man ihn aus dem Jemen kennt. Auf der anderen Straßenseite steht ein Teehaus. Bevor wir reingehen, ermahnt Taimur Christine, ein Kopftuch überzuziehen. Sie trägt keine Abaya, sondern eine weite Hose und eine weite Jacke, aus hundert Metern ist sie als Ausländerin zu erkennen. »Ich bleibe noch kurz draußen für eine Zigarette, dann komme ich nach«, sagt sie. Taimur ermahnt sie, nicht so viel zu rauchen. Ich spüre, dass sie ihn nervt mit ihrer selbstbewussten Art, mit ausschließlich männlichen Begleitern würde er sich wohler fühlen. Oft spricht er sie mit »Hey beautiful« an, mindestens genauso oft lässt er sie nicht ausreden.

»Wenn eine Frau mich respektiert, dann respektiere ich sie auch«, erklärt er mir, was ganz vernünftig klingt, bis ich um eine Präzisierung bitte: »Und wie zeigt eine Frau ihren Respekt?«

»Indem sie das tut, was ich sage.«

Christine kommt zurück, und wir betreten das Teehaus. In einer Sitzecke ganz hinten unterhalten sich zwei Männer, sie bearbeiten Gebetsketten mit der einen Hand und trinken Kaffee mit der anderen. Wir gesellen uns dazu. Einer von ihnen stellt sich als Abu Osama vor, blickt mich an und fragt: »Bist du Steve? Warst du fünf Tage in der Wüste, zwischen al-Ula und Tabuk?« Taimur übersetzt, ich bejahe, und er sagt, er kenne mich von Snapchat. Ich bin fassungslos und fühle mich ein bisschen berühmt.

Den Rest der Unterhaltung bestreitet Taimur auf Arabisch, erst auf der Rückfahrt berichtet er davon. Er wirkt bestens gelaunt. »Ihm gehört ein indisches Restaurant in Khamis Mushait. Wir sind für heute Abend dort eingeladen.«

»Wahnsinn. Nur weil er mich im Internet gesehen hat?«

»Nein, ich habe ihm gesagt, du bist ein berühmter Journalist und wirst in Deutschland über sein Restaurant berichten, und dann kommen bald ganz viele deutsche Gäste. Wir müssen schöne Fotos machen.«

Ich bitte ihn, mich nächstes Mal vorher zu fragen, wenn er Berichterstattung gegen Gratis-Abendessen verspricht. »Ach komm. Netzwerken ist alles hier. Manchmal muss man geben, manchmal muss man nehmen. Das ist das Leben.«

Zwei Stunden später stoßen wir im Maharani mit alkoholfreien Apfelsaft-Cocktails an, und ein ägyptischer Kellner namens Mohammed trägt auf, was die Küche hergibt. Kürbissuppe, Garnelen, Muscheln, Lammkoteletts, Schawarma, Krebsfleisch und diverse Salate. Obwohl eine Frau dabei ist, sitzen wir in der »Singles«-Abteilung. Bei Ausländerinnen aus nicht muslimischen Ländern macht man schon mal eine Ausnahme, sie gelten als irgendwie geschlechtslos. Trotzdem wird Christine von anderen Gästen angestarrt, als wäre sie ein grüner Pavian mit drei Köpfen.

Mohammed, der bittet, ich möge seinen Namen in dem Artikel erwähnen, Mohammed also ist unser freundlicher, mit besten Manieren gesegneter Kellner. Besuchen Sie doch mal das Maharani in Khamis Mushait, und sagen Sie dann bitte, dass Sie auf meine Empfehlung kommen.

Und gehen Sie außerdem ins Tandoori in Abha, da nämlich führt uns Taimur am nächsten Tag hin. Er erklärt dem Rezeptionisten, das Maharani sei bereits so klug gewesen, den berühmten Gourmetjournalisten aus Deutschland fürstlich zu bewirten, woraufhin der den Manager holt. Mit ihm handelt der eifrige Afghane weitere Rezensionen in deutschen Feinschmeckermagazinen aus sowie inshallah mehrere Social-Media-Posts, als Gegenleistung für ein kostenloses Abendessen im schönsten Separee.

Ich könnte jetzt a) wütend das Restaurant verlassen, wodurch Taimur wie ein Depp dastehen würde, b) mit meiner Kreditkarte wedeln und rufen: »Stopp! Ich zahle selber! Aus Prinzip!«, wodurch Taimur wie ein Depp dastehen würde, oder c) mir für umme den Magen mit *Masala*-Lammcurry vollschlagen, als gäbe es kein Morgen, wodurch Taimur *nicht* wie ein Depp dastehen würde.

Ich treffe meine Entscheidung, und wir setzen uns. Das Tandoori ist gut. Jeder sollte mal im Tandoori essen. Fünf von fünf Punkten. Den Namen des Kellners habe ich vergessen, aber er war sehr nett.

Kleine Kamelkunde

Normalerweise ernähren sich Kamele von Datteln, Stroh, Weizen und Hafer. Wenn das Futter knapp wird, nehmen sie dank robuster Zungen so ziemlich alles zu sich, was an eine Pflanze erinnert: Disteln, Kakteen, Blätter von Bäumen, Textilwaren und Zelte.

Am nächsten Tag fahren wir nach Habala. Eine Seilbahn führt dort zu einem Dorf, dessen Einwohner ihre Häuser am Fuß haarsträubender Steilwände errichtet haben. Im Winter ist keine Besuchersaison, die Gondeln sind verwaist, ebenso wie die Vergnügungsareale ringsum mit Ferienwohnungen und einer Sommerrodelbahn, umgeben von Gitterzäunen aus Metall. Noch in den Neunzigerjahren war Habala nur per Strickleiter zu erreichen, dann wurde es zur Touristenattraktion ausgebaut.

Die einheimischen »Blumenmänner« (ihren Kopfschmuck kenne ich ja schon aus Fayfa) wohnen heute alle in einer modernen Siedlung. Doch wie sie dort hingelangt sind, dazu gibt es verschiedene Erzählungen. Die einen sagen, man habe ihnen durch großzügige Angebote ermöglicht, ihren ärmlichen Wohnverhältnissen zu entkommen. Die anderen sagen, sie seien zwangsevakuiert worden, zuletzt sogar mithilfe der Nationalgarde, um den Weg frei zu machen für den Tourismus. Neuerdings dürfen sie wieder zurück: als Schausteller für Tanzvorführungen, als Fotomotive mit ihren Blumenkronen, als Symbol dafür, was für eine würdelose Veranstaltung der kommerzielle Tourismus sein kann.

Auf dem Rückweg passieren wir ein Werbeschild des »Saudi German Hospital«. Es zeigt die Illustration einer Arzthelferin mit Kopftuch, ein erfrischend klischeefernes Deutschlandbild. Vor dreißig Jahren kam ein Unternehmer auf die Idee, sich Know-how bei deutschen Unikliniken zu holen und im Nahen Osten ein Krankenhaus zu bauen. Das war ein solcher Erfolg, dass er bald ein zweites errichtete und dann ein drittes. Heute gibt es insgesamt elf, nicht nur in Saudi-Arabien, sondern auch in Dubai, Kairo und Sanaa.

»Weißt du, worum ich dich beneide?«, fragt Taimur auf der Rückfahrt. »Nicht um deinen Wohlstand oder deinen Reisepass. Aber du hast eine Heimat, einen Ort, an den du gehörst. Mir ist Afghanistan zu gefährlich. Vielleicht geht Saudi-Arabien bald nicht mehr, dann ziehe ich in die Türkei. Wenn es da Probleme gibt, weiter nach Pakistan oder Indien. Ich hoffe, meine Kinder werden eine richtige Heimat haben.«

Europa (er nennt es »Schengen«, als wäre das ein Synonym) kommt für ihn nicht infrage. Nicht nur, weil das Visum so schwer zu bekommen ist.

»Da könnte ich meine Kinder nicht mehr kontrollieren.«

»Wie meinst du das?«

»Vielleicht kommen sie vom Islam ab. Und ich dürfte sie nicht schlagen.«

Ich habe in meinem Leben viel Kritik an Europa gehört, aber dieses Argument kommt zum ersten Mal.

»Ich bin froh, dass bei uns Prügelstrafen verboten sind«, sage ich.

»Wenn ich ihnen etwas verbiete und sie nicht zuhören – erst sage ich es ihnen. Wenn sie dann immer noch nicht zuhören …«

»… dann muss man die Sache noch besser erklären.«

»Aber ich muss ihnen doch zum Beispiel beibringen, nicht zu lügen. Wer lügt, kommt in die Hölle. Wenn ein Teller kaputtgeht und mein Sohn sagt, seine Schwester war's, und die Schwester sagt, er war es, dann schlage ich beide. Und bringe ihnen bei: Wenn der Schuldige den Fehler gestanden hätte, wäre nichts passiert. In muslimischen Familien läuft das so.«

»Zum Glück nicht in allen.«

Den Rest der Fahrt verbringen wir schweigend, umgeben von einer spektakulären Berglandschaft. Ich komme mir sehr modern vor mit meiner Einstellung zu Prügelstrafen, aber so lang ist das auch bei uns noch gar nicht her: Erst seit 1998 steht im Bürgerlichen Gesetzbuch ein entsprechendes Verbot.

Nadschran
نجران

Einwohner: 505 652
Region: Nadschran

Im Golfcart zum Massengrab

Ich entscheide, nicht sämtliche Restaurants der Region testen zu wollen, und frage am nächsten Tag am Busbahnhof nach einer Verbindung nach Nadschran. Antwort: in zwei Stunden. Oder zweieinhalb. Vielleicht auch drei. Inshallah. Ich habe keine Lust auf Warten, mein dortiger Gastgeber sagte, er habe heute Zeit, mir ein paar Dinge zu zeigen. Also versuche ich es an der Hauptstraße, wo ein Pulk selbstständiger Taxiunternehmer die gleiche Reise für etwas mehr Geld anbietet. Ich habe bei solchen Gelegenheiten das besondere Talent, im Laufe der Verhandlung immer an den abgerissensten Fahrer mit dem ältesten Auto zu gelangen.

So auch diesmal: Der Mann, der mir mit 300 Riyal den besten Preis nennt, ist um die sechzig und hat maximal zehn Zähne. Ständig dreht er zackig wie ein Falke den Kopf in verschiedene Richtungen, als hätte er Angst, verfolgt zu werden. Wir steigen in einen altersschwachen Pick-up, er reibt den Daumen und zwei Finger zusammen, als Hinweis, das Geld in Vorkasse zu wollen. »Half now, half in Nadschran?«, schlage ich vor, mein Bauchgefühl rät mir zur Vorsicht.

Er versteht mich nicht und raucht erst mal eine.

Dann scheint er das Geld vergessen zu haben, er setzt sich ans Steuer und fährt los.

Er murmelt ein paar Sätze vor sich hin, dann krault er mich am Kinn, reibt sich seinen Bart, krault wieder mein Kinn, küsst zuletzt seine Finger.

»Nadschran four!«, sagt er, jetzt meine Hand haltend, er meint 400.

»300«, antworte ich. Haben wir doch vereinbart.

»Three fifty!«, sagt er, die knorrigen Finger aneinanderreibend, ihm fehlt der Ringfinger der rechten Hand.

Ich schüttle bestimmt den Kopf.

Er deutet auf die Tankanzeige.

»Mushkila!«, ruft er. *Mushkila* heißt »Problem«.

Tatsache, schon tief im roten Bereich.

»300«, beharre ich trotzdem. 75 Euro für zwei Stunden Fahrt scheinen mir bei den hiesigen Benzinpreisen nicht zu wenig zu sein.

Der Mann seufzt laut und reißt plötzlich den Anschnallgurt über sich, um ihn am Schaltknüppel zu befestigen. Weil er sich dabei nicht auch noch aufs Lenkrad konzentrieren kann, beschreibt der Wagen eine leichte Kurve durch den Gegenverkehr. Wir passieren einen Metallbogen mit Verkehrskameras, dann lässt der Fahrer den Gurt zurückschnellen und lacht listig. Denen hat er's gezeigt.

Er reibt nun beide Zeigefinger parallel nebeneinander, das heißt so was wie »Freunde«. Mir wäre lieber, wenn er die Hände am Lenker ließe. Er zündet sich eine Zigarette an.

»Nadschran: Four Zero«, sagt er wieder.

»No.«

»Aah. Mushkila!«

Er holt seine Börse aus dem Handschuhfach, zeigt mir die Leere darin. Ich bleibe hart.

Auf knallroten Schildern am Straßenrand steht »dangerous curves ahead«. Der Fahrer gibt Gas, rülpst und lacht und gibt mir High five. Dann muss wieder der Gurt an die Gangschaltung, wir passieren einen Checkpoint. Er scheint alles zu tun, damit die Hände einen möglichst geringen Anteil der Fahrtzeit am Steuer verbringen. »Money!«, sagt er und krault erneut mein Kinn.

Mein Gastgeber Anwar hat mir die Koordinaten des Treffpunkts vor einer Shoppingmall geschickt, doch der Mann will sich

nicht von mir und meinem Handy leiten lassen. Also rufe ich Anwar an, damit er den Weg erklären kann. Der Fahrer hört konzentriert zu, mit meinem Handy in der Rechten und einer Zigarette in der Linken.

Nach ewigen zwei Stunden erreichen wir einen Parkplatz an der Hauptstraße, Anwar begrüßt mich mit einem Winken, ein kräftiger Typ mit selbstbewusstem Blick und makellosem Bartölwerbungsbart.

Gleich geht der Fahrer zu ihm, um die Verhandlung weiterzuführen.

»Es ist deine Entscheidung – willst du mehr zahlen oder nicht?«, fragt Anwar in meine Richtung

»Ich würde gerne bei den vereinbarten 300 bleiben«, sage ich.

Anwar lässt eine Hand nach außen schnellen, als würde er ein lästiges Insekt verscheuchen, und sagt ein einziges Wort, ohne den Fahrer anzusehen. Der läuft wie ein geprügelter Hund zu seinem Auto und zieht ab, jetzt tut er mir ein bisschen leid. »Hier ist mein Revier, da kann er nichts machen«, sagt Anwar und lacht. Er hat eine auffallend wohlklingende, raue Stimme, sein ganzes Auftreten ist eine Mischung aus natürlicher und eingeübter Autorität. Aus seinem Onlineprofil weiß ich, dass er Jurist ist, in den USA studiert hat und im Landwirtschaftsministerium arbeitet. Wir steigen in seinen SUV, unter dem Rückspiegel hängen ein Bildnis von Che Guevara und zwei Medaillen von Fußballturnieren. »Dein Fahrer war auf Drogen, das konnte man in seinen Augen sehen. Kein Haschisch oder Alkohol. Captagon.«

»Das traut der sich? Trotz der hohen Strafen?«

»Diese Dinge finden immer einen Weg. Und Konsumenten werden nicht so hart bestraft wie Händler oder Schmuggler.«

Ich war mit einem Fahrer auf Speed unterwegs. Captagon ist der gebräuchliche Name von Fenetyllin, einem Amphetamin, das 1961 als Medikament gegen ADHS und Narkolepsie auf den Markt kam. In den Achtzigerjahren wurde es in den meisten Ländern verboten, doch da es relativ leicht herzustellen ist, entwickelte sich speziell im Nahen Osten ein florierender Schwarzmarkt. Produziert wird vor allem in Syrien und im Libanon, der IS betreibt eigene Produktionsstätten zur Terrorfinanzierung. Und verabreicht das Zeug gleich seinen Kämpfern, damit ihre Aggressionsschwelle sinkt, sie sich wach fühlen und unbesiegbar. Captagon macht süchtig, unter anderem weil die anschließenden Emotionstiefs immer schlimmer werden, je häufiger man es nimmt.

Und wo leben weltweit die meisten Konsumenten? In Saudi-Arabien. Sie nennen die Pillen »Abu Hilalain«, den »Vater der zwei Halbmonde«, weil häufig zweimal der Buchstabe »C« auf den Tabletten eingestanzt ist. Manche reden sich ein, wenn sie »nur« Pillen nehmen, sei das wie Medizin und deshalb kein Rauschmittel, das der Koran verbietet. Das Thema wird in den lokalen Medien nicht allzu ausführlich behandelt, es ist peinlich für das konservative Land, dass Zehntausende Saudis jährlich in Entzugskliniken landen. Noch peinlicher wird die Sache, weil unter anderem die Hisbollah am Handel mit dem kleinen Halbmond-Vater verdient, eine schiitische Organisation, die zu den Erzfeinden Saudi-Arabiens zählt.

Man vermutet hier, dass die Hisbollah auch die Huthi-Rebellen im Jemen unterstützt, und damit sind wir wieder in Nadschran, denn das liegt direkt an der Grenze. Vier Jahre lang war der hiesige Flughafen aus Sicherheitsgründen geschlossen, erst seit ein paar Monaten ist er wieder in Betrieb. »Ich will dir keine Angst machen, aber guck dir mal das Video an«, sagt Anwar und reicht mir sein Handy. Das Bild ist größtenteils dunkel, nur ein langsam von rechts nach links wandernder Lichtpunkt ist zu sehen, dann eine Explosion am Himmel. »Von gestern Abend, direkt über Nadschran. Unsere Patriot-Abwehrsysteme haben wieder mal eine Rakete aus dem Jemen abgefangen.« Er sagt das in einem beiläufigen Ton, Raketenangriffe sind Alltag, Alltag wie die dumpfen Schläge von Detonationen, die im Abstand weniger Minuten aus den Bergen südlich der Stadt ertönen.

Irgendwo müssen ja die ganzen Waffen zum Einsatz kommen, kein Land importiert mehr Kriegsgerät als Saudi-Arabien. Bei einer gemeinsamen Pressekonferenz von Donald Trump und MBS im März 2018 hielt der US-Präsident ein Schaubild der soeben verkauften Bradleys-Panzer und Lockheed-Flugzeuge hoch und las stolz die Milliardenbeträge der Transaktionen vor. Trump wirkte wie der Moderator von »Der Preis ist heiß« und der Kronprinz wie ein Student, der mit einer Winterschlussverkauf-Werbetafel in der Fußgängerzone steht. Zum Lachen war das absurde Schauspiel dennoch nicht. In den folgenden Monaten starben Tausende weitere Zivilisten im Jemen.

Anwar fährt durch ein Tor in ein eingezäuntes Grundstück. Rechts stehen ein Zelt und ein flaches Madschlis-Gebäude für die Menschen, links ein Verhau für Kamele, der Rest ist ein Parkplatz. Weniger als zwei Kilometer entfernt verläuft am Fuß einer Bergkette die erste Grenzlinie, die zweite befindet sich auf dem Grat oben, die dritte im Tal auf der anderen Seite. Anwar bringt mich in ein Gästezimmer mit Bänken ringsum und edlen Teppichen, meine Unterkunft für die nächsten Tage. Wenn eine Detonation zu hören ist, klimpern die Glassteine der Kronleuchter.

Nichts kommt einem in Hamburg oder München weiter weg vor als der Jemen-Krieg, jetzt findet er ein paar Kilometer neben mir statt.

»Lass dich von dem ›boom boom boom‹ nicht stören. Das ist alles hinter der Grenze, auf unserer Seite gibt es keine Bodenoffensiven. Wir sind vom Stamm der Yam, zu dem auch viele Jemeniten gehören. Sie greifen uns nicht in unserem Gebiet an. Außerdem wissen sie, dass wir eine Menge Waffen besitzen.«

Vor vier Monaten kam es auf der anderen Seite der Berge zu schweren Gefechten, deren genauer Verlauf wegen beidseitiger

Propaganda-Bemühungen schwer zu rekonstruieren ist. Hunderte Saudi-Soldaten und verbündete Jemeniten sollen während der Operation »Sieg durch Gott« getötet worden sein, als sie in eine Falle gelockt wurden.

»Sind denn hier auch mal Raketen eingeschlagen?«, frage ich.

»Ja, aber das ist schon ein paar Jahre her. Die haben die Ställe von meinem Onkel Hadi erwischt, zehn Schafe starben. Und dann noch zehn weitere, weil sie so schwer verletzt waren, dass er sie schlachten musste. Aber jetzt fliegen die Raketen meistens weit über uns hinweg, das ist wie Volleyball.«

»Interessanter Vergleich. Habt ihr schon einmal daran gedacht, für ein paar Monate hier wegzuziehen?«

»Nein, das wäre eine Schande. Die Yam sterben eher, als ihre Heimat zu verlassen.«

Ich lade meine Sachen ab und begrüße vier erwachsene Kamele und ein Kameljunges, die allesamt einen entzückenden Eindruck machen. Anwar unterhält sich mit ihnen, er ruft »Oo-y oo-y oo-y!«, »Heri heri heri!« und »Hooooy!«. Ich weiß nicht, ob sie ihn verstehen, meine aber, in ihren ansonsten gleichgültigen Mienen eine Spur von Erheiterung zu erkennen.

Wir fahren zum Sightseeing. Anwar hat gleich zum Auftakt eine VIP-Tour arrangiert, weil er die Betreiber der archäologischen Stätte Al-Ukhdud kennt. Sie liegt in unmittelbarer Grenznähe und war Schauplatz eines Völkermordes, der Name bedeutet »großer Graben«. Hier soll der jüdische Herrscher Dhu Nuwas im Jahr 523 eine große Zahl Christen getötet haben.

Ein Massenmord an Christen und ein jüdischer Machthaber im Südosten der Arabischen Halbinsel? Ich hatte bislang geglaubt, eine ganz gute Allgemeinbildung im Fach Geschichte zu haben, aber dieses Thema ist mir noch nicht untergekommen.

Wir passieren ein Tor, Anwar begrüßt einen der Angestellten mit Handschlag und einer Berührung der Nasen. In einem kleinen Bürocontainer muss ich meinen Pass mit Visum vorzeigen, dann steigen wir in ein Golfcart, auf dessen Frontscheibe der Satz steht: »Attention – wind shields do not provide protection from golf balls or other flying objects«. Anwars Freund setzt sich ans

Steuer. Als ich ihm meine Herkunft verrate, berichtet er von einer eigenen Reise nach Deutschland, er sei in München, Garmisch, Selamsi und dem Europapark Rust gewesen.

Über eine Schotterpiste fahren wir zu den Mauerresten der antiken Stadt Ragmat, schon vor mehr als 2500 Jahren lebten hier Menschen. An einigen Stellen finden wir bestens erhaltene Inschriften in altsüdarabischer Schrift, die wie Botschaften von Außerirdischen wirken. An den Wänden sind Bilder von Händen, von zwei ineinander verkeilten Schlangen und von einem Pferd, das eine Art Horn auf der Stirn zu haben scheint. »Das ist eines der Wahrzeichen von Nadschran«, berichtet Anwar. »Anscheinend haben hier früher Einhörner gelebt.«

Er erzählt vom antiken Reich Himyar im heutigen Jemen. Dessen Herrscher konvertierten im 4. Jahrhundert zum Judentum und lagen im Clinch mit koptischen Christen, die auf der arabischen Halbinsel und in Äthiopien lebten. »Hier stellte Dhu Nuwas die Leute vor die Wahl: Entweder ihr konvertiert und werdet Juden, oder ihr werdet in einem Graben voller Holzscheite im Feuer sterben. 20 000 Menschen entschieden sich für ihren Glauben und verbrannten. Eine Art Holocaust. Die Episode wird sogar im Koran erwähnt, in der 85. Sure«, sagt Anwar. Er deutet auf eine der Mauern neben sich, darin sind weiße Knochenreste zu erkennen. Wir stehen mitten in einem Massengrab.

»Unsere Vorfahren waren christliche Märtyrer«, sagt er. Was für ein Satz von einem saudi-arabischen Staatsbürger. Um die Aussage noch dramatischer wirken zu lassen, ist aus den Bergen eine

besonders laute Detonation zu vernehmen. Nadschran scheint zu den Städten zu zählen, die in ihrer Geschichte unverhältnismäßig viel Schrecken erlebt haben.

Anwar berichtet von Gerüchten, dass der Papst eines Tages herkommen wolle, und von der Hoffnung auf ausländische Touristen, die sich für Religionsgeschichte interessieren, oder gar christliche Pilger. Doch die aktuelle Sicherheitslage lässt nichts dergleichen zu, in den Reisehinweisen des Auswärtigen Amtes wird dringend abgeraten von einem Besuch in Nadschran. »Jahrelang waren französische Forscher hier, doch wegen des Krieges sind die abgereist«, sagt Anwar.

Er meint das Team des Orientalisten Christian Robin, der mehrere Bücher über das vorislamische Arabien schrieb. Laut seiner Forschung ist die Sache mit den Einhörnern nicht die einzige Ungenauigkeit in Anwars Ausführungen. Er geht von deutlich weniger als 20 000 Opfern aus, die vermutlich durch Schwerthiebe und nicht in einem gigantischen Feuer starben. Dass die Menschen aufgefordert wurden, zum Judentum überzutreten, um ihren sicheren Tod zu verhindern, hält er ebenfalls für wenig wahrscheinlich.

Vieles liegt noch im Dunkeln, was diese Epoche angeht. Die christliche Kirche jedenfalls kennt einen Heiligen namens Arethas, der Anfang des 6. Jahrhunderts Bürgermeister von Nadschran war. Sein Gedenktag ist der 24. Oktober. Er wurde zum Märtyrer, als er 523 mit ein paar Hundert oder ein paar Tausend Gefährten – die Zahlen unterscheiden sich je nach Überlieferung – getötet wurde.

Die saudische Regierung hat kein überragendes Interesse an der vorislamischen Geschichte, auch deshalb ist die archäologische Stätte noch wenig erforscht. Ihr Boden ist so reichhaltig übersät mit antiken Tonscherben, man traut sich gar nicht, den Kiesweg zu verlassen. Ein Museum mit Skulpturen, Gefäßen und einigen der über zweitausend Gold- und Silbermünzen, die hier gefunden wurden, soll bald eröffnet werden. Doch bislang stehen nicht einmal englischsprachige Wegweiser. »Manche glauben, dass jede Nacht Engel herkommen, weil es ein so heiliger Ort ist«, sagt Anwar.

Einige Nadschranis sehen in der Märtyrergeschichte ihrer Vorfahren eine Parallele zu ihrem eigenen Schicksal. Ein beträchtlicher Teil der Einwohner sind Ismailiten, Angehörige einer schiitischen Minderheit, die von den Herrschern in Riad als Sekte eingestuft wird. Sie wissen genau, wie es sich anfühlt, für ihren Glauben diskriminiert zu werden.

Klingen, Knarren und Kamelmilch

Wir fahren ins Aba-al-Saud-Viertel zum Dolchbasar. Dutzende kleine Läden bieten hier zweischneidige *Janbiya*-Krummdolche an. »Janbiya« heißt »Seite«, obwohl die Kleinwaffen eben nicht seitlich, sondern erektionsverwandt in der Mitte vor dem Körper getragen werden.

Im Basar wird gehämmert und geschliffen und geschärft und poliert und gefeilscht und getrunken (Tee und Kaffee, versteht sich), die Männer haben lange, graue Bärte, und es ist alles ganz zauberhaft. Handgemachte Dolche kosten zwischen 150 und 200 000 Riyal, je nach Bauart, Material und historischem Wert. Ein Elfenbeingriff ist teurer als ein Holzgriff, silberbeschlagene Gürtel kosten mehr als solche aus Leder, Klingen aus Damaszenerstahl sind edler als diejenigen aus eingeschmolzenen Bolzen ausrangierter Militärfahrzeuge.

»Wir tragen die Dolche auf Hochzeiten oder an Feiertagen, sie zeigen den Status des Trägers«, sagt Anwar. »Oft werden sie von Vätern an die Söhne weitergegeben.« Ein Händler fixiert einen Dolchgürtel um meinen Bauch. Als ich die Waffe schwungvoll aus der Scheide ziehe, weist mich Anwar zurecht. »Mach das nicht, das ist eine verbotene Drohung, kann richtig Ärger geben.« Ich senke sofort den Arm. Da, wo ich herkomme, sind solche Klingen exotische Folklore, hübsche Mitbringsel, die manchmal gar am Schneidebrett enden, vom Kriegswerkzeug zum Küchenhelfer. Reisetipp und Notiz an mich selber: keine Späße mit Waffen in Stammesgebieten.

Die Gelegenheit, das umzusetzen, bietet sich schon bald. Beim Teetrinken mit ein paar Freunden hat einer seinen Smith-&-Wesson-Revolver dabei. Er reicht die Schusswaffe herum, lässt sich ausgiebig dafür bewundern und legt mir für ein Foto das Schulterholster an.

»Der ist so eine Art Geheimpolizist. Alle nennen ihn ›Prinz‹, obwohl er gar kein Prinz ist«, verrät Anwar.

Als der Mann von meiner Herkunft erfährt, setzt er zum strammen Hitlergruß an, was mir keine Freude bereitet, weil ich schon unbewaffnete Nazis scheiße finde. Er spricht kein Wort Englisch, deshalb kommt es nicht zu einem Gespräch. Wenn deutsche Neonazis und Rechtsaußenparteien wüssten, welches Potenzial unter den Turbanen mancher Salafisten schlummert – sie würden das Thema Einwanderung ganz neu beurteilen.

Abends hat Anwar Besuch, im Gästeraum sitzen Männer mit prächtigen Bärten und trinken Tee. Bilal aus Bangladesch, der jugendlich wirkende Hausdiener, geht Kamele melken, ich folge ihm, um mir das anzugucken.

Man braucht dafür zwei Dinge, einen Eimer und ein Jungkamel. Um den Milchfluss anzuregen, platziert er Letzteres an einer der Zitzen und betätigt sich mit den Händen an einer anderen. Kurz darauf reicht er mir eine Silberschüssel mit dem lauwarmen Schaumgetränk, frischer geht's nicht. Ich hatte einen herben, salzigen Geschmack erwartet, aber die Milch ist süßlich und mild, wie ein guter Naturjoghurt.

Ständig laden mich Männer aus der Sitzrunde zum Essen ein, Anwar bringt mir bei, was ich antworten soll: »Vielen Dank, ich freue mich sehr darüber, aber leider haben wir viel vor in den nächsten Tagen und keine Zeit.« Das scheint kniggetechnisch eine akzeptable Antwort zu sein.

Wir reden über den Alltag im Yam-Stamm, zu dem insgesamt drei Millionen Menschen zählen, viele leben auch in Kuwait und Katar. »Wir haben die staatlichen Gesetze, und wir haben die Stammesgesetze. Wenn dich jemand schlägt, und die Regierung sorgt nicht für Gerechtigkeit, dann gelten die Regeln des Stammes. Die ganze Familie ist dafür verantwortlich, wenn einer eine Dummheit begeht.«

Noch immer werden lokale »Scheichs« als Streitschlichter eingesetzt, um Fehden beizulegen. Ich ahne, dass es höchst unangenehm wäre, Anwar zum Feind zu haben. Er ist stolz auf dieses System und auf seine Stammesgemeinschaft. Er hat in den USA studiert, ist viel gereist, doch hier ist sein Platz in der Welt, an diesem Grenzort zum Kriegsgebiet, in einer Gesellschaft, in der Ehre und Schande alltägliche Kategorien sind und kein Pathos. Er wirkt bescheiden und ruhig, doch wenn er spricht, hört man ihm zu. Er muss zu einer hoch angesehenen Familie gehören.

Das zeigt sich auch am nächsten Tag, als wir ein paar seiner Bekannten besuchen: den Besitzer des restaurierten Al-Monedjam-Forts mit fünfstöckigen Gebäuden aus Lehm und Stroh, der mir zum Abschied drei Kilo Khlas-Datteln schenkt. Und einen Sammler alter Autos mit über zwanzig Oldtimern in der Garage, darunter ein Chevrolet von 1927 und ein Land Rover von 1948, in dessen Fenster ein Poster von König Salman klebt.

Sogar bei einer Hochzeitsfeier mit 400 Gästen kann Anwar die Gastgeber überzeugen, uns kurz mal in den Bankettsaal »Venezia« reingucken zu lassen. Natürlich nur in den Männerbereich. Die Frauen haben einen eigenen Eingang, der in den hinteren Teil des Gebäudes führt.

Wir betreten einen Raum, so groß wie eine Schulsporthalle, mit schweren beigefarbenen Vorhängen und teuren Sitzmöbeln. Gleich werde ich zum Ehrenplatz in der Mitte des Saales gewunken und soll mich direkt neben den Vater der Braut setzen.

»Er ist der Manager unseres größten Krankenhauses«, sagt Anwar. Ich beglückwünsche den Mann zum Fest, und er beglückwünscht mich zu meiner Reise.

»Es sollten mehr Touristen kommen. Wir haben viel Gutes hier, schöne Shoppingmalls und gute Krankenhäuser.«

Auch das ist ein Merkmal touristisch unerschlossener Orte: Die Einheimischen ahnen gar nicht, was Ausländer interessieren könnte.

»Ich fand den Dolchmarkt und Al-Ukhdud noch viel interessanter. Und ich freue mich auf eine Wüstentour«, sage ich.

»Toll. Sag den Menschen, dass Nadschran ein freundlicher Ort ist.«

Kleine Kamelkunde

Gute Rennkamele können in der Golf-Region mehrere Millionen Euro kosten. Früher wurden sie oft von Kindern geritten, bis man realisierte, dass auf strenge Diät gesetzte Vierjährige vielleicht doch nichts auf Tiersätteln verloren haben. Heute kommen oft Rennroboter zum Einsatz, die von einem nebenher fahrenden Auto ferngesteuert werden.

In die Wüste fahren wir am nächsten Tag. Nicht in irgendeine, sondern in die zweitgrößte der Welt. Nur ein paar Kilometer nördlich der Stadt beginnt das berüchtigte »Leere Viertel«, die Rub al-Chali.

Auf dem Hinweg kommen wir an einem Hotel namens Gloria Inn vorbei.

»Da gab es mal ein Problem«, sagt Anwar.

»Was für ein Problem?«

»Dazu kann ich nichts Genaueres sagen.«

So macht er mich natürlich neugierig. Später finde ich heraus: Im April 2000 demonstrierten hier Hunderte Ismailiten gegen Moscheeschließungen und die Inhaftierung eines Geistlichen. Der Provinzgouverneur hatte damals seinen Sitz in dem Hotelgebäude. Es fielen Schüsse, zwei Demonstrierende wurden getötet, mehr als 600 inhaftiert, wie Human Rights Watch berichtet. Die Wut der Menschen war groß, erst als König Abdullah 2008 einen neuen Provinzgouverneur einsetzte, entspannte sich die Situation ein wenig.

Doch bis heute werden Ismailiten diskriminiert, und sie machen einen beträchtlichen Teil des stolzen Yam-Stammes aus. Dro-

hen also unter der aktuellen Regierung neue Spannungen? Möglicherweise nicht – weil der Kronprinz quasi zur Familie gehört. »Mohammed bin Salman ist unser Neffe, seine Mutter war eine Yam«, sagt Anwar. »Wir unterstützen ihn, auch wenn wir nicht alles gut finden, was er macht.«

»Was hältst du von der aktuellen Modernisierung des Landes?«

»Das ist schon richtig so. Zu Mohammeds Zeit sind Frauen auch auf Kamelen geritten, im Koran steht nirgends, dass das falsch sei. Also warum sollen sie nicht Auto fahren? Meine Frau allerdings will das überhaupt nicht. Manches geht in Nadschran ein bisschen langsamer.«

»Gibt es hier ein Kino?«

»Noch nicht. In einer Shoppingmall im Stadtzentrum soll bald das erste eröffnet werden.«

Am Straßenrand trainieren Reiter mit Rennkamelen, Gruppen von drei bis acht Tieren traben auf dem Sandboden neben der Straße. Manchmal fungiert ein Geländewagen als Tempomacher, dann wirken altes und neues Wüstenschiff wie Kumpel bei einem gemeinsamen Ausflug. Ich finde das erheblich interessanter als jedes Kino und könnte ihnen stundenlang zusehen.

Wir verlassen die Straße und fahren mit Schwung über ein paar Dünen, dann über flachen, festgepressten Sandboden, mit 130 Stundenkilometern in die Rub al-Chali. Ein paar Freunde von Anwar betreiben hier ein Camp mit Kamelen: zwei Beduinenzelte, mehrere Gatter für insgesamt fünfzehn Tiere, ein containerartiger Wohnmobilanhänger mit Schlafzimmer, Klo und Küche.

In einer Ecke steht ein automatisches Sturmgewehr, ein israelisches Modell namens Galil. Laut Statistiken sind in Saudi-Arabien rund sechs Millionen Schusswaffen in Privatbesitz im Umlauf, speziell in den Stammesgebieten. Käufer müssen ein paar Auflagen erfüllen, es gibt aber auch einen florierenden Schwarzmarkt.

»Ich habe viele Waffen, vielleicht zeige ich sie dir beim nächsten Mal«, plaudert Anwar. Er hebt das Gewehr auf, lädt nach und feuert einen Schuss in die klare Wüstenluft. Blendend hell ist das Mündungsfeuer, verdammt laut der Knall, er reibt sich das rechte Ohr.

»Als Kind habe ich leere Patronenhülsen als Pfeife benutzt«, erinnert er sich.

»Als ich ein Kind war, durfte ich nicht mal eine Spielzeugpistole haben«, sage ich.

Arar

عرعر

Einwohner: 166 512
Region: al-Hudud asch-Schamaliyya

Arar ist so populär und diese Fotos werden dich überzeugen hinzufahren asap

Auf dem Flug von Nadschran nach Riad stellen sich mir vier Fragen:

Wieso kriegen Saudis keine kalten Füße?

Wie viele Gebete schafft der Daumen meines Sitznachbars?

Was sind das für komische Kreise in der Wüste?

Warum fliegen wir an der Grenze entlang?

Auf dem Bildschirm vor mir ist die Route des Flugzeugs zu sehen und ein Pfeil, der die aktuelle Richtung Mekkas anzeigt. Langsam arbeitet sich der digitale Miniflieger nach Nordosten vor, und das irritiert mich, denn Riad befindet sich im Nordwesten. Statt die kürzeste Route zu nehmen, bleiben wir parallel zur Grenze Jemens.

Würde nicht jeder Pilot versuchen, möglichst bald das Grenzgebiet zu verlassen, wo doch ständig ballistische Raketen herumfliegen? Oder helfen etwa Passagierflieger bei der Observierung der Grenze und riskieren deshalb den Umweg? Erst nach einer halben Stunde macht der Pilot eine scharfe Linkskurve.

Viele Passagiere tragen Sandalen, obwohl die Klimaanlage auf arktische Temperaturen eingestellt ist. Ich staune, dass keiner zu frieren scheint. Die Bezeichnung dieser Schuhmode als Jesuslatschen, die Assoziation mit 68er-Schluffigkeit und kiffenden Hippies käme hier niemandem in den Sinn. Sie sind einfach praktisch bei hohen Temperaturen und selbst zu feinen Anlässen akzeptabel.

Viel Freude bescherte der mehrfache Milliardär Prinz Abdul Aziz bin Fahd im April 2016 der hämischen Boulevardpresse, als er den New Yorker Edelnachtclub Avenue in Sandalen und Flanellhemd aufsuchte. Die *New York Post* nahm ein Foto davon auf die Titelseite und schrieb »SCHÄBIGER SCHEICH« daneben.

Mein Sitznachbar tippt ununterbrochen auf seinem Handy. Er schreibt nicht und liest nicht, guckt oft gar nicht auf den Bildschirm, doch sein Daumen federt ohne Pause auf und ab. 243. 244. 245. Ansteigende Nummern blinken auf, er hat eine Gebetsapp installiert, das digitale Äquivalent zu einer Gebetskette. Als er das Gerät wegpackt, hat er 561 geschafft, als Gesamtzahl wird 29 037 angezeigt. Da sage noch mal einer, der Islam sei nicht in der Lage, sich zu modernisieren.

Wir überfliegen die Rub al-Chali, deren Ausmaße sich zumindest erahnen lassen, wenn man fast eine Stunde Flugzeit darüber verbringt. Die Dünen wirken von oben wie Kinderzeichnungen von Wellen, manchmal wie arabische Buchstaben, manchmal wie Prozessionen gigantischer Sandwürmer.

Doch dann sind da plötzlich andere Formen: schwarze und dunkelgrüne Kreise, die wie überdimensionale Vinyl-Schallplatten aussehen. Hunderte davon, jeder mit geschätzt mindestens einem Kilometer Durchmesser.

Ich rätsle, was ihre Funktion sein könnte, den entscheidenden Hinweis geben Querlinien in der Mitte: Das müssen Karussellarme sein, die automatisch den Boden bewässern. Wir fliegen also über Anbauflächen für Gemüse oder Getreide.

Das Wasser kommt aus Brunnen, die fossiles Regenwasser tief unter dem Wüstenboden anzapfen. Unmengen davon sind jeden Tag nötig, um die Gewächse am Leben zu erhalten, nach ein paar Jahren sind die Vorräte an einer Stelle aufgebraucht. Was für ein Aufwand in einem Land, das an Wasserknappheit leidet.

In Riad steige ich um in eine Maschine nach Arar. Das Besondere an Arar ist, dass es dort nichts Besonderes gibt. Kein Mensch

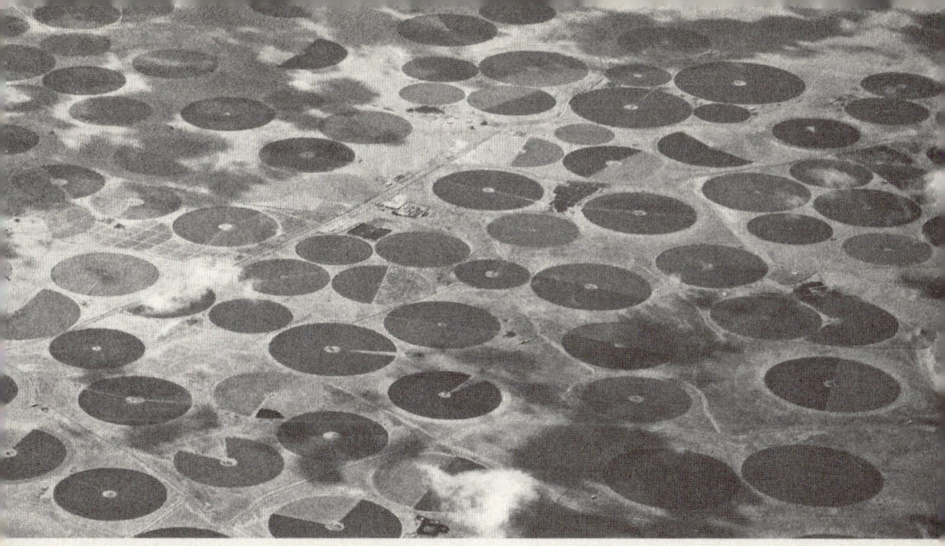

kennt Arar. Sucht man online nach den interessantesten Sehenswürdigkeiten der Stadt, präsentiert eine Seite namens *u.tours* Ausflüge in Abu Dhabi, und bei TripAdvisor wird man zu funtopfun.com weitergeleitet, einem Anbieter von Biertouren in Brüssel. Ich wäre wohl nicht hingefahren, hätte ich nicht auf lovinsaudi.com einen Artikel entdeckt mit der Überschrift: »Arar ist so populär heutzutage und diese Fotos werden dich überzeugen hinzufahren asap«.

Ich bin kein Fan von Werbetexten, die dem Leser mitteilen, was er fühlen und wie er handeln wird, aber die Bilder habe ich mir doch angeschaut. Sie zeigen grün bewachsene Hügellandschaften voller lilafarbener Lavendelblüten.

Die dazugehörige Beschreibung ist genauso blumig: von einem »Spektakel«, bei dem die trockene Wüste in den »lebendigen Farben des Regenbogens« erstrahlt, ist die Rede, und von einer so hohen Zahl an Touristen, dass man im letzten Frühjahr kaum noch Hotelbetten bekommen habe.

Als ich dann auch noch einen Gastgeber namens Omar fand, der als Polizist arbeitet und sich in seinem Profil mit »Ich bin dreißig, lustig und offen, wenn du mich siehst, wirst du happy sein ☺« vorstellte und jede meiner Nachrichten mit »sure, you're welcome!« beantwortete, stand die Entscheidung. Wir vereinbarten das Datum, dann hörte ich zwei Tage nichts von ihm. Selbst als der Flieger schon in Arar landet: keine neue Nachricht.

»Hallo noch mal, meld dich doch gerne, wenn du heute Zeit für ein Treffen hast«, schreibe ich. Keine Antwort.

Von Regenbogenfarben ist zunächst auch nichts zu sehen, Arar ist senfgelb, die ganze Luft ist gelb, ein heftiger Sandsturm wütet außerhalb des Flughafens, der erst vor drei Monaten fertiggestellt wurde. Ob er extra gebaut wurde wegen der Touristenmassen zum Lavendelspektakel?

Viel wichtiger aber ist eine andere Frage: Was tun an einem Ort, von dem man nichts weiß, wenn man vom Gastgeber geghosted wird? Auf Google Maps wird im Süden des Stadtzentrums die Arar Mall angezeigt. Ein besseres Ziel fällt mir nicht ein, ich bestelle ein Careem-Taxi dorthin. Über der ganzen Umgebung liegt ein wüstengelber Filter, mit geisterhaft weichgezeichneten Umrissen von Palmen und Minaretten ringsum. Der Fahrer versteht meinen Enthusiasmus für das Naturschauspiel nicht, Sand ist schlecht für den Lack.

Noch immer kein Lebenszeichen von Omar. Mit Reiserucksack in der Mall errege ich Aufsehen, mehrfach werde ich heimlich von Handykameras geknipst. Ein Mann begrüßt mich, fragt, ob er mir irgendwie helfen könne und ob ich Fallschirmspringer sei. Freundlich verneine ich beides. Die Bandbreite des kulinarischen Angebots ist begrenzt, sämtliche Läden fallen unter den Fachbegriff »Quickservice-Systemgastronomie«. Zur Auswahl stehen Burger von Herfy, Burger von Hardee's oder Burger von McDonald's. Vor einer Woche war ich noch der berühmte Gourmetjournalist aus dem Abendland, heute gibt's normierte 45-Gramm-Buletten zwischen trockenen Brötchenhälften.

Keine Antwort von Omar. Folgende Dinge sind in der Mall nicht zu erwerben: Arar-Kühlschrankmagnete, »I ♥ Arar«-T-Shirts, »Arar bei Nacht«-Postkarten, »Lavendelblüte in Arar«-Fotokalender, Arar-Schneekugeln. Allein der Name. Arar. Klingt leider, ich sag's, wie es ist: nicht besonders gut. Ein Satz wie »… und dann, meine Damen und Herren, erreichte ich Arar« erzeugt beim Reisevortragspublikum wenig Vorfreude auf orientalische Abenteuer.

Der Name kommt vom englisch ausgesprochenen RR, so hieß ein Ölfeld vor siebzig Jahren, das der Grund dafür war, ausgerechnet hier eine Stadt zu bauen. Sie liegt nur knapp fünfzig Kilometer vom Grenzübergang zum Irak entfernt, was Arar 2015 ausnahmsweise mal in die Schlagzeilen brachte, denn dort starben bei einem Selbstmordanschlag des IS zwei saudische Grenzbeamte.

Ich gehe zu einem der Mall-Ausgänge, mache ein paar Sandsturmfotos, dann setze ich mich auf einen Plastikstuhl bei den Burgerläden und warte. In den Nachrichten lese ich, dass MBS drei hochrangige Mitglieder der Königsfamilie verhaften ließ. Einer davon ist der Bruder von König Salman und ehemaliger Innenminister, ein anderer der ehemalige Kronprinz Mohammed bin Nayef, der 2017 ziemlich skrupellos abgesägt wurde, wodurch MBS an seine Stelle rückte. Ihnen wird vorgeworfen, einen Putsch geplant zu haben. In einer anderen Meldung steht, in Saudi-Arabien seien schon fünf Menschen positiv auf das neuartige Coronavirus getestet worden, es ist Anfang März.

Nach zwei Stunden in der Mall meldet sich Omar endlich: »Very welcome! Aber denk dran, ich bin in Arar, nicht in Riad.« Keine Ahnung, wie er darauf kommt, ich könnte in Riad sein. Aber vielleicht ist der Gedanke, ein Ausländer würde sich hierher bemühen, einfach zu absurd.

»Äh, ich bin gerade angekommen«, schreibe ich.

»Ich fühle mich geehrt, dein Gastgeber zu sein.«

»Super, wann können wir uns treffen?«

»Du bist schon in Arar?«

»Das versuchte ich zu sagen, ja.«

»Very welcome! Wo?«

»Arar Shopping Mall.«

»Oh. Okay, ich hole dich ab.«

Kleine Kamelkunde

Wenn sich Saudis über einen Autofahrer lustig machen, der alle Verkehrsregeln missachtet, sagen sie: »Der fährt so, als würde er ein Kamel reiten.«

Kurz darauf begrüßt mich mein schnurrbärtiger Gastgeber mit weichem Händedruck. Statt der traditionellen Saudi-Tracht trägt er Hemd und Stoffhose, er sieht aus wie der Zwillingsbruder meines türkischen Obsthändlers in Hamburg-Eimsbüttel.

»Du bist wirklich hier«, stellt Omar fest. Wir trinken einen Espresso, und ich frage, wo die berühmten Lavendelfelder seien. Er weiß nicht, wovon ich rede.

»Hier gibt es keine Blumen. Die nächste Stadt mit Blumen ist Tabuk.«

Tabuk ist 630 Straßenkilometer weit weg.

»Aber die Fotos im Internet. Aus Arar, letztes Jahr im Frühling.«

»Ach das. Dieses Jahr ist es trockener, da blüht nichts. Hier gibt es nichts zu sehen, unser Leben besteht aus Schlafen, Arbeiten und Shoppingmall.«

Er fährt mich zum Al Bustan Crown Hotel und lässt sich mit keiner Überredungskunst davon abbringen, das Zimmer für mich zu bezahlen. Offenbar hat er zu Hause keinen Platz. Wie gut ich es doch habe mit dieser allgegenwärtigen Gastfreundlichkeit. Wobei die Freude darüber auch mit einem seltsamen moralischen Dilemma verbunden ist. Ich lerne als Privilegierter eine Gesellschaft kennen, von deren Werten ich vieles ablehne. Als Mann und weißer Europäer zähle ich gleich in zwei Kategorien zu der Kaste, die es in Saudi-Arabien am leichtesten hat, die am meisten Respekt genießt. Zwei schlimme Missstände dieses Landes, die fehlende Gleichberechtigung und der Rassismus, betreffen mich nicht persönlich. Wie würde ich das Königreich erleben, wenn ich ein Mann aus Bangladesch wäre oder eine Sudanesin? Vermutlich komplett anders, vermutlich weniger freundlich. Als Reisender muss man aufpassen, solche Dinge nicht aus dem Blick zu verlieren.

In den nächsten beiden Tagen passiert nicht viel, deshalb Arar in Stichworten:

Touristisches Highlight: Ich darf mich außerhalb der Stadt auf ein Pferd setzen und zwei Runden im Kreis reiten.

Rührendster Moment: Ein grobschlächtig wirkender Cousin namens Nasser, etwa vierzig, gesteht mir, ein großer Fan des Films »Heidi« zu sein. Die Landschaften, die Beziehung zum Großvater. Er weint fast, als er die Handlung nacherzählt.

Gefährlichster Moment: Beim Abendessen in einem Restaurant mit Panflötenmusik behauptet mein Sitznachbar Ahmed, er sei überzeugt, Zwiebeln könnten Covid-19 heilen. Mit seiner im Verlauf des Mahles ausgiebig angesabberten Hand steckt er mir eine Zwiebel in den Mund. Er meint das nett.

15 Seconds of Fame: Eine von Omar aufgenommene Snapstory, in der ich unter anderem »Hallo« sage, erreicht in drei Stunden etwa 10 000 Zuschauer.

Orte, die Omar in Europa besucht hat: München, Garmisch, Selamsi, Europapark Rust.

Fußball auf *beIn Sports*: Real Madrid – Barcelona 2:0. Tottenham Hotspur – Wolverhampton Wanderers 2:3. RB Leipzig – Bayer Leverkusen 1:1.

Schlechtester Witz: Ein Freund von Omar betritt das Zimmer und sagt: »Hallo, ich bin ein Terrorist. Wir werden dich fressen. Haha, nein, natürlich nicht. Bring ein paar Freunde aus Deutschland her, dann essen wir die. Haha.«

Erkenntnisse zur Emanzipation 1: Ein älterer Verwandter namens Ahmed berichtet, fünf Autos zu besitzen, zwei eigene und drei für die Söhne. Wenn nun die beiden Töchter auch noch den Führerschein machten, müsse er wohl noch zwei weitere Autos kaufen.

Erkenntnisse zur Emanzipation 2: »Seit ein paar Monaten arbeiten auf meiner Polizeiwache auch Frauen«, sagt Omar. »Dadurch verändert sich einiges. Ein Kollege kam früher immer unrasiert ins Büro, sah aus wie ein Obdachloser. Jetzt geht er regelmäßig zum Friseur und benutzt viel Parfüm.«

Grüße: Ein Freund von Omar äußert mir gegenüber ein Lob für Dr. med. Georg Gosheger, Chirurg an der Uniklinik Münster.

Der habe eine komplizierte orthopädische Operation bei seinem Vater mit Erfolg durchgeführt. Ich drücke meine Freude darüber aus, gebe aber zu, Herrn Gosheger nicht persönlich zu kennen.

Prägende Geruchserinnerung: Omar besprüht zunächst sich selber, dann mich mit einem süßlichen Duft namens Al Qurashi Black Star. Es riecht nicht nach Lavendel und macht Kopfschmerzen. Er schenkt mir die Flasche zum Abschied, obwohl ich sieben- bis zwölfmal versuche, das abzulehnen.

Omars Urteil über mein nächstes Reiseziel: »Hafar al-Batin ist keine schöne Stadt. Nur Sand.«

Hafar al-Batin
حفر الباطن

Einwohner: 300 642
Region: Östliche Provinz

Falken und Schafe

»Nur Sand« stimmt nicht. In Hafar al-Batin gibt es Wohnhäuser und Moscheen und einen Wasserturm und Obstläden und Ämter und Büros und Cafés und Menschen und Kamele und Schafe und Autos und Straßen und Polizisten und Blaulicht und einen Verkehrsunfall auf der König-Abdullah-Straße und einen Gastgeber namens Fahad, der anhält, einen Feuerlöscher aus dem Kofferraum holt und zu dem Autowrack eilt, um die Rauchentwicklung im Motor mit einer beherzten Schaumattacke zu stoppen.

»Das war knapp«, sagt er, ein bisschen außer Atem. »Aber es fühlt sich gut an, helfen zu können. Die Polizisten hatten keinen Feuerlöscher dabei.«

Fahad ist 35, ein bisschen rundlich, er trägt blendend weißen Thaub und perfekt gebügelte Ghutra. Gerade hat er mich vom Busbahnhof abgeholt, wir sind auf dem Weg zu seinem Haus.

Mit Unfällen kennt er sich aus, denn er arbeitet für die Verkehrssicherheitsbehörde. Ein wichtiger Job, denn in Saudi-Arabien sterben, auf die Bevölkerungszahl umgerechnet, jedes Jahr sechsmal so viele Menschen im Straßenverkehr wie in Deutschland.

»Hauptsächlich suchen wir nach Straßenabschnitten, an denen besonders viele Unfälle passieren. Dann entschärfen wir die

Risiken, installieren Ampeln oder Tempokameras. Jedes Jahr geht die Zahl der Toten zurück.«

»Und welche Maßnahmen wirken am besten?«

»Kameras. Mündliche Ermahnungen bringen nichts, aber wenn Strafen fällig werden, ändern die Leute ihr Verhalten. In zwei Wochen werden wir anfangen, auch Kameras an Ampeln zu installieren – derzeit fahren noch viele regelmäßig über Rot.«

In einem Wohnviertel halten wir vor dem Haus seiner Familie. Im ersten Stock führt die linke von zwei Metalltüren zur Wohnung, in der Fahad mit seiner Frau und zwei Kindern lebt, die rechte zu meinem Gästezimmer mit eigenem Bad. An der Wand hängt das Schwarz-Weiß-Foto einer holländischen Windmühle, auf einem Sims neben dem Flachbildfernseher stehen Mitbringsel aus dem Urlaub, eine Österreich-Schneekugel und ein München-Souvenirteller.

Stadtrundfahrt. »Ich weiß gar nicht, was ich dir zeigen soll, du bist mein erster Gast«, sagt Fahad. Wir stoppen am Büro des Tourismusamtes, wo wir viel Tee trinken, ein paar Tonscherben in Vitrinen betrachten und erfahren, dass es in der Umgebung mehrere jahrhundertealte Brunnen gebe, die früher von durchreisenden Mekkapilgern aus dem Irak und Kuwait genutzt wurden. Ansonsten gibt der Tourismusbeauftragte zu, er wisse auch nicht so genau, was er empfehlen könne. Bislang habe er keinen Besuch von Touristen gehabt, nur von Schulklassen aus dem Ort. Zum Abschied schenkt er mir zwei großformatige Bildbände über al-Ula, zusammen etwa drei Kilo schwer. Al-Ula ist 800 Kilometer weit weg.

Fahad fährt mich zur Bibliothek, was für ihn selbst spannend ist, denn er war noch nie dort. Sie befindet sich in einem hübschen palastähnlichen Gebäude. Der Bibliothekar heißt Ahmed al-Aidy und ist hocherfreut, uns zu sehen – sogleich setzt er uns darüber in Kenntnis, in seinem Leben 700 Bücher gelesen zu haben. Leider kämen nicht mehr viele in die Bibliothek, weil die Leute zu viel Zeit am Smartphone verbrächten.

Auf zwei Stockwerke verteilen sich Abteilungen für Arabisch, Geschichte, Geografie und Religion. In einer Ecke stehen Kinderbücher, die »Allah liebt mich« und ähnlich heißen. Al-Aidy geht in einen Nebenraum und kommt mit einem Stapel von elf Büchern zurück, die er mir schenkt. Die meisten handeln entweder vom Islam oder von Terrorismus, auf Englisch, Niederländisch, Französisch und Indonesisch. Anscheinend hat er alle fremdsprachigen Bände ausgewählt.

Das ist wahnsinnig nett und beweist viel Herz, aber auch wenig Gefühl dafür, wie viel Gepäck ein Rucksackreisender tragen kann. Später schenke ich Fahad den Großteil der Bücher, als kleine Bibliothek für seine nächsten Gäste.

Beiläufig erwähnt er, dass sich in Hafar al-Batin der größte Schafs- und Ziegenmarkt der Golfregion befindet. Er selbst war noch nie dort, er ist gegen Schafe allergisch. Ich bin sofort hochinteressiert und schlage vor, allein per Taxi hinzufahren, um bei ihm keine gesundheitlichen Probleme zu verursachen. »Nein, ich bringe dich hin, kein Problem. Es ist auch für mich spannend, was du interessant findest«, sagt er.

Ich fürchte, ihn in Bedrängnis gebracht zu haben. In Deutschland wäre es völlig normal, wenn der Gast in dieser Situation ein Taxi nimmt, hier gilt es als Versäumnis des Gastgebers, wenn er sich nicht ausreichend kümmert. Ich wiederum finde es falsch, den guten Fahad in eine unangenehme Situation zu bringen, würde ihn aber vor den Kopf stoßen, wenn ich darauf bestünde, ein Taxi zu bestellen. Auf den Marktbesuch zu verzichten wäre kniggetechnisch wohl das Beste, aber vermutlich komme ich nie wieder im Leben nach Hafar al-Batin. Es ist kompliziert.

Frühmorgens am Freitag fährt mich also Fahad hin, ich stürze mich ins Marktgetümmel, er wartet im Auto. Die Dimensionen der Gatter sind eindrucksvoll, mit Hunderten, nein, Tausenden Awassi-, Karakul- und Arabischafen, dazu Harri-, Ardi-, Habsi-, Jabali-, Zumri-, Masri-, Najd- und Hejazi-Ziegen. Die Hejazi sind die coolsten, weil ihre Schlappohren bis zu siebzig Zentimeter lang werden können. Es riecht weniger streng, als man in Anbetracht der Umstände vermuten würde. Dafür wird vortrefflich geblökt, gemeckert, geschrien und gefeilscht, und die Händler begrüßen mich mit »Welcome« und »How are you?«. Aus dem Irak, aus Kuwait, sogar aus der Türkei und dem Sudan kommen sie hierher.

Vor ein paar Jahren machte der Viehmarkt landesweit Schlagzeilen, weil ein Schaf einer seltenen Sorte für den Rekordpreis von einer Million Riyal verkauft wurde, 240 000 Euro, der Käufer zahlte in Cash. Noch hat niemand realisiert, was für eine spitzenmäßige Touristenattraktion das werden könnte, mit Reisebusladungen von Hobbyfotografen wie beim Ziegenmarkt von Nizwa im Oman, den ich vor ein paar Jahren besucht habe – er wirkt gegen dieses Spektakel wie ein kleines Dorffest. Ich fühle mich wohl in dem Getümmel, weil es keine Inszenierung ist, ein Anblick wie zu Mohammeds Zeiten – abgesehen von den Pick-ups und Kleintransportern und den gelegentlichen Bitten um ein gemeinsames Gruppenfoto.

Als ich zu Fahads Auto zurückkomme, hat er schon einige Kleenex-Taschentücher verbraucht, weil die Nase läuft und die Augen tränen. Dabei hat er vorher noch extra Anti-Histamin-Tabletten eingeschmissen. Ich danke ihm für sein Durchhaltevermögen. »Kein Problem. Aber das ist mir zu viel Gestank. Wir kaufen Lammfleisch immer per App, wird direkt nach Hause geliefert.«

»Es stinkt gar nicht besonders.«

»Du bist ein ungewöhnlicher Mann«, sagt Fahad und zieht noch ein Kleenex aus der Packung.

Auf die zweite Top-Attraktion des Ortes stoßen wir durch Zufall. Am Straßenrand sehe ich ein Poster für ein Falken-Festival, ich frage, was es damit auf sich habe und ob wir hinfahren können. Fahad kennt einen der Organisatoren und ruft ihn an, doch der sagt, man habe das Festival leider wegen Corona vorzeitig beendet.

»Wir haben schon fünfzehn Fälle in Saudi-Arabien, wir müssen jetzt vorsichtig sein. Alle Betroffenen sind Iran-Rückkehrer, Schiiten, die dort auf Pilgerreise waren.« An Fahads Tonfall merke ich, dass er keine hohe Meinung von Schiiten hat.

»Wie viele Fälle habt ihr in Deutschland?«, fragt er.

»Schon mehr als tausend insgesamt. Beängstigend.«

»Vielleicht bist du hier sicherer. Wir hoffen auf den Sommer. Es heißt, wenn es warm wird, verschwindet das Virus von allein.«

Von seinem Freund hat er einen anderen Tipp bekommen: Statt des Festivals sollen wir das Al-Nader-Falken-Krankenhaus besuchen, das liegt nur ein paar Häuserblocks entfernt. Am Empfang weist Fahad darauf hin, einen wichtigen ausländischen Gast dabeizuhaben, und schon werden wir hereingebeten.

Ein junger Arzthelfer namens Abdul führt uns zu den Behandlungsräumen, gerade wird ein Greifvogel im Wert von 70 000 Euro per Narkosemaske anästhetisiert, während sein Besitzer besorgt zuschaut. Auf dem Operationstisch liegen Zangen, Q-Tipps, Nähzeug, eine Packung Zahnstocher und Dove-Feuchtigkeitscreme. So genau will ich gar nicht wissen, wie das alles zum Einsatz kommt, also gehen wir weiter.

Stolz referiert Abdul den Marktwert seiner Patienten, bis zu 100 000 Euro könne ein Weibchen wert sein. Weibchen sind meist teurer als Männchen, weil sie mehr Ausdauer bei der Jagd haben. Die Greifvögel sind Symbole für Mut und Kraft und ein Riesenthema in der Golfregion, sogar für Fluggesellschaften: Bei Etihad darf pro Passagier ein Vogel gratis in der Kabine mitgenommen werden, in der Businessclass sogar zwei; bei Gulf Air ist pro Falke eine Übergepäckgebühr fällig, und es herrscht Kapuzenpflicht; bei Qatar Airways kostet ein Falke 240 US-Dollar pro Flug nach Europa und 450 Dollar für eine Reise in die USA.

Hinter den Behandlungsräumen gelangen wir zu den vergitterten Einzelzellen der Patienten, fünf an jeder Seite. Die Tiere wirken lethargisch, aber ihre Augen sind hellwach. »Die meisten kommen wegen Flügelverletzungen oder Leberschäden«, sagt Abdul. Häufig müssten kaputte Federn ersetzt werden, zum Standardprogramm gehören außerdem Pediküre und Schnabelpolitur.

Der Rundgang endet in einer Halle mit heruntergelassenen Fensterläden und Neonlicht. Mehr als fünfzig Falken hocken auf untertassengroßen Podesten, die mit Kunstrasen gepolstert sind zwecks permanenter Fußmassage. Die Tiere wurden mit 1,50 Meter Sicherheitsabstand zum Nachbarn angebunden, Social Distancing für Raubvögel. Die meisten tragen außerdem Lederkappen über den Augen, damit sie sich nicht gegenseitig attackieren. »Die sind zusammen drei Millionen Riyal wert«, verkündet unser preisbewusster Führer, das entspricht 715 000 Euro. Regelmäßig komme ein Pfleger vorbei, um sie mit Wasser zu besprühen, weil sie Flüssigkeit auch über Haut und Füße aufnähmen. Ihre Lieblingsspeise seien Wachteln.

»Falken haben es gut bei uns. Besser als viele Menschen«, sagt Fahad und lacht kurz über seine Worte. Dann blickt er nachdenklich auf die ordentlich aufgereihten, gepflegten Tiere, deren Augen mit Leder bedeckt sind, damit sie keinen Ärger machen.

Dammam

الدمام

Einwohner: 1033597
Region: Östliche Provinz

Nektar der Götter

Im Internet gehen nun Cartoons herum. Von arabischen Frauen mit medizinischem Mund-Nasen-Schutz über dem Niqab, in der Sprechblase dazu steht: »Auch das noch!« Ein Bild von drei Frauen in Vollverschleierung, untertitelt mit »Islam – im Kampf gegen Covid-19 seit 600 nach Christus«. Häufig geteilt wird außerdem eine Textkachel mit den Worten: »Niesen im Flugzeug macht den Leuten jetzt mehr Angst als jemand, der Arabisch spricht. Was wohl passiert, wenn ich niese und dann ›Alhamdulillah‹ sage?« Auf Twitter erhält ein Beitrag Zehntausende Likes, der lautet: »Ich bin ein Mädchen in einer arabischen Familie. Ich habe mein ganzes Leben in Quarantäne verbracht.«

In Saudi-Arabien sind zu diesem Zeitpunkt 45 Coronafälle bestätigt. 21 in Al-Qatif, 22 in Mekka, einer in Riad, einer in Dschidda. Al-Qatif hatte ich als nächstes Reiseziel eingeplant. Doch jetzt schreibt mir Ibrahim, mein Gastgeber dort, ich solle mir das gut überlegen: »Ab morgen früh riegeln sie das ganze Viertel ab, zwei Wochen Quarantäne. Du würdest noch reinkommen, aber vielleicht nicht mehr raus.« Al-Qatif ist eine Schiiten-Hochburg, die als Unruheherd gilt, das Auswärtige Amt rät dringend von einem Besuch ab. Heftige Proteste lösten die Verhaftung und Hinrichtung des Predigers Nimr Baqir an-Nimr aus, der gleiche Rechte für Schiiten forderte und mit einer Abspaltung der Östlichen Provinz drohte. Nirgendwo im Land hasst man das Königshaus mehr als in al-Qatif.

Schweren Herzens entscheide ich, nicht hinzufahren. Mein Rückflug ist in knapp drei Wochen, den will ich nicht verpassen, falls die Quarantäne verlängert wird. Wobei ich zu zweifeln beginne, ob in drei Wochen überhaupt noch geflogen wird.

Als Nächstes sagt mein Gastgeber in Dammam ab. Keine Lust auf Gäste wegen Corona, ich könnte ja bereits infiziert sein, solle das aber bitte nicht persönlich nehmen. Auf meinen Hinweis, bereits seit Wochen in Saudi-Arabien zu sein, kommt von ihm keine weitere Antwort. Ich kann es ihm nicht übel nehmen, die Leute haben Angst.

Später wollte ich zum ersten Arthouse-Filmfestival in Dschidda – das Programm klingt nach Skandalen und Grenzüberschreitungen, mit Geschichten über unterdrückte Frauen und Homosexualität. Doch die Veranstalter müssen das Event wegen Corona verschieben.

Ich wollte nach Bahrain, um mit ein paar Saudis so richtig feiern zu gehen. Im Nachbarstaat ist vieles erlaubt, was zu Hause verboten ist, Bahrain gilt als der Puff Saudi-Arabiens. Nun ist die Brücke dorthin zu, eine Einreise unmöglich.

Ein Freund wollte mich besuchen und ein Stück mitreisen, doch sein Flugdatum ist der erste Tag, an dem keine Flüge aus Europa mehr gehen. Opodo fragt ihn, ob er einen Privatjet als Ersatz wolle. Hin und zurück für 90 000 Euro, Durchführung nicht garantiert. Er bleibt zu Hause. Später denke ich, was das für ein lustiger Streit mit der Opodo-Hotline geworden wäre: »Wir können Ihnen einen Gutschein über den Betrag anbieten, einverstanden?«

Schlecht gelaunt wegen so vieler Planänderungen buche ich ein Hotel in Al-Khobar. Schon wieder ein Hotel. Eine Gelegenheit immerhin, im Zimmer auf Quran-TV eine historische Liveübertragung zu erleben: Die Große Moschee ist pilgerfrei, niemand läuft um die Kaaba, der ewige Strom ist unterbrochen, ein unwirklicher Anblick. Zwei Tage nachdem der erste Corona-Fall in Saudi-Arabien bekannt wurde, hat der König sämtliche Pilgerfahrten und die Vergabe von Pilgervisa gestoppt. Zum Vergleich: In Deutschland fand vier Wochen nach dem ersten bestätigten Fall noch Karneval statt.

Außerdem lese ich in den Nachrichten, dass Saudi-Arabien nun den Markt flutet mit mehr Öl als je zuvor. 12,3 Millionen Barrel pro Tag, das entspricht 1955700000 Litern, also 59 Milliarden Litern im Monat, was 714 Milliarden Litern pro Jahr entspricht, einer 714 mit neun Nullen dahinter. Eine Reihe stehender Ein-Liter-Milchtüten, die einmal um den Äquator geht, und dann noch eine Reihe und noch hundert Reihen und noch hundert, insgesamt 1250 erdumspannende Ringe aus Milchtüten. Würde man das in Güterzugwaggons umrechnen, die auf saarländischen Fußballfeldern stehen, käme man auf – okay, ich höre schon auf. Es ist einfach verdammt viel Öl, mehr, als irgendein Land zu diesem Zeitpunkt in Umlauf bringen sollte. Aber Saudi-Arabien macht's einfach, zum Schnäppchenpreis, während die Nachfrage wegen der Viruskrise stark zurückgeht. Ein hochriskanter Schachzug.

Auf jeden Fall ein interessanter Zeitpunkt, um in der Östlichen Provinz zu sein. Von hier aus gelangt ein großer Teil des begehrten Giftstoffes auf den Weltmarkt, undenkbar wäre unser heutiges Leben ohne ihn. Nicht nur als Ursuppe des »bernsteinfarbenen Nektars der Götter: Benzin« (Zitat von Motorsportjournalist Richard Hammond). Nein, sogar in meinem Reisegepäck: Funktionsjacke. Fleecepulli. Zahnbürste. Zahnseide. Duschgel. Sonnenschutzlippenstift. PET-Wasserflasche. Sonnenbrille. Kugelschreiber. Deo. Desinfektionsmittel. Plastiktüten. Sneakers. Handy. Wurde alles teilweise aus Erdölprodukten hergestellt, das Zeug ist überall.

Kleine Kamelkunde

Manche Araber glauben, dass Kamelurin krause Haare glatt machen kann. Der Autor hat aber niemanden getroffen, der zugab, das einmal ausprobiert zu haben.

Die Provinzhauptstadt Dammam zählt städtebaulich zu den eher verwirrenden Orten dieses Planeten. Im Süden liegen die Städte Al-Khobar und Dhahran so nah, dass sie inzwischen zu einer Gesamtstadt namens Dammam Metropolitan Area zusammengezogen wurden. Im Norden geht Dammam über in eine Stadt namens Saihat, die wiederum in Al-Qatif übergeht, ohne dass zwischendurch mal was Ländliches kommt, ein paar Dörfer oder wenigstens ein bisschen Wüste. Das ist wie Villingen und Schwenningen oder Idar und Oberstein, nur halt mit fünf Großstädten, die über die Jahrzehnte immer weiter zusammengewachsen sind. Und mittendurch führen Öl-Pipelines, mittendrin liegen ein riesiger Militärflughafen und die Zentrale von Saudi Aramco. Wenn Mekka die Seele Saudi-Arabiens ist, dann ist Aramco das Herz: eine kräftige Pumpe, die den ganzen Organismus am Leben hält.

Aramco ist das wertvollste Öl-Unternehmen der Welt, die erste Firma, die eine Marktkapitalisierung von zwei Trilliarden US-Dollar erreichte.

Aramco gelang der größte Börsengang der Geschichte mit einem Volumen von 25,6 Milliarden US-Dollar.

Aramco ist Eigentümer des größten Ölfeldes auf dem Festland – die Fläche des Ghawar-Feldes entspricht ungefähr Korsika.

Aramco ist, herzlichen Glückwunsch, der schlimmste Klimasünder aller Unternehmen – eine britische Studie addierte die

CO_2-Werte von Produktion und späterer Nutzung der erzeugten Kraftstoffe und kam damit auf einen Anteil von 4,38 Prozent am weltweiten Ausstoß zwischen 1965 und 2017.

Und Aramco blamierte sich mit der peinlichsten Corona-Innovation. In sozialen Netzwerken machte ein Foto die Runde, das einen Mitarbeiter aus Bangladesch zeigt, der verkleidet als Desinfektionsmittelspender-Automat durchs Büro läuft. Twitter-User prangerten die Aktion als rassistisch an, verglichen es mit Sklaverei. Einen Tag später veröffentlichte das Unternehmen eine halbherzige Entschuldigung.

Al-Khobar ist für Aramco das, was Wolfsburg für VW ist: Hauptquartier und Heimat, ein Ort, der komplett von dem Unternehmen geprägt ist. Hier entstanden Unis und Schulen und Forschungseinrichtungen, ein Krankenhaus, eine Fahrschule für Frauen, einen Strand und ein ganzes Compound-Stadtviertel für 10 000 ausländische Mitarbeiter.

Die aktuelleren Bauprojekte schlagen eine neue Richtung ein. Sie legen jetzt grüne Parks mit Bäumen an, um Rohrleitungen darunter zu begraben – Gras über die Sache wachsen lassen im wortwörtlichen Sinn. Sie haben das Ithra-Kulturzentrum gebaut, bestehend aus fünf steinförmigen Gebäuden, die mit 93 403 Stahlröhren umwickelt sind, jede 7,6 Zentimeter dick. Trotz so viel Stahl wirkt das Ensemble organisch, wie die Schale eines Mollusken, eine Form ohne rechte Winkel. Als wollte man beweisen: Wir können auch was Schönes machen aus industriellen Bauteilen.

Das will ich mir aus der Nähe anschauen, ich nehme ein Taxi zum Ithra. Der Weg dorthin führt durch eine Prachtstraße, in der die Superreichen wohnen. Hohe Mauern vor märchenhaften Villen, von denen nur manchmal die oberen Stockwerke zwischen Palmen zu sehen sind.

Öl-Manager leben hier, aber auch die jeweiligen Chefs der Pepsi- und Marlboro-Vertriebsfirmen für Saudi-Arabien. Ein paar Meter weiter ein Luxus-Krankenhaus, als letzter Baustein der Wertschöpfungskette: Wenn die Leute genug geraucht, genug Abgase eingeatmet und genug Zuckerwasser getrunken haben, lässt sich immer noch ein bisschen Geld mit den gesundheitlichen Folgen verdienen.

Das Ithra befindet sich in der Nähe der wichtigsten historischen Stätte des Landes, die bislang aber nicht ihrer Bedeutung entsprechend präsentiert wird. Nur ein kleines Skulptürchen am Straßenrand und ein Eruptionskreuz aus bunten Rohren und Armaturen weisen auf den »Prosperity Well« hin, auf die Quelle »Dammam Nummer sieben«.

In den Dreißigerjahren war Dammam ein kleiner Fischerort. Doch dann kam der US-Geologe Max Steineke, Sohn deutscher Auswanderer, für Probebohrungen ins Land. Die ersten sechs waren erfolglos, er war schon kurz davor aufzugeben, die entdeckten Mengen reichten nicht für eine kommerzielle Erschließung. Aber bei Bohrloch Nummer sieben stießen sie in 1400 Metern Tiefe auf ein riesiges Reservoir, eine dunkle Schatzkammer, eine klebrigflüssige Lizenz zum Gelddrucken. Ohne Steinekes Fund im März 1938 wäre die Geschichte des gesamten Nahen Ostens anders verlaufen.

Vielleicht sollte man das Ithra, für 400 Millionen Petrodollar gebaut, als das wahre Denkmal des ersten Ölfunds sehen. Über die Innenräume kann ich berichten, dass die Rezeption und die Cafeteria recht hübsch sind. Der Rest ist wegen Corona geschlossen, sieht aber auf YouTube durchaus ansprechend aus, zum Beispiel die sehr weiße Bibliothek, die »Vom Ölfeld zum Auspuff«-Dauerausstellung (okay, sie heißt anders, irgendwas mit »Energy«) und das Theater mit 900 Sitzplätzen. Dort trat schon das Orchester des Sankt Petersburger Mariinsky-Theaters mit Prokofjew auf und die Solisten der Mailänder Scala-Akademie mit Verdis »Rigoletto«. Opernarien vor Zuschauern, die nie Musikunterricht an der Schule hatten, war ja verboten. Ein bisschen »Fitzcarraldo« klingt da schon an bei der arabischen Kulturrevolution, nur eben in der Wüste statt im Dschungel.

Hofuf
الهفوف

Einwohner: 150 000
Region: Hofuf

Oase mit Swimmingpool

Am Morgen nehme ich den Acht-Uhr-Zug nach Hofuf. Fensterplatz, Sitz E56. Draußen wieder einmal Wüstenlandschaft mit vereinzelten Grasbüscheln und ein paar Sandsteinfelsen. Die Reflexion der Sonne im Sand blendet ein bisschen, aber der Mangel an Farbvielfalt ist schon Gewohnheit geworden. Meine Sinne sind ein wenig abgestumpft über die Wochen. Saudi-Arabien lullt ein, mir geht es gut, ich bin gesund und habe keine Angst, überfallen oder verhaftet oder erschossen zu werden. Die Begegnungen mit den Menschen sind ganz wunderbar.

Und doch war da, wenn ich an jedes einzelne Treffen zurückdenke, immer eine Prise Horror, manchmal nur ein Nebensatz oder ein kurzer Moment. Augenblicke, in denen die Fassade aufbrach und etwas offenbarte, was mir nun zu denken gibt.

Amina im Weihnachtscamp und ihr Hinweis, sich mit Niqab sicherer vor Belästigung zu fühlen. Yassin, der mir Verkehrskameras mit automatischer Strafabbuchung vom Handy zeigte. Shahin und seine »Ich liebe den König«-Ausrufe, sobald unser Gespräch ein politisches Thema streifte. Nasser und die Angst seines Stammes, für die glorreiche Stadt der Zukunft aus ihrem Dorf vertrieben zu werden. Laylas Bitte, nichts zu schreiben, was sie ins Gefängnis bringt.

Die Liste ließe sich fortführen, lauter kleine Puzzleteile, die auf Missstände hindeuten, auf Angst vor der Staatsmacht, so harmonisch und harmlos jede abendliche Teetrink-Zusammenkunft auch aussehen mag.

Ein anderes beunruhigendes Puzzleteil ist das, was ich über den Herrscher MBS gelernt habe; einen machtbesessenen Tyrann, der ohne ethischen Kompass zu agieren scheint. Der von China Hightech-Überwachungstechnik kauft und sich von Russland abguckt, mit Online-Trollarmeen und Auftragsmördern zu arbeiten. Und trotzdem zu Hause populär ist, gerade bei den jungen Leuten, weil er ihnen Brot und Spiele, Nationalismus und ein paar neue Freiheiten anbietet. Die internationale Gemeinschaft kauft weiter brav Öl und lässt ihn gewähren, weder Jemen-Krieg noch Khashoggi-Mord führten zu ernsthaften Konsequenzen.

»Die brutalsten Regierungen im Nahen Osten sind die, die wir unterstützen. Gegen Saudi-Arabien wirkt Iran wie Norwegen«, hat Noam Chomsky einmal gesagt. Vielleicht ist das übertrieben, doch es lohnt sich, in den nächsten Jahren genau hinzugucken, welcher Anteil der weiteren Modernisierung hauptsächlich Show-Zwecken dient.

Auf halbem Weg stoppt die Bahn in Abqaiq, dem Schauplatz eines Angriffs. Hier schlugen im September 2019 mehrere Raketen ein und beschädigten die größte Raffinerie des Landes schwer. Bis heute ist nicht eindeutig geklärt, wer für die Drohnenangriffe verantwortlich war – Iran, die Huthis oder beide zusammen. Nun ragen die Stahltürme und Röhren und Öltanks wieder ziemlich unbeeindruckt in den trüben Wüstenhimmel. Man separiert, deethanisiert und stabilisiert, als wäre nichts gewesen. Wurde alles in zwei Monaten repariert, die Produktionsmenge ist nun sogar größer als vorher.

Neben den riesigen Anlagen hat ein Hirte sein schwarzes Beduinenzelt aufgeschlagen. Die Ziegen seiner kleinen Herde suchen im kargen Boden nach Essbarem.

Ich schreibe eine Mail an die deutsche Botschaft in Riad und frage, wie lange voraussichtlich noch Flüge nach Deutschland möglich sein werden. In den Nachrichten lese ich, dass die Türkei vorläufig alle Verbindungen nach Deutschland gestrichen hat. Mein Rückflug in zweieinhalb Wochen geht über Istanbul, da muss ich mir wohl was anderes überlegen.

Nach zwei Stunden Fahrt erreiche ich den Bahnhof von Hofuf, wo mich mein Gastgeber Khalid abholt.

»*Ahlan wa sahlan* – willkommen! Eigentlich wollte ich eine Gruppentour für uns buchen zu mehreren Touristenattraktionen. Aber die haben sie wegen Corona abgesagt«, sagt er zur Begrüßung. Das Virus nervt langsam.

Wir steigen in sein Auto und fahren durch eine staubige Stadt aus weißen Häusern, dann auf eine Landstraße zwischen Palmenwäldern. Die Region Al-Ahsa gilt als größte Oase der Welt, dank unterirdischer Wasserreservoirs wachsen hier drei Millionen Dattelpalmen. Wer die wohl mal durchgezählt hat.

Würde ich nach Sehenswürdigkeiten-Listen reisen, könnte ich ein schönes Häkchen machen: Mit meiner Ankunft hier habe ich alle fünf UNESCO-Welterbestätten des Landes gesehen, die anderen sind Mada'in Salih, Diriyya in Riad, die Felsenkunst von Jubbah und die Altstadt von Dschidda.

Kleine Kamelkunde

Kamele kreischen laut, wenn ihnen etwas nicht passt, ansonsten kommunizieren sie mit Körpersprache: Genüssliches Wiederkäuen oder eine runterhängende Lippe sind Zeichen für ein entspanntes Tier, ein aufgerichteter Schwanz oder eine angezogene Unterlippe bedeuten Stress.

Khalid ist Mitte dreißig, trägt einen perfekt geschorenen Zehntagebart, strahlend weißen Thaub und Ledersandalen. Er hat dreizehn Geschwister, ist gelernter Industrieingenieur, arbeitet nun aber im Management eines Start-ups in Khobar, das Fertigbeton herstellt. Drei Tage pro Woche verbringt er in der Großstadt, hat dort auch eine Wohnung, den Rest der Zeit ist er hier auf der Farm seiner Familie. »Datteln, Ziegen, Hühner. Es ist nicht besonders sauber, wird dir aber bestimmt gefallen«, sagt er.

Khalid kneift ständig ein wenig die Augen zusammen, als würde ihn die Sonne blenden. Ich glaube, er ist übernächtigt vom anstrengenden Pendlerjob. Eine Schotterpiste führt zur Farm, einem riesigen Gelände mit Ställen und Palmen und viel Sand. Draußen stehen ein Mercedes und ein BMW aus den Achtzigern, die anscheinend seit Jahren nicht gefahren wurden, so gleichmäßig bedeckt der Sandstaub ihre Scheiben und Karosserien. Eine Treppe führt zu meinem Zimmer. Fliesenboden, ein Bett aus Metall mit quietschenden Federn, ein kleines Schiebefenster, ein winziger quadratischer Spiegel und zwei Steckdosen an der Wand – das ist die ganze Ausstattung.

Wir machen einen Spaziergang über den Hof, ich lerne den Ziegenhirten aus Bangladesch kennen und ein paar der knuffigen, aber scheuen Vierbeiner. Dann führt mich Khalid in ein frei stehendes Gebäude mit dem »Swimmingpool«, einem winzigen Becken mit erdfarbenem Wasser, das nicht gut riecht.

»Willst du schwimmen?«, fragt er.

»Vielleicht später«, sage ich.

Wir gehen zurück zum Auto und fahren zu einem historischen Ort: der Jawatha-Moschee. Sie soll nach der Prophetenmoschee in Medina die zweite sein, in der je ein Freitagsgebet stattgefunden hat, im Jahr 629 nach Christus.

Neben einem riesigen Besucherparkplatz ohne Besucher hätte ich das sensationelle Bauwerk fast übersehen, denn es ist nicht besonders auffällig. Ein einstöckiger Lehmbau mit Flachdach, vielleicht zehn mal fünfzehn Meter Grundfläche, mit beigefarbenen Wänden und zwei runden Ecktürmen, so niedrig, dass die Lautsprecher für den Gebetsruf auf Stativen montiert wurden.

Der Innenraum ist schmucklos, auf dem einfachen Teppich zeigen zwei parallele Streifen, wo die Betenden stehen sollen. »Keine Statuen, keine Bilder«, erklärt Khalid. »Man soll durch nichts abgelenkt werden.« Er selber ist Schiit, und er redet gerne über die Unterschiede zwischen Schiiten und Sunniten. Über den Streit um Mohammeds Nachfolge, über die heilige Stadt Kerbala oder über den Mahdi, den »Zwölften Imam«, auf dessen Wiederkehr auf Erden die Gläubigen warten. Sobald er aber auf die Situation in Saudi-Arabien zu sprechen kommt, unterbricht er sich. »Aber ich will gar nicht über Politik reden«, sagt er dann, wie ein Mantra. Der kritischste Satz, den ich von ihm höre, lautet: »Ein paar religiöse Aktivitäten wurden unterbunden, jetzt geht es mehr um Unterhaltung und Tourismus.«

Nächster Stopp ist das Besucherzentrum des Jabal Qarah, eines Tafelbergs aus Kalkstein, der für seine Höhlensysteme bekannt ist. Ein Freund von Khalid namens Mohammed arbeitet hier, er übernimmt die Führung. Ich würde gerne direkt in die Höhle gehen, aber zunächst steht in einem kleinen Raum mit Kalligrafie-Kunstwerken an der Wand Koran-Unterricht auf dem Programm. Die Gemälde enthalten kalenderspruchtaugliche Mohammed-Zitate – also von dem Propheten Mohammed – und sind sehr bunt.

Eines zeigt zwei ineinander verschlungene Herzen, darin steht auf Arabisch: »Niemand von euch ist ein gläubiger Mensch, wenn er nicht für andere exakt das wünscht, was er für sich selber wünscht.« Auf einem anderen steht: »Der Starke unter euch ist nicht der starke Kämpfer. Sondern der, der sich kontrollieren kann, wenn er wütend ist.« Das sind schöne Sätze, die jeder beherzigen sollte. Aber ich frage mich trotzdem, wie das rüberkäme, wenn bei uns Touristen am Schloss Neuschwanstein mit einem halbstündigen Bibelvortrag eingestimmt würden.

Nach dieser Erbauung sind wir nun bereit für den Hauptteil. Ein Kopfsteinpflasterweg mit hübschen Laternen und weiteren Koranzitaten am Wegesrand führt zu Türmen aus Stein in allen denkbaren Sandfarben, auf denen Linien anzeigen, wo früher einmal Wasser stand. Noch vor 5000 Jahren befand sich hier ein riesiger See, vor 15 000 Jahren lag der ganze Berg unter Wasser.

Wir betreten eine aufwendig ausgeleuchtete Höhle mit hohen Wänden und angenehmer Temperatur. »Im Winter ist es hier warm, im Sommer kühl – immer zwischen 24 und 28 Grad. Deshalb hat das bis vor Kurzem sogar ein Prinz als Konferenzzimmer benutzt«, sagt Mohammed. Bis 2016 kannten fast nur Einheimische diesen Ort, dann wurde er für Touristen hergerichtet. »Bald kamen sie aus ganz Saudi-Arabien, und jetzt kommen auch Deutsche und Holländer und Franzosen. Es ist verrückt.«

Auf der Flucht

Am nächsten Tag sind Besucherzentrum und Höhle geschlossen, wegen Corona. Auf dem Handy habe ich eine Mail von der deutschen Botschaft: »Die saudische Regierung hat ab morgen elf Uhr alle internationalen Flüge gestrichen. Land- und Seegrenzen sind auch dicht. Deshalb werden Sie bis auf Weiteres das Land nicht verlassen können.«

Das klingt nicht gut. Soll ich tatsächlich bleiben? Und hoffen, dass in zwei oder drei oder vier Wochen wieder Flüge gehen? In einer globalen Gesundheitskrise noch auf wohlmeinende Gastgeber zu hoffen, ist wohl sehr optimistisch, vermutlich würde ich viel Zeit in Hotelzimmern verbringen. Zumal ein Lockdown bevorstehen könnte, Kontaktverbote, Hausarrest. Versuche ich also, doch noch rauszukommen? Mein Plan, das Land zu einem von mir gewählten Zeitpunkt zu verlassen, ist jedenfalls gründlich gescheitert – wenn auch aus anderen Gründen als befürchtet.

Die Angaben auf Online-Buchungsportalen sind verwirrend. Ein Flug über Abu Dhabi wird angezeigt, dabei steht auf der Website des dortigen Flughafens, alle Verbindungen mit Saudi-Arabien seien bereits unterbrochen.

Unkonventionelle Routen werden vorgeschlagen, zum Beispiel von Dammam über Riad, Khamis Mushait und Kairo nach Frankfurt, für 620 Euro. Der Flughafen Kairo scheint noch geöffnet zu sein, aber wenn einer der beiden Inlandsflüge ausfällt, sitze ich fest.

Vor zwei Tagen war von Passagieren in Paris zu lesen, die bis zu 20 000 US-Dollar für Heimflüge in die USA zahlten, am letzten Tag bevor die Verbindung unterbrochen wurde. »Last Minute« einmal anders: um ein Vielfaches teurer als normal und one-way in Richtung Heimatland. Ähnliches scheint auch hier zu drohen: Ein Abendflug über Dubai ist für 2400 Euro im Angebot, Economy zum Business-Preis.

Ich entdecke eine weitere Verbindung von Riad über Dubai nach München, Abflug am Sonntag um 9:50 Uhr, siebzig Minuten vor der Schließung des Flughafens, 550 Euro. Dubai ist definitiv noch geöffnet. No risk, no fun, ich klicke auf »buchen«. Als ich auf die Website der Fluggesellschaft weitergeleitet werde, kommt der Hinweis: »Sorry, we have a technical problem at the moment. Please try again later.«

Vermutlich gehen gerade viele Buchungen gleichzeitig ein. Vermutlich zählt jede Minute. Noch ein Versuch, und wieder: technisches Problem.

»Bitte versuchen Sie es später noch mal«, klingt so harmlos, doch »später« ist das »inshallah« der Kundenkommunikation, ein Begriff mit großem Interpretationsspielraum, der in diesem speziellen Fall auch bedeuten könnte: nach Eindämmung der tödlichen Pandemie.

Khalid ruft mich zum Frühstück, wir essen ein Stockwerk tiefer im Gästeraum, es gibt Fladenbrot und Ful. Er leiht mir sein Handy, um damit die Buchung zu versuchen, man weiß ja nie. Gleiches Ergebnis.

Zusätzlich brauche ich heute noch einen Zug nach Riad, drei Stunden dauert die Fahrt. Laut Website ist die Verbindung um 16:30 Uhr ausgebucht, um 21:30 Uhr sind noch vier Plätze frei. Ich klicke einen davon an und gebe meine Daten ein. Das System akzeptiert meine ausländische Kreditkarte nicht.

Khalid bietet an, mit seiner Karte auszuhelfen, ich könne ihm das Geld dann in bar geben. Als ich wieder auf die Seite klicke, ist der späte Zug auch voll. Bustickets? Ebenfalls ausverkauft. Was für ein Nervenkrimi die Planung einer Flucht doch ist im Vergleich zur Planung einer Reise.

Plötzlich funktioniert die Seite der Fluggesellschaft wieder. Ich buche für den nächsten Morgen, Riad–Dubai–München. Was kosten die 330 Kilometer nach Riad mit dem Taxi? Weiß auch Khalid nicht. Vielleicht per Anhalter? Er sagt, wir sollten es einfach in einer halben Stunde noch einmal auf der Bahnwebsite versuchen, manchmal würde jemand stornieren.

Im Fernsehen läuft eine Dokumentation, die den iranischen Kriegsverbrecher Qasem Soleimani mit Che Guevara vergleicht: Beide seien Idealisten gewesen, beide hätten als Widerstandskämpfer gegen die übermächtigen USA gefochten.

»Was ist das für ein Sender?«, frage ich, erstaunt über die unkonventionelle These.

»Al-Mayadeen. Ein Kanal, der aus dem Libanon operiert und Nachrichten aus der Perspektive von Iran, syrischer Regierung und Hisbollah präsentiert.«

»Das sind ja gleich drei Erzfeinde Saudi-Arabiens auf einmal. Und den kann man hier empfangen?«

»Ja, über Satellit. Es ist wichtig, verschiedene Sichtweisen zu kennen, um sich eine Meinung zu bilden.«

»Das stimmt. Aber findest du den Vergleich von Soleimani mit Che Guevara treffend?«

»Schwer zu sagen. Lass uns nicht über Politik reden. Wir sollten dein Ticket buchen.«

Wie gerne wüsste ich, was *seine* Sichtweise ist. Aber hinter Mauern geschützt sind in Saudi-Arabien nicht nur Häuser und Paläste, sondern auch Gedanken. Es bleibt immer eine Barriere, so oft kratzt man als Besucher nur an der Oberfläche.

»Jetzt sind wieder zwei Plätze verfügbar! Hab ich doch gesagt«, verkündet Khalid fröhlich. Fünf Minuten später habe ich die Fahrkarte als PDF-Dokument.

Wir können uns also wieder schöneren Dingen zuwenden. Reiseerfahrungen bekommen eine höhere Dringlichkeit, wenn sie nur noch begrenzt möglich sind, bis zu diesem »später«, von dem keiner weiß, wie viel später gemeint ist.

Machen wir also etwas komplett Sinnloses: Wir fahren zu einem Berg und leihen uns Quads aus, brettern mit vierzig Stundenkilometern durch den Wüstensand.

Die Bremsen quietschen fulminant, ohne das Tempo stark zu verringern, ihre Griffe halten nur dank ein paar Streifen Panzerband am Lenker. Noch einmal Palmenhaine sehen, noch einmal Kamele, Sightseeing im Sitzen auf einem stinkenden Fahrzeug. Bald werde ich es vermissen.

Wir steigen wieder ins Auto um und fahren ein paar Berge weiter zu einem umzäunten Park, mit bunten Picknick-Pavillons und Hängebrücken zwischen Kalksteinfelsen. Seit sieben Jahren ist die Anlage geschlossen, im Zuge der »Vision 2030« soll sie renoviert und wiedereröffnet werden. Wir klettern durch ein Loch im Zaun,

kraxeln unbefestigte Hänge hoch und spüren auf schwankenden Brücken den sandigen Wind im Gesicht. Allein im menschenleeren Freizeitpark, was für ein Finale. Ich fühle mich wie der letzte Tourist der Welt.

Abends schenkt mir Khalid zwei OP-Schutzmasken für unterwegs, dann fahren wir in die Stadt, wo er noch was zu erledigen hat. Ich gehe für ein paar Minuten in den Souk und kaufe eine Dallah-Kaffeekanne aus Messing als Souvenir.

Zurück am Auto, erleben wir eine Überraschung: Ein Polizist hat eine Bremskralle am Hinterreifen befestigt, Khalid hatte es nicht für nötig gehalten, einen Parkschein zu lösen. Mein Zug geht in einer halben Stunde, und er liefert sich ein wütendes Wortgefecht mit dem Beamten, sieht nicht ein, für die paar Minuten 250 Riyal Strafe zahlen zu müssen. Doch der Mann gibt nicht nach, und meine Zeit wird knapp, also empfiehlt mir Khalid, ein Careem-Taxi zum Bahnhof zu ordern. Es kommt nach ewigen zehn Minuten, aber immerhin gibt der Fahrer anständig Gas. Zwei Minuten vor Abfahrt halten wir am Bahnhof, und ich hetze durch die Sicherheitskontrolle zu den Gleisen. Eine Minute vor Abfahrt steige ich ein.

Im Waggon ist jeder Platz besetzt, fast alle Passagiere tragen Masken. Die letzte Gesundheitskrise ist noch nicht lange her, Hofuf war vor ein paar Jahren einer der Hotspots für das MERS-Coronavirus.

Draußen ist es stockdunkel, im Bordfernsehen läuft ein Werbevideo des Tourismusverbandes. Al-Ula, Farasan, die Berge bei Abha, das Fort Masmak in Riad. Wie ein Rückblick meiner eigenen Reise, wie eine unmögliche Fantasie, ein zerplatzter Traum.

So schwungvoll sich die Türen Saudi-Arabiens öffneten, so schnell knallen sie nun wieder zu. Die Tourismus-Ära ist nach sechseinhalb Monaten erst mal beendet, das Land ist verschlossener, als es vorher war. Ich fühle mich wie der letzte Partygast, der immer noch nicht geht, obwohl die Gastgeber schon die Spülmaschine einräumen und geräuschvoll die Stühle unter die Tische schieben.

Ich will noch nicht loslassen, will mich an die kostbaren Stunden klammern, die mir bleiben. Noch mal alles herausholen, einer diffusen Ahnung folgend, dass diese Art des Reisens bald für lange Zeit nicht möglich sein wird.

Ich schreibe in die WhatsApp-Gruppe der Couchsurfer in Riad, ob jemand Lust hat auf ein Treffen mitten in der Nacht, so zwischen null und zwei Uhr. Was für ein Blödsinn, natürlich wird sich niemand melden, aber wer weiß. Saudis gehen spät ins Bett.

Nach fünf Minuten antwortet Mohammed aus Riad. Der Gastgeber, der mir erst abgesagt hatte und später seinen Weihnachtsgeburtstag im Luxushotel feierte. »Klar treffen wir uns, wir holen dich am Bahnhof ab. Samira kommt auch.«

»Wunderbar, dann bis in zwei Stunden!«

»Nur eine Sache. Du warst so viel unterwegs – ich werde dir nicht die Hand schütteln, keine Umarmung. Ist nicht böse gemeint, okay?«

Und so erlebe ich bei meiner Rückkehr nach Riad trotz der sterilen Begrüßung noch etwas, was sich wie ein Treffen mit alten Freunden anfühlt.

Während wir in Mohammeds SUV durch die nächtliche Stadt fahren, muss ich von meiner Reise erzählen. Von den Detonationen bei Nadschran und dem klaren Meerwasser vor Farasan, vom Zelten in der Wüste und den theologischen Diskussionen in Buraida.

»Du hast in ein paar Wochen mehr von diesem Land gesehen als ich in meinem ganzen Leben«, sagt Samira. Sie wirkt ein bisschen aufgedreht. Ich brauche ein paar Minuten, um zu realisieren, dass sie aus einer Red-Bull-Dose Rotwein trinkt und schon einiges davon intus hat.

»Meine Eltern machen sich weniger Sorgen, wenn ich nach Italien oder Spanien reise, als wenn es nach al-Ula oder Qassim geht. Dann fragen sie: Was hast du da vor, wen kennst du da?«

»Wie reagieren die Leute auf dich, wenn du in Saudi-Arabien unterwegs bist?«, frage ich.

»Unterschiedlich. Einmal war ich zum Dattelfestival in Buraida, ich habe Englisch gesprochen und mich als Ausländerin ausgegeben, um auch ohne Hijab respektiert zu werden. Sobald ich aber Arabisch redete, reagierten die Leute anders. Du bist Saudi und läufst so herum?, hieß es dann. Wer ist deine Familie, und was ist mit dir schiefgelaufen?«

»Glaubst du, mich hätte man auch anders behandelt, wenn ich kein Ausländer wäre?«

»Klar. Aber das ist ein anderes Thema. Dir gegenüber müssen wir durch unser Verhalten beweisen, wie großartig der Islam ist, weil wegen der amerikanischen Propaganda alle denken, der Islam sei schlecht.«

»Ich habe mich auf all meinen Reisen in muslimische Länder immer sehr willkommen gefühlt. Es ist beschämend, wie respektlos Muslime manchmal bei uns behandelt werden, wie die Angst vor Extremismus zu einem Generalverdacht führt.«

»Es gibt hier aber auch eine Art Schönfärbung, eine Selbstdarstellung, die nicht der Realität entspricht. Ich bin überzeugt, dass der Islam und seine Regeln perfekt sind. Aber die Muslime sind es nicht. Wenn sie etwas anderes behaupten, ist das Heuchelei.«

Sie nimmt einen tiefen Schluck aus der Dose.

»Siehst du, ich tue gar nicht erst so, als wäre ich eine perfekte Muslimin.«

Wir halten in der Tahlia-Straße für einen Snack. An einer Mauer sind Graffiti von Hochhäusern, einem Riesenrad und Feuerwerk zu sehen, daneben steht in fast mannshohen Buchstaben das Wort »Joy«. In einem Café bestellt Mohammed ein paar Portionen lokaler Süßigkeiten, *Masabeeb*-Pfannkuchen und *Luqaimat,* süße Teigbällchen mit Sirup und Zimt.

Er klopft plötzlich mit dem Löffel an ein Glas und hält in offiziellem Tonfall eine Rede, die aus nur einem Satz besteht: »Ich glaube, auf dieser Reise haben die Menschen viel von dir gelernt, und ich hoffe, du hast auch von uns etwas gelernt.«

»Ganz bestimmt«, sage ich.

Nachdem das geklärt ist, fahren wir zu Samiras Viertel. Aus einer Thermoskanne füllt sie ihre Red-Bull-Dose auf. »Wie, du hast noch mehr Wein?«, fragt Mohammed.

Sie kichert nur fröhlich, statt zu antworten.

»Die letzten vier Male, als wir uns trafen, warst du betrunken. Trinken ist okay, ich habe damit kein Problem, aber bitte schalte mal einen Gang runter.«

»Ich will doch nur, dass Stephan eine gute Geschichte hat: ein Saudi-Girl, das jedes Wochenende trinkt. Schreib das.«

Mohammed hält vor ihrem Haus.

»Du solltest deinen Hijab anziehen«, sagt er.

Sie wirft das schwarze Tuch über.

»Meine Eltern wissen, dass ich manchmal keins trage. Aber es ist in dieser Gesellschaft so wichtig, was andere denken, das Problem sind die Nachbarn.«

Sie wünscht mir eine sichere Reise und lehnt sich nach vorne, um sich zu verabschieden.

»Abstand halten! Wir haben jetzt Pandemie«, sagt Mohammed.

»Darf ich dich umarmen, um ihn zu ärgern?«, fragt sie. Ohne auf eine Antwort zu warten, tut sie es einfach.

»Ernsthaft jetzt? Direkt vor deinem Haus?«, ist Mohammeds Kommentar.

»Ich liebe dich auch«, sagt sie, öffnet die Autotür und schwankt mit schief sitzendem Kopftuch zum Hauseingang.

Wir fahren los, nach zwei Minuten klingelt Mohammeds Handy. Samira hat ihre Thermosflasche mit dem Wein auf der Rückbank vergessen. Wir fahren zurück, ich reiche die Flasche durchs Autofenster wie ein Drogendealer. Falls Ihre Nachbarn noch wach sind, kriegen sie heute einiges zu sehen.

Mohammed bietet an, dass ich die paar Stunden bis zum Flug bei ihm dösen kann. Bald halten wir vor der beigefarbenen Mauer seines Familienhauses.

Er hat darin ein eigenes Apartment, das noch nicht fertig eingerichtet ist, ein paar Umzugskartons stehen herum, eine Hantelbank und ein Laufband. Mein Nachtlager ist eine dünne Matte auf einem weichen Teppich in einem leeren Zimmer.

Als mich ein paar Stunden später zum letzten Mal ein Gebetsruf weckt, ist etwas daran anders. Die Zeile »Kommt zum Gebet« fehlt, stattdessen heißt es nun: »Betet zu Hause«. Der Rat der Höchsten Religionsgelehrten hat einer Änderung des jahrhundertealten heiligen Textes zugestimmt, die Lage muss wirklich ernst sein. Mein Taxi fährt durch eine schlafende Stadt aus Mauern und Rollläden und verschlossenen Türen.

Auf der Anzeigetafel am Flughafen ist »cancelled« das häufigste Wort, die letzten Flüge gehen nach Kairo, Kochi, Maskat und Manila. Heute ein paar Stunden entfernt, ab morgen unerreichbar. Eine Pandemie löst die schlimmste Krise der Reisebranche seit 75 Jahren aus – ausgerechnet als Saudi-Arabien zum ersten Mal mitmischen wollte im Milliardengeschäft Tourismus.

Man könnte auch sagen: Saudi-Arabien ist plötzlich überall. Dort, wo ich nun hinfliege, schüttelt man Frauen nicht die Hand, werden Gesichter in der Öffentlichkeit verborgen, sind Konzerte verboten, Kinos und Kneipen geschlossen. Die Wohlhabenden verschanzen sich zu Hause, die weniger Wohlhabenden machen draußen die Jobs, die gemacht werden müssen. Dort, wo ich hinfliege, wird man bald realisieren, wie wertvoll Erfahrungen aus erster Hand sind, die man immer für selbstverständlich hielt. Kein Computerbildschirm kann das Draußensein ersetzen, kein Fernsehsport das Stadiongefühl, kein Reisevideo eine echte Reise. Dort, wo ich hinfliege, wird bald ein Talkshowgast sagen, wenn man schon unbedingt Urlaub machen müsse, solle man zumindest den Kontakt mit Einheimischen vermeiden.

Ich setze meine Maske auf. Ein müder Grenzbeamter tupft den rechteckigen Ausreisestempel in meinen Pass, so sanft, dass der Abdruck kaum zu erkennen ist. Ich kaufe im Souvenirshop überteuerte Kamelmilchschokolade und gehe zu Gate 13, wo sich eine lange Schlange gebildet hat. Die Abläufe am Flughafen sind Alltag für mich, hundertfach geprobte Routine.

Normalerweise würde ich mich setzen und abwarten, bis nur noch wenige Leute anstehen und dann gelassen während der »Final Call«-Durchsage zum Check-in schlendern. Heute stelle ich mich gleich dazu. Zwei Stunden bevor alle Auslandsverbindungen gekappt werden, kann man schon mal nervös werden.

Ich wollte eigentlich länger bleiben und bin trotzdem heilfroh, als die Maschine zur Startbahn rollt. Pünktlich um kurz vor zehn hebt der Flieger ab, immer kleiner werden die Häuserfestungen, Moscheen und Öltanks am Boden. Und dann ist alles, was ich von dem Land unter mir sehe, nur noch endlose Wüste.

Dank

Ohne die wunderbar gastfreundlichen Menschen, die mich bei sich aufgenommen haben, wäre dieses Buch nicht möglich gewesen. Deshalb gilt mein ganz besonderer Dank Yassin in Riad, Shahin und Ahmed in Buraida, Nasser in Tabuk, Turki und Abdollah in der Wüste, Richard in Dschidda, Taimur in Abha, Anwar in Nadschran, Omar in Arar, Fahad in Hafar al-Batin, Khaled in Al-Ahsa und Mohammed in Riad.

Ein Riesen-Schukran geht außerdem an folgende Damen und Herren, die ein paar Minuten, Stunden oder Tage dieser Reise mit mir verbracht haben und mir unvergesslich bleiben werden: Nicki, Amina, Faisal, Hamed, Samira, Rahaf, Ahmed, Abdulrahman, Cowboy, Yusuf, Abdollah Al-Qunaisi, Kalil, Salem, Talal, Mohd, Tariq, Khalid, Ibrahim, Saleh, Abdollah, Hamed, Mohammed, Bianca und Badr, Walid, Bernd, Layla, Aisha, die fünfte Klasse der Deutschen Schule Dschidda, Malek, Sal, Sultan, Abu Walid, Hassan, Christine, Ibra, Mohammed, Mahmoud, Aziz, Abdulrahman, Crystal und Abdul.

Außerdem allergrößten Dank an Joanna Szczepanska für Pierogi, Geduld und Bergtouren. Erdmann, Annette und Momo Berthold fürs Zimmer mit Seeblick. Verena Toepper für die Idee. Christoph Jorda für schöne Bilder und ein Traumhaus mit Pferden. Meiner Mutter für die Mühlen-WG. Traudl und Uli für Couch und Zwetschgenkuchen. Ann-Marie Mecklenburg, Nora Reinhardt, Isabell Bogdan und Jochen Metzger für Wörter, Kommata, Genitive und Stringenz. Stefan Schultz für Wohnungsangelegenheiten. Joshua Cooper (ALQST) für Infos zu Menschenrechten. Ramin und Marcus fürs Vorträge-Basteln. Snapchat für fünfzehn Sekunden Berühmtheit. Jenny Brachmann für ein Gespräch über Kamele. Felicitas von Lovenberg, Bettina Feldweg und Antje Leipsic für sensationelle Verlagsarbeit. Malik für 25 Jahre tolle Bücher. Petra Eggers für den Weltklasse-Agenturjob. Prinz __________ __________ für den Sportwagen inshallah.